中国船舶研发史

中国船舶及海洋工程设计研究院

上海市船舶与海洋工程学会

组编

中国
散货船研发史

牟蕾频 郭彦良 杨 添

编著

HISTORY OF
CHINESE BULK CARRIER RESEARCH
AND DEVELOPMENT

上海交通大学出版社
SHANGHAI JIAO TONG UNIVERSITY PRESS

内容提要

本书是"中国船舶研发史"丛书之一,它以世界三大主流船型之一的散货船,以及杂货船、多用途货船为研究对象,重点叙述了世界散货运输与散货船发展,散货船的类型与典型特征,我国杂货船、散货船和多用途货船研究发展历程,我国典型散货船,拼搏进取的研发设计团队,以及未来杂货船、散货船和多用途货船研发趋势等。

本书既是大、中专院校学生了解我国杂货船、散货船和多用途货船研发历史的科技图书,又可作为从事散货船研发的科技人员工作参考的专业书籍。

图书在版编目(CIP)数据

中国散货船研发史/ 牟蕾频,郭彦良,杨添编著
.—上海:上海交通大学出版社,2022.10
(中国船舶研发史)
ISBN 978‒7‒313‒26770‒2

Ⅰ.①中… Ⅱ.①牟… ②郭… ③杨… Ⅲ.①散货船
‒研制‒技术史‒中国 Ⅳ.①U674.31

中国版本图书馆 CIP 数据核字(2022)第 167525 号

中国散货船研发史
ZHONGGUO SANHUOCHUAN YANFASHI

编 著:牟蕾频 郭彦良 杨 添
出版发行:上海交通大学出版社   地 址:上海市番禺路 951 号
邮政编码:200030   电 话:021‒64071208
印 制:上海颛辉印刷厂有限公司   经 销:全国新华书店
开 本:710 mm×1000 mm 1/16   印 张:19
字 数:261 千字
版 次:2022 年 10 月第 1 版   印 次:2022 年 10 月第 1 次印刷
书 号:ISBN 978‒7‒313‒26770‒2
定 价:118.00 元

中国船舶研发史

编辑部

主　　编　张　毅
编写人员　丁　勇　　于再红　　韦　强　　王丙祥　　孙家鹏　　田　欣

史恭乾　　曲宁宁　　刘积骅　　刘秉穗　　牟朝纲　　牟蕾频

李刚强　　李　佳　　李银涛　　李晓峰　　张志军　　林　洁

卢　晨　　桂满海　　顾海军　　匡　岩　　吴　英　　吴贻欣

邱伟强　　张富明　　张太佶　　张海瑛　　陈　英　　张宗科

张淇鑫　　明　通　　尚保国　　单铁兵　　陆　晟　　俞　赟

姚　亮　　郭彦良　　贺慧琼　　段雪琼　　周兰辛　　曹大秋

曹才轶　　虞民毅　　韩　龙　　唐　尧　　杨　添　　陶新华

郭满洲　　黄小燕　　梁东伟　　秦　琦　　魏跃峰

序

　　"中国船舶研发史"丛书是对中国船舶,主要是民船、工程船和海洋开发装备研发史的一次归纳和梳理,是一套展现新中国成立以来民船、工程船、海洋开发装备研发所走过的历程和取得的辉煌成就的丛书。

　　我国是最早发明舟舢舫舸的造船古国。早在唐朝,中国的造船技术就已经有了长足的进步,出现了水密隔舱、平衡舵、开孔舵等先进技术。在船型方面,宋、元朝时期,中国已有海船的船型,其中以江南沿海一带的福船、沙船、广船最为著名,被认为是中国古代的三大船型。至明朝郑和下西洋,以 14 个月时间建造 64 艘大船显示了中国古代在船舶研发和建造中的卓越成就。到了近代,众所周知,中国的造船业虽然也曾仿效西方,甚至造出了铁甲船和万吨级船,但终究不能摆脱衰落的命运,开始落后于西方强国,以至于在列强的坚船利炮下,丧失国家尊严,蒙受民族耻辱。真正使中国造船工业出现复兴生机,是新中国诞生之后。1949 年 5 月上海刚解放,上海市军事管制委员会筹建了华东区船舶建造委员会。1949 年 9 月统管全国船舶工业的中央人民政府重工业部船舶工业局宣告成立。船舶工业局统筹全国船舶工业发展,聚集造船人才,同时扩、改、新建造船厂,调整和新建全国船舶专业院校,研究设计和建造两翼齐飞,唤醒了沉睡了近 500 年的古老造船强国!本丛书从新中国诞生这一时刻开始,特别是改革开放以来,以油船、液化气船、工程船、科考船等 10 种民船船型为主题,阐述了新中国的船舶研发历程,并从这一侧面展示新中国"造船人"艰苦奋斗、砥砺前行、锐意创新、攀登高峰,重现造船强国的史实。

　　70 多年中国船舶研究发展过程,各型船舶发展尽管不尽相同,但大致可分为三个阶段:

　　第一阶段,夯实基础稳步发展(1949—1977 年)。这一阶段,国家把交通运输业作为优先发展的基础,为船舶工业发展提供了广阔的空间。新中国成立之初,我国贫穷落后,百业待兴,尽管如此,国家仍将发展造船工业放在十分重要的地位,经过新中国成立初期的整合发展,到1965年船舶科研机构已整体成制,仅中国船舶工业总公司第七研究院(中国舰船研究院)就有十几个包括总体设计和专项设备的研究所,研究的领域涵盖舰船设计涉及的各个方面。扩建新建中央及地方大、中型造船厂,增添设施,改进工艺,为尽快恢复发展水上交通运输,提供适应国民经济建设发展所急需的多型民用船舶,力争不买或少买船,设计并建造了中型沿海油船、客货船、长江豪华客船、航道疏浚船、港口起重工程船、科学调查船"实践"号、自升式钻井平台"渤海1"号和气垫船等追踪当时世界船舶航运界发展动向的船舶。自主设计建造了新中国十大名船之首的万吨级远洋货船"东风"号,结束了我国不能设计建造万吨货船的历史,开创了我国造船史的新纪元。

第二阶段,改革开放快速发展(1978—2010年)。1978年以前,由于西方工业强国对我国实行技术封锁政策,我国船舶科技极少对外交流,信息不通致使发展受限,各类大型运输船舶、疏浚装备、海洋开发船舶多依赖进口。1978年后,在改革开放春风的沐浴下,中国船舶工业如同骏马,奔驰向前。1982年设计建造的27 000吨散货船"长城"号,是第一艘按照国际公约、规则和国外船级社规范设计和建造的出口船。从那时起,我国各类工程船、海洋开发装备等设计和建造开始融入世界船舶科技发展行列。研究设计技术经过引进、消化、创新,不断跨越式发展。各大船厂的造船能力大幅度提升。至20世纪末期,我国已大步迈向世界第一造船大国,不但结束了主要依靠进口船舶的历史,而且大量、多品种船舶出口许多国家。这一时期,各种船型均有相当规模的发展:集装箱船从无到有，从出口700 TEU全集装箱船到4 700吨多用途集装箱船；设计和建造了5万吨大舱口多用途散装货船、15万吨双壳体苏伊士型原油船、半冷半压式16 500立方米液化石油气（liquefied petroleum gas，LPG）船、布缆船、中型挖泥船、海峡火车渡船等；科考船已进军南极；为适应海洋油气开发，我国形成了从物探船、自升式、半潜式、坐底式钻井平台和半潜式生产平台到浮式生产储油船的全产业链的设计和建造能力。

第三阶段，自主创新跨越发展（2011年—至今），新世纪尤其是党的十八大以来，以习近平同志为核心的党中央，站在实现中华民族伟大复兴的战略高度，准确把握时代发展大势，作出了建设海洋强国的重大战略决策，指引着船舶工业砥砺前行。

这一时期，中国造船的速度在世界造船史上是罕见的。在这迅猛发展的过程中，我国造船工业攻克了多项关键技术，研发和建造能力大幅提升。一批世界级高精尖的船型在中国诞生。科考装备实现了跨越式发展：3 000米深水半潜式钻井平台"海洋石油981"号进驻南海正式开钻，标志着我国海洋石油工业深水战略迈出实质性的步伐；亚洲首艘12缆地球物理勘探船"海洋石油720"号、全球首艘3 000米深水工程勘探船"海洋石油708"号交付使用，标志着我国深水作业"联合舰队"逐步成形；我国自行设计、自主集成研制的"蛟龙"号载人潜水器在马里亚纳海沟创造了下潜7 062米的中国载人深潜世界纪录，使我国成为世界第五个掌握大深度载人深潜技术的国家；2019年7月，我国第一艘自主建造的极地科学考察破冰船"雪龙2"号顺利交付。相比"雪龙"号，"身宽体胖"的"雪龙2"号的破冰能力和科考能力更强，标志着我国南、北极考察基地的现场保障和支撑能力取得了新突破。

70多年的船舶研发史，是我国船舶工业由弱到强、不断发展壮大的历史，展现了中国特色社会主义制度的优势。

70多年的船舶研发史，是我国船舶研发水平和造船能力不断提高、不断创新的历史，是我国在船舶研发领域由跟跑者向并跑者乃至领跑者转变的进步史。

70多年的船舶研发史，是我国广大船舶研发、建造人员不畏艰难、积极开拓、勇于攀登、勇于奉献的真实见证，是我国船舶创业人员不忘初心、牢记使命，追梦深造的奋斗史。

科技是国家强盛之基，创新是民族进步之魂。正如习近平总书记在2021年5月28日召开的两院院士大会和中国科学技术协会第十次全国代表大会上指出的："当今世界百年未有之大变局加速演进，国际环境错综复杂，世界经济陷入低迷期，全球产业链供应链面临重塑，不稳定性、不确定性明显增加。""科技创新成为国际战略博弈的主要战场，围绕科技制高点的竞争空前激烈。"在此背景下，船舶工业无疑面临着新的发展机遇和挑战。

回顾历史既是为了总结经验激励前往，更是为了创造未来。如今全面建设社会主义现代化强国迈入新征程，向第二个百年奋斗目标进军的号角已经吹响。让我们以史为鉴，勇于创新、顽强拼搏，努力为把我国建成海洋强国、实现中华民族伟大复兴的中国梦不断作出新的更大的贡献！

中国工程院院士 曾恒一

前　言

　　散货船是用来运输不需包装的批量散装固态货物的船舶,散货船运输的主要是煤炭、粮食、矿石等大宗散装货物。散货船运输的货物占据全球海运货物总量的 40% 左右,因此也被称为三大主流船型之一。相对其他船型,散货船技术门槛不高,技术发展趋于成熟,是后发造船国家发展造船业非常适合的切入点,通常是一国造船业进入世界造船市场的首选船型之一,对我国来说,同样如此。

　　散货船船型种类繁多,从数千吨的小型货船到 40 万吨级的超大型矿砂船,细分品种市场,使得同一类型散货船在吨位、船用设备上能体现差异性,为各类企业根据自身特点选择重点产品,避免同质化竞争,培育特色竞争力提供了很大的发展空间;散货船建造对于带动船舶配套产业发展,最大限度地发挥造船对就业和国民经济的带动作用具有积极意义;我国本身就是一个散货船使用大国。发展散货船对于满足内需,保障国家战略物资运输安全意义重大,尤其是"中国因素"直接带动了世界铁矿石、煤炭、谷物等大宗散货海运贸易量的快速增长,为我国造船企业发展散货船建造提供了独特的内需优势。

　　通过散货船设计和建造,我国造船行业不断积累和优化在船舶设计、建造和管理等方面的技术,同时提升造船的综合能力,拓展市场份额,为进一步进军高技术船舶领域积累经验、夯实基础。出口散货船的设计建造使我国造船行业吸收引进了国际造船规范、标准、设计、生产技术与管理思路,成为我国改革开放的排头兵;矿砂船等大型散货船是抢占世界造船前列的船型,屡屡创下全球最大吨位船舶纪录,体现出我国造船从跟随走向引领的跃升。

　　除了散货船之外,本书也述及杂货船和多用途货船。因为杂货船和多用途货船等船种也可以装运散装货物,而且杂货船作为包括散货船在内的众多专用运输船的鼻祖,是新中国最早自行设计、建造的船型之一,满足了新中国成立初期极其短缺的货物运输需求;多用途货船作为杂货船的升级版,以其较高的设计技术难度、灵活高效的工作特点,在特种装备运输方面立下汗马功劳。

本书介绍了散货船、杂货船和多用途货船的概念、分类和设计概况,并从这几类船每一发展阶段的总览和代表船型的阐述,展现其艰难探索,夯实基础,优先服务国内市场;进而积极创新,锐意进取,跻身国际市场;不断提高安全、经济、适用、绿色环保等技术水准,成为我国机械制造业中走向国际的先行军。

本书适合船舶及相关行业专业读者,以及对船舶市场发展感兴趣的读者。

目　录

第四章　中国自行设计建造的杂货船、散货船、多用途货船 / 118

第五章 优秀设计团队 / 246

第六章　散货船研发趋势 / 264

参考文献 / 272

第一章
散货船概论

第一节　散货船定义与分类

散货船被称为三大主流船型之一。散货船运输的货物主要为用作工业生产初级原材料的煤炭、粮食、矿石等大宗散装货物。我国既是散货船建造大国，也是散货船使用大国，因此散货船与我国工业经济发展息息相关。

本书所写的船舶种类以散货船为主，还包括可以载运散装货物的杂货船和多用途货船。

一、散货船的定义

散货船系指主要用来运输散装干货的船舶，包括诸如矿砂船、兼装船和自卸船等船型。散货船的载重量范围很广，从几千吨到几十万吨不等。有的散货船可以利用船上设备自行装卸货物，有的需要依赖码头机械进行货物装卸。

散装运输的优点在于，其可以比包装运输多载货 $10\%\sim12\%$，还能节省大量包装材料和费用，有利于全面实现装卸机械化，从而减少船舶装卸货时间，缩短船舶营运周期。

全世界每年有大量的干散货投放到海上货运市场,约占全世界海运货物总量的1/3。世界海运市场的散货船运力占全球船队总运力的40%以上。世界海上运输的干散货中最主要是煤炭、铁矿石、粮食、铝土矿、磷矿石这五大品种,此外,还有水泥、钢材等生产资料。

二、散货船的分类

散货船因其运送货物的种类、航线、载重量和船体构造等特点不同,主要分为以下类型。

(一)按所运输货物种类分类

1. 运煤船

运煤船(见图1-1)是用于装运煤炭的散装货船,其舱口比较宽大,便于用抓斗装卸煤炭。为了防止煤炭在煤舱内滚动,在煤舱底部设有许多纵向挡板。有的运煤船不用抓斗、吊杆,而是在煤舱舱底设有皮带运输机,可与岸上运输机相接通,能自行装卸煤炭。

图1-1 运煤船

2. 谷物船

谷物船系指专门装运谷物的散装货船。一般都将该类船的货舱口围壁加高,使得粮食货物沉降后的表面面积局限在货舱口范围内。

3. 运木船

运木船(见图1-2)系指专用于运输原木(圆木)和木材的散货船。由于木材体积大,装卸过程和停港时间长,载重量一般不超过20 000吨。运木船一般为单甲板、设有艏楼、双船壳、货舱较大;货舱内不设支柱等妨碍装卸货的构件,并具有良好的通风条件,以防木材污损和产生异味;沿甲板两舷设有活动支柱和系索捆扎装置,以保护甲板木材货物。

图1-2 运木船

我国是世界木材最大进口国,90%的木材进口通过海运完成。

4. 矿砂船

矿砂船(见图1-3)系指专用于运输铁矿石(又称矿砂)的散货船。矿砂船从广义上说属于散货船,因其货物积载因数与普通散货船(运粮船、运煤船等)差别很大,通常被专门称为矿砂船。

图 1-3　矿砂船

铁矿石的积载因数小,因此矿砂船所需舱容小。矿砂船货舱左右两侧壁对称设置,底部向内倾斜,且其内表面为光滑表面,利于货物向舱底自然移动并集中,便于卸货。

主要散装货物积载因数如表 1-1 所示。

表 1-1　主要散装货物积载因数　　　　　　　单位:立方米/吨

货　品	积载因数	货　品	积载因数
小　麦	1.22～1.45	铁矾土	0.75～1.11
大　豆	1.17～1.64	水　泥	0.67～1.0
煤	1.17～1.48	磷　矿	0.72～.1.25
铁矿石	0.33～0.42	木　材	0.56～1.95

5. 水泥运输船

水泥运输船(见图1-4)是专门装运水泥的散装货船。世界上传统的水泥贸易海运航线主要有两条：一是由西欧、北欧地区至地中海地区、美国东海岸等，最大航距3 500海里[①]左右；二是由远东地区至东南亚、中近东和美国西海岸，最大航距4 500海里。

图1-4 水泥运输船

许多水泥运输船为自卸式散货船，船上装有自动化连续装卸设备的散货船。其货舱剖面为V形或W形，设有连续自动卸货设备，所以不必依赖港口装卸设施就可进行快速自动卸货作业。虽然自卸式散货船造价较高，但因卸货效率高，适合于短途运输水泥、化肥、化工原料等呈粉状散装货物，而且在运输粉尘状货物时，可以做到无尘装卸，对环境影响小。

（二）大宗散货船分类

由于散货船的货源往往是谷物、煤炭等初级产品，货运量大，大型散货船在

---

① 1海里＝1 852米。

散货船船队中占有非常重要的地位。对于装运谷物、水泥、钢材、矿砂等大宗货物载重量为万吨以上的散货船,通常分为如下几个级别:

1. 大湖型散货船

大湖型散货船(见图1-5)系指经由圣·劳伦斯航道航行于美国、加拿大交界处五大湖区域的散货船。该型船尺度上要满足圣·劳伦斯航道通航要求,载重量一般为3万吨左右,总长不超过222.50米,型宽限制在23.5~23.8米,由于该船型吃水限制在7.92米,因此船长较长,可达200米左右,长宽比(L/B)很大,且桥楼任何部分不得伸出船体外,大多配有自动装卸货系统,以承运煤炭、铁矿石和粮食为主。

图1-5 大湖型散货船

2. 灵便型散货船

灵便型散货船(见图1-6)系指载重量10 000~50 000吨的散货船。这些散货船在大型散货船中载重量相对较小,且多配有装卸货设备,营运方便灵活,对航道和港口具有较强的适应性。其中,载重量 40 000～50 000 吨级的灵便型散货船又被称为大灵便型散货船。灵便型散货船船长一般不超过 190 米,结构吃水达到或超过 10 米,带 4 台起重机,一般为 5 个货舱。

图 1-6 灵便型散货船

3. 超灵便型散货船

超灵便型散货船系指载重吨为 50 000～65 000 吨级的散货船,船长为 190～200 米,一般设 5 个货舱。结构吃水为 13 米左右。

4. 巴拿马型散货船

巴拿马型散货船(见图 1-7)系指在满载情况下,可以通过巴拿马运河的最大型的散货船。在巴拿马运河扩建前,限制吃水 12.04 米,最大吃水 13.7～14.0 米,型宽不超过 32.3 米,载重量一般为 60 000～75 000 吨,极限为 8 万载重吨。一般设置 7 个货舱。

巴拿马型散货船主要用于粮食、煤炭和化肥运输,航线多以南美地区和美

图 1-7　巴拿马型散货船

国到亚洲的航线,如巴西-中国,中国-美国,澳大利亚-中国、印度等。

5. 超巴拿马型散货船

超巴拿马型散货船系指载重量为 93 000 吨左右的散货船,型宽 38 米。该型船是为适应扩建后的巴拿马运河三号船闸尺度设计的船型。

6. 卡姆萨尔最大型散货船

卡姆萨尔最大型散货船系指满足西非几内亚卡姆萨尔矿石输出港港口条件的最大型散货船,主要运输矾土至美国。该型船载重量 82 000 吨左右,船长为 229 米以下、最大吃水 14.5 米以内,一般为 7 个货舱。该型船也可以通过降吃水通过巴拿马运河,所以近年有取代 7 万吨级巴拿马型散货船趋势。

7. 好望角型散货船

好望角型散货船系指载重量为 11 万~20 万吨的散货船,以运输铁矿石为主,适应长航程、大载重量的需求,由绕行好望角航行的散货船发展而来。一般 12 万吨级好望角型散货船又称为迷你好望角型散货船,设 7 个货舱。

170 000～200 000 吨级好望角型散货船设置 9 个货舱,如图 1-8 所示。

巴拿马运河扩建完成后,迷你好望角型船多数可通过巴拿马运河。

图 1-8 18 万吨级好望角型散货船

8. 敦刻尔克型散货船

敦刻尔克型散货船系指主尺度适合停靠法国敦刻尔克港的散货船类型,主要用于铁矿石运输等。该型船极限船长 290 米,极限船宽 45 米,载重量 175 000 吨。

9. 纽卡斯尔型散货船

纽卡斯尔型散货船系指适合澳大利亚纽卡斯尔港的散货船类型,最初用于该港至日本的煤炭运输,目前较多投放于中国—澳大利亚航线。该型船极限船长 300 米,极限船宽 50 米,载重量范围为 203 000～210 000 吨。

10. 超大型矿砂船

超大型矿砂船(very large ore carrier,VLOC)系指载重吨为 200 000 吨以上的散货船,用于煤炭和铁矿石的远洋运输。煤炭运输航线主要为北美、澳大利亚和远东航线。铁矿石运输航线主要为南美、澳大利亚至日本、中国及远东、地中海和欧洲航线。

超大型矿砂船的典型船型有淡水河谷型,它是巴西淡水河谷公司为降低从巴西到中国运送铁矿石这一航线的成本,而量身定造的大型矿砂船,原名叫中国最大型,载重吨为 380 000～400 000 吨。装卸效率高,油耗低。

一般船型越大,所能从事贸易运输所受的局限性越大。最为典型的有:港口和泊位的容纳尺度和相关设备配套(如装卸货设备)的处理能力。此外,航道中途经的运河也是一种限制因素。超大型矿砂船的主要航线有巴西—中国、日本、韩国,澳大利亚—中国,南非—中国等。大宗散货船常见船型如表 1-2 所示。

表 1-2　大宗散货船常见船型

散货船类型	船型特点	载重量/吨
大湖型散货船	总长不超过 222.50 米,型宽限制为 23.5～23.8 米,吃水限制为 7.92 米左右,大多配有自动装卸货系统	30 000 左右
灵便型散货船	总长小于 190 米,吃水小于 11 米	10 000～50 000
超灵便型散货船	总长 200 米左右,型宽小于等于 32.31 米,吃水 11 米左右	50 000～65 000
巴拿马型散货船	总长 225～230 米,型宽小于等于 32.31 米,吃水 13 米左右	65 000～82 000
超巴拿马型散货船	型宽 38 米,适用于巴拿马运河新船闸	87 000～93 000
卡姆萨尔最大型散货船	船长 229 米以下,最大吃水 14.35 米	82 000 左右
迷你好望角型散货船	总长 250～260 米,型宽 36～43 米	85 000～120 000
好望角型散货船	型宽约 50 米,总长约 300 米,吃水 15～20 米	120 000～210 000
敦刻尔克型散货船	船长小于等于 290 米,极限船宽 45 米	175 000 左右
纽卡斯尔型散货船	极限船长 300 米,极限船宽 50 米	203 000～210 000
超大型矿砂船	舱容比常规散货船小很多	200 000 以上

第二节 世界散货船发展概况

散货船是从杂货船中分离出来的一种船型。1852 年世界上诞生了第一艘散货船的"雏形"——"SS John Bowes"号运煤船(见图 1 - 9)。该船采用铁质船体,蒸汽机动力,用海水压载水取代砂包压载,并以这些特点在运煤市场中取胜。

图 1 - 9 "SS John Bowes"号运煤船

散货船正式问世为 20 世纪初。第二次世界大战后世界经济高速发展,海上散货运输量大增,散货船的设计建造水平迅速提高,在船舶装卸中普遍应用抓斗、链斗、皮带传送机、吸扬机等机具,运输的货种也从最初的铁矿石、煤炭扩展到原本由杂货船运输的散装固态货物品种,主要包括质地均匀、无须包装的货物,如粮食、谷物、化肥、水泥、钢材等。

第二次世界大战结束后,由于杂货船吨位过剩,船东购得大量廉价杂货船,这种情况一直延续到 20 世纪 50 年代中期。因此,在这一时期,散货船建造较少。只有矿砂船例外,钢铁业、炼铝业的发展使矿砂船运输量迅速增加,极大地推动了远洋矿砂船的发展,也促进了码头和船上装卸设备的更新。1954 年,美国建造了矿砂运输船"Ore Chief"号,船长 230.4 米、型宽 35.36 米、吃水 11.76 米、方形系数 0.828,载重量 60 457 吨。该船是当时最大的矿砂船,成为现代大方形系数、浅吃水船的先驱。

随着矿砂船和运煤船的发展,水泥、化肥、木材、糖等也开始采用散装运输方式,第二次世界大战后第一艘普通散货船"Enterprise"号于 1956 年交付,其载重量 18 400 吨,航速 15 节①。相比当时主流的从战争中留存下来的"自由"轮杂货船,油耗大大降级,运价也更有优势。它的出现开创了远洋散货船的新时代。

随后,散货船应用范围和船队规模迅速扩大。世界散货船保有量由 1954 年的 61 艘、116.7 万载重吨(其中矿砂船占 70%)增至 1960 年的 471 艘、871.1 万载重吨(其中矿砂船占 57%)。此后,散货船数量以更高的速度增长,在 1960—1990 年的 30 年间,散货船艘数增长 9.8 倍,载重吨数增长 27 倍。在 1960—1975 年的 15 年里,散货船数量急剧增长;20 世纪 80 年代前半期,散货船数量快速增长。在 1986—1990 年间,散货船数量有所下降,但此后又呈现稳定增长态势。

在世界商船船队中,散货船保有量仅次于油船,位居第二。1978 年底散货船保有量占世界船舶总量的 20.7%,1985 年底达 30%,至 2003 年稳定在 30%～35%之间,至今基本保持在 40%的水平。

纵观散货船发展,其趋势主要体现在主尺度、航速和船型上。

1. 散货船大型化趋势

现代造船技术能造出越来越大的船舶,这标志了造船科学技术的进步。散货船是典型的大型化运输船船型。大型运输船的单位造价低、单位运输成本小,即通过规模效应能提高运输的经济性。10 万吨级矿砂船的单位运输成本仅为 1 万吨级矿砂船的 23%。然而,船舶大型化会受到航道、港口条件对船舶

---

① 1 节≐0.514 米/秒。

长度、宽度及吃水的限制和码头装卸效率的限制。

散货船向大型化发展的趋势明显,平均吨位增长较快,20 世纪 60 年代,散货船平均载重吨为 2.0 万吨,20 世纪 80 年代中期达到 3.5 万吨,2002 年底为 5.2 万吨,2020 年达到 7.4 万吨。

促进灵便型散货船大型化的原因之一,是国际船级社协会(International Association of Classification Societies,IACS)强化了散货船的安全性要求,规定在 1998 年 7 月以后订货的散货船在进水时仍能维持足够的船体强度和稳性。为此,各船厂对散货船设计加强了船体强度,大岛船厂等还采用了双壳结构。结合这一改进,许多船厂开发了更大型的大灵便型散货船。

20 世纪 90 年代中期以前,大灵便型散货船基本上不超过 4.5 万载重吨,1998 年则开发出了 5 万～5.2 万吨载重吨散货船。大灵便型散货船型宽已加大到能通过巴拿马运河所允许的最大宽度,且吃水浅,以保持灵便型船舶的优点,可进入更多港口。例如佐野安船厂把原 4.8 万载重吨散货船扩大为 5.2 万载重吨级,吃水保持不变,设计吃水仍为 10.75 米,满载吃水仍为 13.97 米。灵便型散货船主要参数的演变如表 1-3 所示。

表 1-3　灵便型散货船主要参数的演变

	20 世纪 80 年代	20 世纪 90 年代	2000 年	2012 年
载重量/吨	44 700	45 588	52 000	57 000
总吨	26 000	26 028	29 500	33 456
型宽/米	31.00	30.40	32.26	32.26
型深/米	16.76	16.50	17.10	18.1
吃水/米	11.90	11.60	10.75	12.85
主机功率/千瓦	9 800	9 600	10 500	9 500
代表船厂	英国国营造船	常石造船	佐野安造船	天津新港

散货船大型化还表现在大吨位船舶所占比重的提高,20 世纪 70 年代初,好望角型船占 25.59%,2007 年 6 月上升到 33.2%。在散货船大型化发展中,

好望角型船和巴拿马型船总吨位持续增长,小灵便型船持续萎缩。敦刻尔克型散货船在1995年以前建造的基本上均未超过17万吨,一般为15万~17万吨,而近几年建造的一般均为17万吨以上,最大的已达到18万吨。对于超敦刻尔克型散货船,21世纪初最大的为20万吨以上,较多为17万~19万吨。

21世纪前,国际上对矿砂的需求一直是稳定的,所以矿砂船的发展一直没有大的突破,数量也很有限。这一时期的矿砂船基本上是20世纪80年代由日本和韩国的船厂建造的,其中最大的是1986年由韩国现代造船公司为挪威船东建造的364 767吨"博克斯坦"(BERGE STAHL)号矿砂船,此船用于巴西PDM①港和法国敦刻尔克港之间运输铁矿石。同期我国没有建造过大型矿砂船,国内也一直没有开展大型矿砂船的研究工作,因此超大型矿砂船主要技术一直由日本、韩国掌握。

进入21世纪,我国经济迅速发展,对钢铁的需求不断增加,矿砂进口激增,并且亚洲其他国家,如韩国、日本,近年来对矿砂的进口需求也日益增加,因此亚洲市场对矿砂船的需求大量增加。这就极大地刺激了超大型矿砂船的发展,订船数量明显增多,大型化的发展趋势十分明显。

矿砂船在大型化的同时也兼顾节能环保设计。2010年日本商船三井推出32万吨级的环保型矿砂船"维信三世"号,降低船舶二氧化碳排放量的关键技术多达7种。2011年,韩国大宇造船海洋建成的超大型矿砂船被评选为"2011年全球优秀船型"。大宇造船海洋为淡水河谷公司建造的40万吨级超大型矿砂船,船型经过优化,满足了高效装载要求。

2. 散货船航速发展

随着石油价格波动,散货船经历了航速先提高又降低的过程。20世纪60年代以后,随着造船技术进步,散货船航速不断提高,以1973年交货的4.3万吨大舱口散货船为例,其设计航速为16.5节,日耗油量55吨。1980年设

---

① 马德里亚角,Ponta da Madeira。

计的类似船航速为 14 节,日耗油量低于 30 吨。之后的散货船航速一般设计为
14~15 节,旨在追求最优化的航速和油耗等能效指标。

3. 散货船船型发展

在专用散货船出现之前,都是用普通杂货船运输散货。粮食、水泥等散货
的流动性比液体小,都有一定的休止角,船舶在海上发生横摇后,易横倾,在风
浪中很容易发生倾覆事故。据统计,20 世纪 50 年代,全世界有 150 余艘散货
船发生海损事故。为了解决这个安全问题,逐步形成了现在广泛应用的典型专
用散货船结构。这种散货船的出现,较好地解决了运输途中散货流动的问题,
改善了散货运输的安全性,使海上散货船运输进入一个新的发展阶段。

由于运量大、货源充足、航线固定、装卸效率高等因素,散货船具有良好的经
济效益。从船型看,灵便型、巴拿马型和好望角型一直是散货船队中的主流船型。

20 世纪末,散货船的发展体现出船型标准化、系列化等趋势。船舶的船长
趋向缩短,船宽和型深增加,长宽比(L/B)相应下降,灵便型散货船长宽比为
5.5~5.8,船体短肥,但载重量和航速却不断增加,而且由于国际船级社协会等
机构对船体安全性问题越来越重视,不断推出各种新要求和规则,船体的空船
重量也不断增加。因此研究这一类标准化系列化船型的快速性、操纵性、耐波
性、船体结构的安全性、防污染性能以及综合节能等,是当时航运界和造船界一
个相当重要的课题,目的是追求船舶营运的经济性,降低造价,使船东以最小的
初始投资获得最大的经济效益。

21 世纪初,国际散货船发展史上出现的重大变化是双舷侧散货船的推出。
由于 20 世纪中后期,一些大吨位单舷侧散货船不断出现海损事故,事故中船舶
极高的灭失率引起国际航运界和造船界的高度重视。根据历年散货船事故的
研究表明,2 万吨以上散货船因外板破损而造成的事故占 46%,这一弱点极易
造成单壳货舱进水,是导致船舶灭失的重要原因之一。

经过多年酝酿和讨论,2003 年国际海事组织建议自 2007 年 7 月 1 日起新
建的船长 150 米以上,装载货物比重超过 1.0 吨/立方米的散货应是双舷侧

散货船。若建造船长 150 米以上的单舷侧散货船,也必须按新规对船舶进行加强。这一建议在国际航运业掀起订造新的大型双舷侧散货船的高潮。为应对双舷侧散货船这一趋势,许多设计公司、造船公司抢先开发出多种这类货船,如挪威 Ole Jacob Libæk 公司开发的 Optima 2000 好望角型双壳散货船,丹麦 CarlBro 设计公司与 Graig 航运公司联合开发的大灵便型双壳散货船,韩国大宇造船海洋工程公司推出双壳散货船,日本的大岛、今治等造船公司也开发了双壳散货船。此外,各国船级社也在协助一些船厂开发双壳散货船。

第三节 散货船设计

一、船型设计的核心要求

船型设计的核心要求系指船舶型号设计的总目标,一般在设计理念中提出。设计中一切具体计算和选择都服从于设计理念和总目标。

根据船舶用途所产生的功能要求,包括有适用性、安全性、经济性和自动化与智能化水平,以及国际海事组织和各国政府对环保等方面的要求。设计理念和总目标就是使船舶各方面都达到优良标准。为此,设计者不断进行创新设计,通过技术创新,实现船型创新。

（一）安全

船舶安全是船舶的一个基本重量指标。在船型研发设计中,必须遵循国际海事组织(International Maritime Organization,IMO)颁布的有关公约、规则和船级社制订的规范,进行计算和校核,以达到相关标准和规定。这些规则、规范会经常修订更新,范围涉及各专业,包括船舶分舱、完整稳性、破舱稳性、船体结构强度、防火、救生等。

相关规则规范有《国际散货船共同结构规范》《1966 年国际载重线公约》《国际海上人命安全公约》《2008 年国际完整稳性规则》《国际散装固体货物规范》等。

（二）节能环保

首先,节能环保是节能减排。为应对全球变暖,国际社会于 2016 年签订巴黎协定,聚焦节能减排,世界各国纷纷提出本国的"碳达峰"和"碳中和"目标,IMO 海洋环境保护委员会第 62 届大会(MEPC 62)于 2011 年通过了《国际防止船舶造成的海洋污染公约》附则的修正案,要求散货船和杂货船在内的七种船型必须满足的新造船能效设计指数(energy efficiency design index,EEDI)和船舶效能管理计划(SEEMP),已于 2013 年 1 月 12 日生效。

EEDI 是衡量船舶能效水平的一个指标,简单地说,EEDI 公式是根据二氧化碳排放量和货运能力的比值来表示船舶的能效。所有影响这两项的因素都是能效设计指数的影响因素。

船舶二氧化碳的排放主要来自主机、辅机、锅炉等高能耗设备,因此所有降低这些设备能源消耗的节能措施、所有能够在保证这些设备满足船舶运行要求前提下而减少设备输出的措施都能够减少二氧化碳的排放量,从而改善能效设计指数,同时,在相同船舶输出功率下提高船舶航速或增加船舶运输量,也是改善能效设计指数的有效方法。

EEDI 包含在设计阶段和新船建造阶段计算船舶能源效率的统一方法,新船设计必须通过线型优化及艉部水动力节能装置选择,降低船的航行阻力及提高推进效率;通过船体结构设计优化,减轻空船重量;通过推进系统优化,提高推进效率;同时采用新能源技术,推进绿色减排。IMO 提出了 25 个设计领域的绿色减排技术,如船体减阻层及复合材料应用、螺旋桨节能装置、推进系统匹配技术、燃油添加剂、电控喷油器等,其中有的技术已被国内、外船厂广泛应用。

其次,防止船舶造成海上污染的政策已推行半个多世纪,另有压载水公约等要求,均应在船型设计过程中认真贯彻执行。

（三）适用经济

运输船的一个重要基本功能要求是适用经济。对于所载运货物,需要进舱的货物必须有足够的货舱容积,并防止货物移位和便于装卸作业;对于放置在甲板上的货物,如木材货,必须有足够的甲板面积,并设有系固设备。对于密度大的重货,如卷筒钢板、铁矿石等,则需考虑隔舱装载,以减小横摇。隔舱装载的技术难点是结构强度问题,在装载手册上,应对隔舱装载工况进行强度校核。

对于多用途货船中间甲板的舱口盖,有的设计成可调节甲板间距,需要考虑存放位置。设计上需作出细致安排,以提高装卸效率。

对于航行于限制性航道的船舶,如苏伊士型(通过苏伊士运河)、巴拿马型(通过巴拿马运河)、大湖型(通过圣·劳伦斯航道)等船型,无不追求最大型设计,其目的均是为了提高船舶的经济性。

对于自动化技术的选用,在散货船领域,几乎均采用无人机舱、一人驾驶桥楼等先进技术。当前船舶智能化已成为发展趋势,海事界已广泛进行智能船舶的研发,任何先进技术的选择,都需进行科学的技术经济论证。

二、散货船设计

散货船的载重量分布范围很广。远洋散货船的载重量从几万吨到十多万吨不等,它们拥有如下一些共同特征。

(1) 低速、单甲板、舣机型。散货船由于所运货物单一,批量大,无须包装,所以不像杂货船那样考虑堆货空间而设多层甲板,只需设置单甲板。散货船属于低速船,除了自卸船等专用船以外,3万吨以上的散货船绝大多数服务航速都在14.0~14.5节之间,1.4万~3万吨之间的散货船以13.4~13.8节居多。我国沿海航行的浅吃水和超浅吃水的万吨级及以下的小型散货船服务航速都在12.5节及以下。机舱通常都设置于船尾,既能给装载货物腾出更多空间,又可减少主机到推进器之间的轴系长度。

(2) 以单向运输一种货物为主,回程往往不载货,需设置足够压载水舱改善空载航行性能。

(3) 货物有流动性(到一定角度休止),影响船舶航行浮态和稳性。

（一）普通散货船

普通散货船装运的主要为煤炭、谷物和铝土矿等散装大宗货物。这些散货最大的特点是散落性，因船舶摇摆能自动流动。散落的程度与货物颗粒形状、表面光滑程度、含水量、夹杂物的多少等因素有关。散落性可以用休止角大小来衡量，即当货物由空中缓缓落下，在平整地面形成的圆锥体边线与地面之间的夹角。

1. 散装干货的特点

1）煤炭散货

煤炭是一种由非晶形碳和碳氢化合物组成的天然固体可燃物质。其主要成分是固定碳，挥发物（一氧化碳、硫、氢、氧、磷和甲烷等）及灰分等；散货密度差异较大，积载因数从每吨 0.79 立方米到 1.53 立方米不等。它有如下与水运有关的特性：

（1）产生可燃易爆气体。煤炭会产生甲烷气体，由于甲烷比空气轻而积存于货舱上部，当空气中的甲烷含量为 4%～17% 时，便可达到爆炸极限，遇到明火会产生爆炸。

（2）具有一定腐蚀性。因煤炭成分中含硫，有些煤炭可能与水发生反应并产生可能引起腐蚀的酸液，从而腐蚀船体金属结构，会造成经常装运煤炭的船舶货舱底板严重锈蚀。

（3）自热与自燃。煤炭的自热与自燃特性随产地不同而不同。煤炭在空气中会发生氧化而放出热量，当热量积聚到自燃点时就会发生自燃。挥发物含量越高的煤炭越容易自燃。自燃产生的一氧化碳作为有毒气体，还可能危害船员的健康。

（4）具有易流态化特性。若煤炭货物大部分为碎煤且其中小于 5 毫米的块料占比超 75%，则煤炭易于流态化。根据 IMO MSC.426(98) 决议的要求，从 2019 年 1 月 1 日起，有的煤炭被重新定义为 B 组具有化学危险特性货物，同时也是 A 组易流态化货物。

2）谷物散货

谷物散货且有以下特性：

（1）谷物散货的休止角为 30 度左右。

（2）谷物具有空隙性。在船舶航行中经摇摆和颠簸会产生下沉，从而使货物可能出现自由流动的表面。

（3）谷物能吸水和散发水分。当外界湿度过大，谷物会吸收水分而使自身重量增加；反之，谷物会向周围散发水分。当谷物内含水量超过一定限度时，会引起呼吸作用的加强和微生物、害虫的繁殖，从而导致谷物自热和发霉变质。一般谷物的安全含水量在 $10\%\sim15\%$ 之间。在远洋船舶装运谷物前，需严格控制谷物含水量。

（4）谷物呼吸特性。谷物的含水量和湿度及货舱通风条件会影响呼吸作用。含水量的多少是决定呼吸强弱的主要因素，而呼吸作用使谷物中的水和二氧化碳含量增加并发热，所以船舱必须适当通风，防止谷物发霉变质。

2. 散货船的总体设计

散货船总体设计的主要考虑因素为船长、船宽、吃水（主要考虑航道港口的制约）和方形系数。由于油价的不断攀升及 EEDI 概念的提出，方形系数的选择应充分平衡航速、油耗及载重量等因素。

随着散货船向大型化发展，其主尺度也随之具有独有的特征，这就是短、宽、高、胖，通常称之为肥大型船。向大型化发展，不仅对泊位与航道的水深提出了要求，同时，现有的泊位与航道的水深也往往对船舶主尺度有所限制和影响。所以，有时即使船舶载重量相同，其主要参数却相差颇大。为了保证良好的航海性能，对于不同类型的散装货船采用不同的装载方式，从而使之具有不同的船体结构。在肥大型船的共同特点下，这些差异也会对主尺度产生某些不同的影响。尽管这些影响并不会导致主要参数产生质变，在设计中也应考虑到这些因素，使主要参数的选择更为合理。灵便型散货船和巴拿马型散货船侧视图如图 1-10 和图 1-11 所示。

3. 散货船构造特点

散货船货舱设计包括货舱区域长度和货舱数量的选择和划分，在货物处所

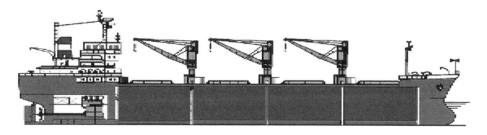

图 1-10 灵便型散货船侧视图

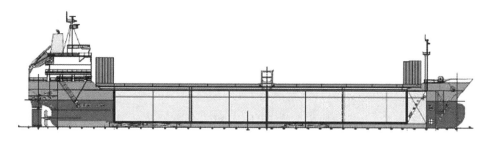

图 1-11 巴拿马型散货船侧视图

的结构通常建有单层甲板、顶边舱和底边舱。要求能达到货物的妥善载运,防止船舶产生过大的纵倾、横倾,防止产生过大的货物倾侧力矩,以及保证货物合理配载以防船体结构承受过大的弯矩和剪力。国际海上人命安全公约(International Convention for Safety of Life at Sea,SOLAS)对散装货物的倾侧力矩和稳性标准做出了详细规定。

散货船在刚开始发展时,都根据货运要求考虑结构设计,对于安全问题准备不足。粮食、水泥等散货的流动性比液体小,都有一定的休止角,因而装这些散货时在舱口围板内装满后,舱口四周的甲板下仍留有一个楔形空档。船在海上发生横摇后,散货流向空档,形成横贯整个船宽的自由表面。出现较大横摇时散货将流向一舷,船随即横倾,在风浪中很容易发生倾覆事故。据统计,20世纪50年代全世界有150余艘运送散货的船发生海损事故。普通散货船横剖面结构如图1-12所示。

为了解决这个安全问题,散货船设计者不断改进,形成了现在广泛应用的

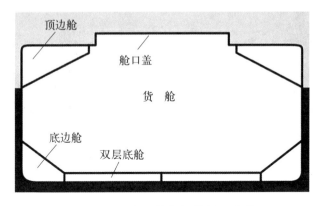

图 1-12 普通散货船横剖面结构

典型专用散货船结构：两舷布置顶边舱,加高舱口围板以保证满舱,两舷布置底边舱便于清舱,也能增加抗沉性;双层底和四个边舱区采用纵骨架式结构以保证船体总纵强度,两舷边舱之间水线附近的总纵弯曲应力较小,采用结构比较简单的横骨架式结构;两个货舱口之间的甲板不参与总纵强度,这里的甲板板明显地比舱口线以外的甲板板薄,骨架也减弱。通常作为压载舱的有艏尖舱、艉尖舱、双层底舱、舷缘水舱和深舱等,有些散货船空载时把某一货舱也作为压载舱。

典型专用散货船的出现,较好地解决了散货流动问题,改善了散货运输的安全性,使海上散货船运输进入一个新的发展阶段。在随后的几十年里散货船得到了迅速发展,1960 年只有 1/4 的散货由单甲板散货船承运,而自 1980 年以来,几乎所有的散货都由专用的散货船承运。

相关设计单位推出了结构直接计算分析的计算机软件和指导性文件,为结构计算分析提供了依据和手段。为使船舶结构设计更为合理,既保证船体必需的强度又不浪费钢材,设计部门在船体结构设计中多采用有限元直接计算方法。使船体结构设计比较合理,不致浪费过多钢材。同时,通过涂装技术和工艺的提高,减小了腐蚀的危害,使船体结构可采用较薄的钢板。高强度钢在船体结构的广泛应用,对于减轻船体结构重量起到非常有效的作用。

确定货舱数量及纵向划分在散货船的总体设计中十分关键。要求能达到货物妥善载运,防止船舶产生过大纵倾、横倾和产生过大的货物倾侧力矩;保证货物合理配载,防止船体结构承受过大的弯矩和剪力。此外,对于同一艘船,货舱数量愈多,装卸设备点也相应增多,停港装卸时间就缩短,但货舱数量越多,理货、平舱和清舱工作量越大,起货设备增多,横舱壁增加,用材也增加,使船造价亦有所增加,而且过短的舱长在使用岸吊时将导致吊车回转半径重叠,妨碍使用。因此,货舱数量及纵向划分要按船舶性能、结构强度、营运便利性等多种因素确定。

目前散货船的舱长有增加的趋势,但一般不应超过 30 米。应予以特别重视的是正确确定散货船的重货(矿石)舱数和布置。在选定集中重货(矿石)的货舱数量、尺寸及布置时要确保船体总纵强度和装矿舱的局部强度(尤其是底部板架),还要使船具有适宜的横摇周期。这一矛盾需要在设计时妥善处理。当装矿舱的数量不变时,货舱数越多,则横摇周期越长,弯矩和剪力均较小;而在货舱数同样的情况下,如装矿舱越多,则弯矩和剪力较小,但横摇周期下降。因此要使耐波性和总强度均得利,增加舱数是一个途径,但也将带来如前所述的问题。

此外,船舶的货舱若是均匀划分且是均匀的装载方式,那么船体承受的弯矩和剪力最小。隔舱装载方式与均匀装载方式比较其弯矩和剪力均有较大的增加。对于采取长短舱布置形式且隔舱装载时,弯矩和剪力显著增加,而当采取长短舱布置形式并增加舱数时,弯矩和剪力有所下降。

因此,只有当矿砂等重货的货运量占全部货运量很大的比例时,为了改善耐波性才采用长短舱的布置形式。对经常装运谷物、煤炭的船舶则以均匀舱长的布置形式最合理。近年来即使对于重货的货运量占很大比例的散货船,也很少采用长短舱布置的方式,而是基本上均匀划分,只在艏部设一个长度稍短一些的货舱,既照顾了装载重货时的耐波性,又可使船舶弯矩和剪力不会增加很多。

为提高装卸货效率,散货船的货舱口较大,一般来说,舱口的宽度在船宽的

45%到60%之间,舱口总长度一般在船长的57%到67%之间。某些大开口船的舱口宽度可达船宽的70%以上。

4. 双舷侧要求

专用散货船的出现,较好地解决了散装货物在货舱内流动的问题,使海上散货船进入一个新的发展阶段。这种典型散货船结构从20世纪80年代开始,风行30年后,又开始暴露其弱点。由于过于注重船舶的轻便与集约,20世纪80年代,日本建造的散货船的事故占全球散货船事故的80%,而其中90%的事故是缘于船体结构破损。于是,海上散货运输业开始开发更安全的结构——双舷侧结构。单舷侧与双舷侧结构如图1-13所示。

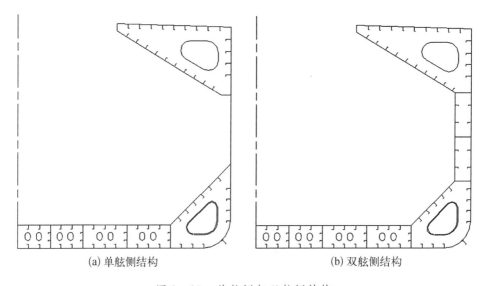

(a) 单舷侧结构　　　　　　　　　　　　(b) 双舷侧结构

图 1-13　单舷侧与双舷侧结构

根据SOLAS第Ⅶ章第1条的定义,单舷侧结构散货船的货舱边界为舷侧板;或货舱边界虽为双舷侧结构,但2000年1月1日以前建造的散货船,该双舷侧结构宽度小于760毫米;2000年1月1日或之后,但在2006年7月1日以前建造的散货船,该双舷侧结构宽度小于1 000毫米;该宽度垂直于舷侧外板量取。

双舷侧通用散货船结构具有如下明显的优点:

24

（1）由于内舷侧板的存在，内、外舷侧板上均可安装纵桁和纵骨，使得舷侧结构大大加强，抵抗波浪载荷、机械撞击和承担甲板结构重量及压载水重量的能力增强。同时还可大大地提高船舶的总纵强度。

（2）双舷侧大大降低了货舱进水概率和进水量，从而可免除 SOLAS 第 XII 第 5 条对横舱壁和双层底的要求，而只需按船级社的规范来设计即可。

（3）舷边舱进水后，可通过其内部的排水系统将海水抽出，提高了船舶的残存能力。

（4）有效改善破舱稳性。

（5）可以加快货舱侧壁涂层的涂装，减少涂料用量，可更好地保护舷侧结构免受散装货物的腐蚀，尤其是内、外舷侧板上的纵横向加强构件。

（6）通过双壳间设置的梯道、走道、照明和通风等设备，便于船员进行定期检验，尽早发现缺陷，加快检验速度，且检验更为彻底。

当然，双舷侧结构会使钢结构的重量增加，但未必起决定性的作用，美国船级社的调查研究结果表明，双舷侧较单舷侧结构增加钢材用量，对普通型散货船钢材增加仅为 3.3%，对巴拿马型散货船为 5.9%，对好望角型散货船为 5.6%（或 1 000 吨钢材）；中国船级社上海规范研究所和上海审图中心在沿海运煤船项目对该散货船结构强度做了大量的研究工作。结果表明：双舷侧较单舷侧结构增加钢材 2%，减少货舱容积 12%。这些数据基本上与美国船级社的调查结果接近。

5. 散货船共同结构规范

2006 年 4 月 1 日，国际船级社协会（International Association of Classification Socities，IACS）生效了《油船和散货船共同结构规范（common structural rule，CSR）》[①]，涉及的范围包含规则和标准、材料和工艺、结构布置、结构技术、设备、营运等。根据该规范，散货船船体结构由双底单壳向双底双壳过渡，建造工

———————————

① 简称共同结构规范。

艺也随之变化。散货船需满足燃油舱保护的要求。船舶专用海水压载舱防护涂层性能标准(performance standard for protective coatings,PCPS)适用范围为所有类型船舶的专用海水压载舱和双舷侧散货船的双舷侧处所。

共同结构规范 CSR 是 IACS 有史以来第一次在全球范围内统一船舶建造标准,它比现行规范更加透明、更易于理解,不仅可以保证船级社长期以来在船舶设计和营运方面的成功经验得到充分考虑,还可以让工业界直接受益。为满足航运业对更高重量的需求,共同结构规范将"重量"原则上用安全和寿命来定义,使得设计寿命和损耗成为制定新规范的焦点。

共同结构规范对船舶强度的评估范围,较传统的有很大延伸。其首次明确区分了净尺寸和腐蚀增量,同时考虑了船舶的服务、极限、疲劳、破损这四种有限状态,应用了以载荷为第一设计准则的力学理论公式,是一套符合基于目标型标准的规范体系。

共同结构规范替代船级社原先的有关规范,并延伸到船舶设计标准、船舶防腐蚀规范、船舶结构环境保护标准、船体钢板质地、性能和厚度以及船舶各种结构材料标准等;明确了船舶肋骨的结构重量和数量要求,以及船舶建造过程中必须采取的船体防腐蚀措施和标准;按照共同结构规范设计建造的新一代散货船,在营运过程中,有利于降低船舶维修保养成本,延长船体钢板和船舶结构构件的有效工作寿命,减少船体裂痕或者结构断裂发生率。

在共同结构规范中,关于散货船舯、艉压载水舱的技术规范,把压舱水产生的静水中垂应力效应降低到最低限度,有利于改进船舶肋骨强度和刚度的设计。

共同结构规范提出的船舶净尺寸设计理念,替代了以往以建造厚度为基础的设计与营运检验标准,使传统的模糊的"建造尺寸"设计理念与方法退出规范体系,由净尺寸概念所带来的腐蚀控制的透明度更为清晰,必然会使航运公司的安全管理体制发生根本变化,将过去按照百分数进行的维护体系转移到净尺寸的维护体系;共同结构规范引进局部强度、应力的设计和计算方法,使得船舶营运中载荷处于均匀状态。

由于共同结构规范的复杂性,用传统的手工计算方法确定载荷、腐蚀扣除和结果处理已经不太可能。而且,在其直接计算规范中,由于大大增加了工况数量以及大量引入细网格和精细网格分析,从而极大地增加了直接计算的工作量。因此,船级社推出专门的共同结构规范软件,不仅满足共同结构规范船舶审图和结构评估的需要,而且还完全满足共同结构规范的内容,程序涵盖了结构尺寸计算分析和校核,区域包括舯部货舱、艏部、艉部、机舱、上层建筑结构等。

2015 年《协调版共同结构规范》(harmonized common structural rules, HCSR)生效,IMO 的《目标型新船建造标准》(Goal-based new ship construction standards,GBS)的"功能性要求"将在其中体现。协调共同结构规范的安全标准将不低于现行的双壳油船和散货船的共同结构规范。

6. 散货船专用设备

目前,散货船主要采用的货舱盖形式有滚翻式、折叠式和侧移式。大型散货船一般采用侧移式。

(1)折叠式舱口盖由滚翻式舱口盖发展而来。它先使舱口盖折叠,再向前后两端或其中一端滑动并翻立固定。折叠式舱口盖可用于杂货船、散货船、冷藏船和多用途货船等。折叠式舱口盖如图 1 - 14 所示。

(2)侧移式舱口盖。利用液压带动齿轮,使舱口盖分别向左右或前后滑动,最终平放在甲板上方。侧移式舱口盖结构简单,但由于所需的存放空间较大,受到舱口尺度限制,主要适用于大型散货船。侧移式舱口盖分为单盖式和双盖式。前者比后者结构更简单,占用甲板面积也更大,一般用于矿砂船,后者用于其他类型散货船。侧移式舱口盖如图 1 - 15 所示。

散货船的装卸时间会影响其营运效率。而货舱盖的自动化程度会影响开启和关闭的时间,占用装卸作业时间。货舱盖的自动化还有利于减轻船员的劳动强度。

图 1-14　折叠式舱口盖

图 1-15　侧移式舱口盖

（二）矿砂船

由于矿砂的积载因数与一般散货差别较大,故将载运矿砂的船称为矿砂船。在船舶运力等统计数据方面,矿砂船则作为散货船当中的一种类型。

1. 铁矿石散货特点

铁矿石系指主要用于钢铁生产、机械生产,冶炼含碳量不同的生铁矿石。具有工业利用价值的主要是磁铁矿、赤铁矿、褐铁矿、菱铁矿、铁的硅酸盐矿和硫化铁矿等。铁矿石具有如下运输特性:

（1）比重大,积载因数小。在船舶分舱时,若各舱装载重量分配不当,容易削弱船体结构强度。

（2）堆放时自然倾角较小。在一定的底面积上可堆得较高。整船或大量装运铁矿石时,可利用这一特性,堆装成锥形,以提高船舶重心。

（3）易蒸发出水分。开采出的粗铁矿石含有不同程度的水分,在空气相对湿度较低时,容易蒸发。

（4）化学反应与自燃。某些金属矿石与潮气、二氧化碳或氧气接触后可能发生化学反应,放出热量,进而发生自燃。

（5）易扬尘污染。铁矿石常残留开采时的泥土杂质,在装卸过程中极易飞扬。

2. 矿砂船总体设计

大型矿砂船的长度通常都在 300 米以上,船宽在 50 米以上。由于不通过苏伊士运河和巴拿马运河,其主尺度仅受铁矿石运输港口的制约。

由于矿砂比重大,积载因数小,所需舱容小。从满足舱容角度考虑,其型深略低于普通散货船。

矿砂船重心较低,导致横摇周期过短,适航性不佳,且回程空放需要大量压载水。有时为使其具有适当的重心高度,从结构强度的考虑,将矿砂船型深设计为与矿-粮两用船相近。

由于矿砂舱是由两道纵壁所隔出的空间所组成,两舷用于压载水舱,且具有较高的双层底以提高矿砂的重心,其合理的稳性与适航性也可借助于调整纵舱壁位置与双层底高度来解决,从而不会遇到如矿-粮两用船那样的矛盾。而且矿砂船的载重吨位一般都比较大,更多地受到吃水的限制,故其船宽吃水比(B/T)值通常也略大于矿-粮两用船的船宽吃水比(B/T)值。

对于具有均匀舱容,采用隔舱装载的矿-粮两用船,型深如设计得过高,在装载粮食时提高了货物重心,会造成船舶稳性不足。而对此往往又不可能以增大船宽吃水比(B/T)值来提高船舶的初稳性。因为在装载矿砂时,由于矿砂不可能装满货舱,其重心比装粮食时低,从而会产生过大的初稳性,导致摇摆剧烈,耐波性不佳。对于采用大、小舱间隔分布,以小舱装矿砂方式的矿-粮两用船,在选取船宽吃水比(B/T)与型深吃水比(H/T)时,则不存在上述需兼顾两种装载工况的考虑。矿-粮两用船型深的选择还应考虑顶边舱是否有装载压载水的用途。

大型矿砂船的装载方式一般都是用传送带加喷头的方式。铁矿石积载因数较小,还没装满就达到载重量限制了,所以经常是满载不满舱。通常矿砂船的货舱不是一次装满,而是先轮流部分装载,最后再装满,这样就增加了装卸机的移动时间,降低了装卸效率。

大型矿砂船装卸时使用的抓斗较一般的散货船要重,需要满足抓斗量25吨的要求,船体结构的内底、横舱壁下墩以及纵舱壁下部都需要进行结构加强,横舱壁下墩处的直梯梯架也应为加强型结构,以承受抓斗对其的撞击力。

3. 矿砂船构造特点

矿砂船的船体一般大范围采用高强度钢。为了减轻空船重量,大型矿砂船的高强度钢使用率近60%,外板、甲板、纵舱壁及纵骨、内底纵骨和部分强框架构件都采用高强度钢。内底由于有额外的抗磨损厚度要求而具有较厚的板厚。且内底高度较高,对于规范要求使用高强度钢范围之外的内底可以采用普通钢。

大型矿砂船主船体通常采用纵骨架式结构以提高船体梁的刚度;但货舱舱

口之间的甲板条需设置成横骨架式结构,以有效抵抗两舷水压产生的横向挤压应力。为了避免舱壁水平桁对装卸货的影响,矿砂船横舱壁通常采用槽形舱壁。

与普通散货船比较,矿砂船的局部强度问题非常突出。通常在内底板与纵舱壁和肋板与纵舱壁相交处、纵舱壁折角处、内底板与下壁凳相交处、边舱强肋框开口的角隅部位,都是应力水平比较高的位置,需要特别关注。

大型矿砂船船宽较大,而且装货时,两边的大压载舱为空舱;压载时,货舱为空舱,而且大压载舱的容量与货舱相当,从横向看就是隔舱装载的工况,这导致大型矿砂船横向应力高,横向强度矛盾突出。

大型矿砂船是专用船舶,货物单一,其货舱的数量比常规的散货船要少。通常设置5个货舱。货舱内壁虽然位于距舷侧1/5船宽内,货舱在破损稳性计算中不属于破损范围,但因需要对船体梁提供支撑以满足结构强度要求和便于装卸时对船舶浮态的控制,货舱数量也难以减少到5个以下。

为提高矿砂船的重心,改善横摇等适航性能,专用矿砂船采用具有矿舱的横剖面结构,其典型横剖面如图1-16所示,双层底抬得很高,有两道纵舱壁(斜的或垂直的)使两舷有较大压载水舱舱容。

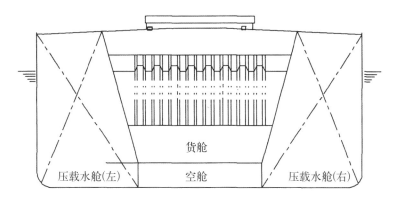

货舱

压载水舱(左) 空舱 压载水舱(右)

图 1-16 矿砂船船舱横剖面示意图

压载舱区域如果与货舱区域一样分隔成5个(对)舱,则难以满足破损稳性的要求。因此,压载舱区域通常分隔成9～10个(对)舱,其中的1～2对舱用作燃油舱。

货舱舱口布置特征：大型矿砂船的货舱较长，除第一货舱外，其他舱长度均超过 50 米，一般需要在纵向方向上设置两个货舱舱口。

4. 矿砂船专用设备

大型矿砂船的舱口宽度相对船宽较小（约 30%），因此货舱可以采用单片侧移式舱口盖，容易保证货舱的风雨密要求。

大型矿砂船甲板面空旷，舱盖的开启可以采用较简单的平移式，即可通过低速液压马达驱动千斤顶抬起后通过齿轮系统把舱口盖移动到一侧。

大型矿砂船货舱舱口盖宜采用单壳形式，这是因为舱口盖盖板容易被抓斗碰坏，单壳容易修理，其货舱采用自然通风的形式，在单壳舱口盖前后侧板上开百叶窗，容易实现自然通风。

（三）自卸船

根据运输货物的形态不同，自卸船可分为块粒状自卸散货船和粉状自卸散货船。

（1）块粒状自卸散货船。块粒状自卸散货船运输的货物有煤炭、矿石、石膏石、黄沙、盐矿等。块粒状自卸散货船的货舱横剖面与散货船大同小异，只是舱底增加布设货物输送带。

块粒状自卸散货船的货物运送系统由喂料、输送、提升和投料四部分组成。当货物被提升到甲板上方后，通过卸料臂卸至码头或堆场，卸货时由卸货料斗向舱底输送带喂料。一般每个货舱设置几个卸货料斗，每个料斗下均设置斗门。舱底输送带纵向贯通全船，为保证船舶安全，需在舱壁上装设水密闸门，将整条通道分隔成数个水密区间。

（2）粉状自卸散货船。粉状自卸散货船装运的货物有水泥、化肥、化工原料等。

粉状自卸散货船设备是实现自卸船运输任务的关键设备，对船舶主尺度、总布置、船体结构等均有直接影响。粉状自卸散货船的卸船系统主要有机械式、气力式、机械/气力混合式、负压式等。

根据船型大小,装卸系统的选择如下:

① 小型散装水泥运输船适用气力式装船系统与流态化气力压送罐货 CSP 负压卸船系统。

② 10 000 吨级以下的中、小型散装水泥专用运输船适用气力式与重力气力式组合装船系统及机械式或气力式卸船系统等。

③ 10 000 吨级以上沿海或远洋运输船,可采用机械式和重力气力式组成联合装船系统,由机械式与机械/重力气力式或重力气力式组成联合卸船系统。

④ 对大型水泥运输兼用船考虑装载煤炭等其他散料回程货物,由甲板上(或岸上)装设的专用卸船机卸船,装船亦可由岸上设置的装载机装船。

(四)运木船

运木船是专门运输原木或半成品木材的船舶。由于木材不怕风吹、雨淋,既可装载在货舱内,又可堆放在甲板上。

运木船的主要特征是货舱宽大且长,舱口大,货舱内没有梁、柱等船体构件。起货能力强,甲板强度大,两舷设有拦护木材的立柱,以便甲板上装载木材,其数量可达总载重量的 1/3,由于重心偏高,要求有相当的船宽以满足稳性要求。

由于木材货物体积大,装卸耗费时间,造成停港时间长,运木船载重量一般为 2 万吨左右。

第二章
杂货船与多用途货船概论

第一节 杂货船概论

杂货船是最早的货船类型,是各类专用货船的鼻祖,在船型发展上与散货船有较大关联。杂货船可运输若干类散装干货。

一、杂货船的定义

杂货船系指主要用于运输成包、成捆、成桶等经过包装的货物的船舶(见图 2-1)。杂货船早期被称为干货船,在当时是区别于液货船的叫法。随着散货船、集装箱船和多用途货船的出现,就改称为杂货船。

杂货船结构简单,载重量较小,航速较低,一般设有多层甲板,货舱侧壁有木质或其他材料防护设施,露天甲板上货舱口设水密舱口盖,一般设有起货设备。主要运输的货种为日用百货,设有重吊的也可运输机器设备。

远洋杂货船的载重量一般为 10 000～14 000 吨;近洋杂货船的载重量一般为 5 000 吨左右;沿海杂货船载重量为 3 000 吨以下。这是因为杂货船载运的货种多,货源却不广,而且其装卸速度也较慢,船造得太大会放大这些缺点,降低经济性。杂货船的航速较低。由于杂货的形状、重量、尺寸各异,装卸时需要逐件处理,大量人工参与装卸,还容易造成货损、差错多,装卸作业受自然条件

图 2-1　杂货船

影响非常大。总体而言,杂货船运输效率较低,现在仅在小规模运量和装卸条件落后的港口应用。

二、世界杂货船发展概况

19 世纪中叶散货船出现以前,粮食和水泥等散装干货是以包装的形式由杂货船进行运输,有的杂货船加装止移板来运输散装干货。

在第二次世界大战[①]期间,为满足军用后勤物资运输的需要,造船业的主要力量放在建造大批量杂货船上,如美国成批建造了 10 800 吨的"自由"轮。

"二战"后随着各种专用船型的出现和船队规模的壮大,传统的杂货船在世界船队中所占的比重日益下降。以 20 世纪下半叶发展阶段为例,从 1970 年到

---

① 简称"二战"。

1999 年,杂货船在世界商船队中的占比由 31.8% 下降到 13.3%。到 2020 年,这一数字已下降到 4%。

三、杂货船设计

（一）总体设计

目前常见的杂货船一般为单机单桨,远洋杂货船航速在 14~18 节之间;续航力为 12 000 海里以上,近沿海杂货船的航速为 11~15 节。

杂货船一般都设有艏楼,在机舱的上部设有桥楼。旧式的杂货船多采用三岛型(即艏楼、桥楼和艉楼)。机舱多数位于船中部偏后位置,也有的采用艉机型。

为了给甲板提供更大的储货空间,杂货船的桥楼不断向船尾方向转移,从图 2-2 可以看出杂货船桥楼向船尾转移的发展的过程。

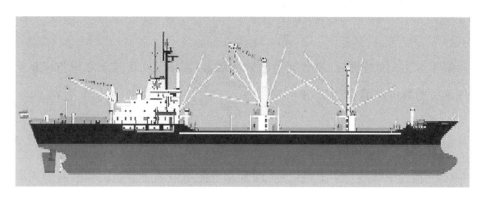

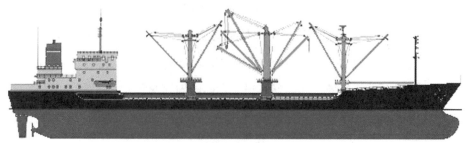

图 2-2 杂货船桥楼位置变化图

因为杂货船运输的货品种类较多,有些不适合挤压,为方便货物的处理和堆放,杂货船一般设有2～3层甲板。根据杂货船的大小,货舱数量有所不同,一般万吨级的杂货船,设有4～6个货舱。杂货船侧剖面示意图如图2-3所示。

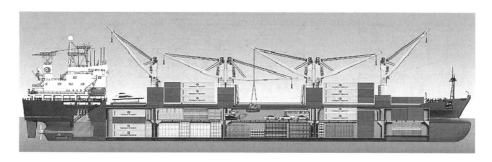

图2-3　杂货船侧剖面示意图

大多数杂货船,每个货舱设一个舱口,为方便货物装卸,杂货船的舱口比较大。同时,杂货船的底舱被设计为大舱,甲板强度大,为装运重大件货物提供了方便。

(二)杂货船设备

最初的杂货船采用人力装卸货,后来逐渐采用吊货杆,以及液压回转式起重机。由于自带起货设备,杂货船对靠泊码头的配套设施要求不高。

1. 起货设备

现代船舶上普遍采用的起货设备是起重机,而吊杆式起重机和吊杆装置是货船的传统装卸设备,在早期的货船上广泛采用。

(1)吊杆。吊杆也称悬臂起重机,轻型吊杆起重能力小于10吨,重型吊杆的起重能力则超过10吨。轻型吊杆主要由起重柱、吊杆装置和起货机组成,吊杆一般安装在货舱口前后两端。

为满足装运大件货物需要,除了轻型吊杆之外,有的杂货船还在中间舱口或重点货舱口配备重型吊杆(见图2-4)。重型吊杆根部的承座通常直接安装在甲板或专用平台上,下部再设有支撑等加强结构,以承受巨大的吊杆轴向压力。常用的重型吊杆有普通型重吊、V型重吊、哈列恩式重吊杆等。

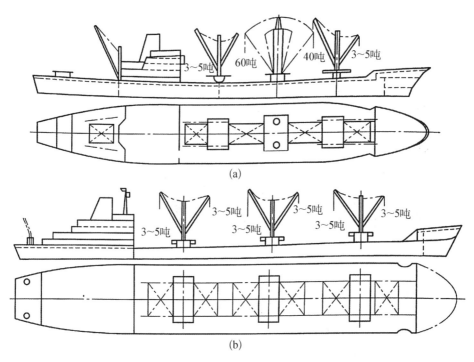

图 2-4　杂货船起货设备及舱口示意图

（2）起重机。吊杆操作比较烦琐，作业效率不高。后来又渐渐发展出了回转式起重机这种装卸设备。回转起重机简称吊机，也称起重机，按其动力源不同，可分为电动式和液压式两种。其中电动式起重机使用比较广泛，按其使用方式又可分为回转式、悬臂式和组合式三种。

回转式甲板起重机由基座、回转塔架、吊臂、操纵室和操纵装备等组成。起重机基座一般穿过甲板和船体主结构进行有效连接，并有旋转支承装置（上座圈、下座圈、外围支承板）和旋转结构（电动机、小齿轮、大齿轮）。回转塔架支撑在基座上，包括上、下两层，上层为操纵室，下层装有三部电机，分别控制吊货索起升、吊臂的变幅及塔架旋转。吊臂根部固定在回转塔架底部，可绕根部支点上下俯仰，其头部有两套滑轮组供吊货索和千斤索用。

回转式起重机起重能力往往不超过 60 吨。既可在单独作业时服务于前后两个货舱,又可在联合作业时提高起重能力。吊机基座固定在甲板上,回转塔架支撑在基座上,由上层的操作室和下层的电机系统组成,可在水平方向上360度旋转,而吊臂根部固定在回转塔架的底部,可绕根部支点在一定角度范围内上下俯仰(15～80度)。

如今的杂货船起货重量一般较大,起吊设备多采用回转式起重机。杂货船一般将起重机设置于前后两个货舱口之间的船中心线上,既可以单独作业,又可以组合使用。组合作业的起重机有好几种形式。

第一种方式是将两个吊机安装在同一个回转平台上。这种组合的吊机既可以在各自的回转塔架上单独工作,也可以利用公共转盘旋转到同一舱口进行装卸。

第二种方式是舱前、舱后两台单回转吊机同时对一件货物进行装卸。这种方式在装卸尺寸、重量特别巨大的货物时采用。

第三种方式则是结合了前两种方式,在舱前、舱后均配置组合吊机,一共可以把四台吊机联合起来作业(见图2-5)。

图2-5　四台吊机联合作业

2. 舱口盖

舱口盖是用来开启和关闭货舱口的设备。露天舱口盖一般要求是水密或风雨密的,非密封舱口会导致货舱意外进水,严重时可导致货船沉没。此外,有些舱口盖还需承受诸如集装箱、木材等甲板货物载荷,所以还要具有足够的强度,结构可靠。

20 世纪 50 年代,舱口盖采用木质材料,使用时需要人工拼装和拆卸。随后出现了以钢索拉动的单拉式滚动舱盖、折叠铰链舱盖。设置在货舱上的舱口盖,因其关闭的舱口尺度较大,有时会由若干块舱盖板拼成。舱口盖可以向前,向后或向侧面滑动,抬起或折叠起来。较新的液压操作的金属舱口盖,通常可由一人操作。根据舱口盖启闭方式可分为折叠式、滚动式、吊离式和移动式等。

液压式舱口盖早期是单拉滚翻式,操作时转动舱口一端的铰链轴承,可使相互连接的小片舱口盖卷起。这种舱口盖结构较脆弱,仅适用于驳船、内河船或岸上设备。

第二节　多用途货船概论

一、多用途货船的定义

多用途货船系指可运输集装箱、散货、杂货,以及特重特大特长件货的船舶。一般为双甲板,货舱口较大,船上配有大起重量的回转起重机,可同时装运多种类型货物,其上甲板及舱口盖上可堆装集装箱和木材。多用途货船可以看作是杂货船的更新和升级版。

多用途货船主要有以下特点。

(一)货物类型多

多用途货船既可以装载各种箱、袋包装货和托盘货等各种体积小、重量轻的货物,也有能力装载外形尺寸大、重量重的长大型货物和重货,如化工蒸馏塔、大型矿山工程机械设备、机车、车厢、小型船艇等。其他货物,如钢管、钢轧制品、卷筒钢板等钢材制品,以及纸制品、成型木材等木材制品都是多用途货船非常合适的货源。此外,还可以载运散装货物和集装箱,可谓"大小由之,轻重皆宜"。

为了处理多种类型货物,多用途货船货舱容积较大,更重要的是多用途货船的起货机能力有了很大提升,目前最大起重量高达 1 000 吨,能够装卸和载运工程所需大型、笨重的机械设备,提高了对货物的适应性与装卸效率,营运灵活性高。

（二）载重量较小

多用途货船属于中、小型船,由于货品杂、批量小,因此船舶的载重量不会太大。现今的多用途货船的载重量大多为 10 000～30 000 吨。

（三）航速分布范围广

多用途货船的航速范围分布较宽,低的只有 12 节,高的超过 19 节。有些搭载冷藏货物的多用途货船,航速可超过 21 节。

（四）船型多而杂

世界各地输入和输出货物种类的不同决定了船东对多用途货船的需求必然各有所求,某一种船型很难被其他船东完全采纳,所以不能像三大主流船型那样"一型多主",大批量建造。

然而多用途货船也有其无法替代的优势。根据侧重用途的不同,多用途货船一般可分为:以装运杂货为主、兼顾散货、集装箱的多用途货船;以装运散货为主,兼顾杂货、集装箱的多用途货船;以装运集装箱为主,兼顾杂货、散货的多用途货船。它们之间最主要的区别在于有无中间甲板(或以箱型货舱盖兼作吊离式中间甲板),以及货舱结构不同等。

二、世界多用途货船发展概况

多用途货船最初出现于第二次世界大战期间。20 世纪 60 年代以后,在

"二战"期间建造的杂货船大量报废,世界各国经济发展,催生大量航运需求,各主要造船国家竞相发展多用途货船,出现了上百种多用途货船船型。这些多用途货船对运输货物货种的变化具有更大的适应性,经济性较好。除去装运一般杂货外,还能兼运散装货物,如谷物、煤炭、矿石、木材等。

多用途货船在 20 世纪 70 年代中至 80 年代初经历了黄金发展时期。其载重量不断提高,采用经济航速,推行标准船型,实现无人值守机舱。但在接下来的十几年里,由于市场形势发生了变化,其订造数量急剧减少,船队规模增长缓慢,承载货源受到来自散货船和集装箱船的冲击。

多用途货船的相对竞争力及其所面临的市场发展趋势直接关系到这类船舶的生存和发展。由于其在船舶主尺度、适应货物上的多样性,并具有经营灵活性和装卸能力强等特点,在全集装箱船和散货船"两面夹击"之下,仍可稳住主要货源,在"空白地带"求得生存。

大型多用途货船具有较大的集装箱载运能力和较大的包装容积,能够装载大宗货物和工程上所需的笨重货物,航速也不低,在特定的工程货物运输需求市场中,多用途货船具有无法替代的优势。

20 世纪末到 21 世纪初的 10 多年中,多用途货船建造市场重新开始复苏,并呈现出平稳的发展态势,1996—2007 年,年平均订造量保持在 135 艘左右,尤其是 2007 年,多用途货船的订造更是达到了一个顶峰,年新船成交量达到226 艘、355.7 万载重吨,创历年多用途货船新船成交量的新高。

三、多用途货船设计

多用途货船运输的货物除了散装大宗货物和集装箱货物以外,还有一类长大型货物和重货,如化工蒸馏塔、大型矿山工程机械设备、机车、车厢、小型船艇,海洋工程超大型设备、构件等,钢管、钢轧制品、卷筒钢板等钢材制品,以及纸制品、成型木材等木材制品。随着全球经济的发展和高科技在各个领域的广泛应用,大长件与特种货物市场的需求量有逐年增长的趋势。

（一）总体设计

多用途货船是一种比较特殊的运输船，由于营运需求差异大，船型差异也较大。在营运时，还经常将不能进入货舱的大型货物放置在上甲板上。在确定主要尺度时，不像三大主流船型都可以利用经验数据或公式等比较简捷的方法估算空船重量，对于载重量相似或船舶主尺度接近的船，因为总体布置形式、舾装设备和动力装置布置的差异，会造成空船重量差别较大。在设计时，只能选择各方面比较相似的船型作为参考。

标准多用途干货船，因采用经济航速，一般船体都较短较丰满，其长宽比（L/B）值较小，方形系数值较大。标准多用途干货船的船体结构一般采用纵横骨架式混合结构，船首多数采用球鼻艏，船尾则为方艉。

（二）构造特点

早期的多用途货船对传统杂货船的舱盖及甲板进行改造，以便能够在甲板上载运集装箱或长大件，货舱中依然装载传统的干杂货。我国以前建造的多用途货船除上甲板外还设置了两层固定式二甲板，将货舱分为三层，底层货舱较高，二甲板之间货舱的高度较低，三层甲板都采用液压货舱盖。这类货船受当时造船技术所限，货舱口较小，货舱内装卸盲区大，装卸货很不方便，效率很低。随着造船技术的发展，现代多用途货船发生了很大的改变。为在货舱内载运集装箱，多用途货船的货舱结构开始向专用集装箱船的形式靠拢，采用类似集装箱船的大开口设计，以便载运集装箱和长大件，并使装卸货时无盲区。为加强船体结构纵向强度和刚度，一般甲板结构和船底结构采用纵骨架式结构，两舷侧采用横向骨架式结构。

目前，许多多用途货船设置两层甲板或活动甲板，来代替传统干杂货船的多层甲板。这些甲板通常会设计为可吊离的舱口盖形式，其高度可以方便地进行调节，以适应不同种类的货物。二甲板多为可拆式，可随货物需要设置于适宜的高度，在装散装谷物时也可当作谷物止移舱壁使用。不需要二甲板时可以储存于船上合适的位置。可拆式二甲板的设计，增加了船舶揽货的灵活性，提高了船舶营运能力,被越来越多的船东采用。最终形成了多层甲板、艉机型、较宽的船宽和大舱口的现代多用途货船通用结构。

标准多用途货船货舱数量一般在4~6舱之间,多为5舱。多用途货船一般采用双排货舱形式。为提高船舶承揽重大件货物的能力,便于承运大型成套机器设备,现代多用途货船常常增加货舱长度。有的多用途货船还将货舱设置成长短不一的货舱。甲板一般适当加强以装载集装箱和木材;货舱内底板适当加强,以适应抓斗和铲车进舱作业。根据货物特点设置特殊设备,如悬挂甲板、散货止移壁、植物油舱、冷藏舱、重吊等。积载因数一般为1.35~1.5。若兼运件杂货、散货和集装箱,则一般超过1.4。多用途货船均设置舷边舱,多作压载舱用。舷边舱一般设置于甲板间、大舱内,或设于整个舷侧。多用途货船构造如图2-6所示。

图2-6 多用途货船构造

大型多用途货船为了货物分票方便以及减轻船体结构及舱盖的重量,一般货舱设计成双排货舱或双排货舱口(见图2-7)。双排货舱是在船中心线处设一纵舱壁,从上甲板到双层底把货舱分隔成左、右两个货舱,上甲板上各设一个货舱口成双排货舱口。有些船的纵中舱壁向下延伸到一定高度后中止,上甲板上设双排货舱口,在货舱上部分成左右两舱,而下面则仍为一个货舱。上述两种不同的布置形式取决于船东的需求。在双排货舱的布置中,中纵舱壁上设有开口便于人员交通和铲车作业,同时可避免破舱时,因船倾角过大损失稳性。

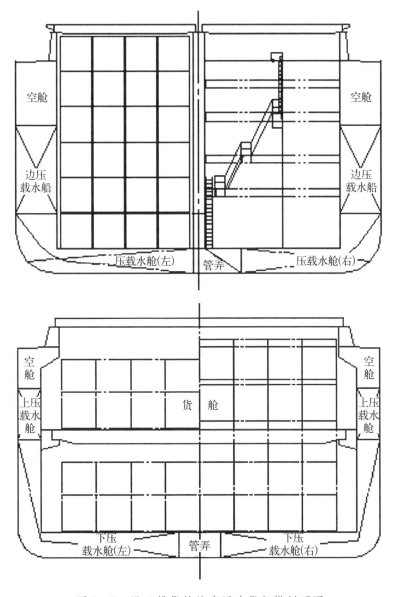

图 2-7 设双排货舱的多用途货船横剖面图

（三）专用设备

（1）舱口盖。多用途货船的上甲板货舱盖通常采用液压折叠型式,向艏、艉两端或一端开启,折叠次数一般为一次,但在货舱较长时可采用两次甚至三次折叠。高存放式货舱盖长度可达8个标准集装箱的长度,超长的货舱可采用液压式和吊离式两种形式组合的货舱盖。有些小型多用途货船采用吊离式货舱盖,并配有可沿货舱纵向移动的专用货舱盖门式起重机。

多用途货船的露天甲板舱口盖可以采取吊离式、背载式舱口盖等,有时需要将几种类型舱口盖结合使用。

（2）吊离式舱口盖。吊离式舱口盖又叫箱式舱口盖,利用吊杆或起重机将整块舱盖吊起,并放置于甲板上或码头上。吊离式舱口盖多用于集装箱船和杂货船。这种舱口盖还可以用作中间甲板的舱口盖(见图2-8)。

图2-8 吊离式舱口盖,吊起后堆放在一起

（3）背载式舱口盖。背载式舱口盖的盖板可以利用电动机上下移动，或沿船长方向移动，然后彼此叠放。这种舱口盖在货舱要求大开口，甲板又缺少存放舱口盖板空间时适用（见图2-9）。

图2-9　背载式舱口盖

货舱盖上通常设置集装箱扭锁座，并在适当位置设置货物绑扎眼环。下甲板舱口盖多采用垂直链接的平直钢盖，形式较多。一些多用途货船还在舱口盖上设计了可移动的绑扎设备，以便在甲板上载运集装箱或大长件货物时使用。

（4）起货设备。起货设备是多用途货船必备的装置之一，从杂货船发展而来的普通多用途货船，多采用起重机或重型起重机。起重机设置于两个货舱口之间的船中心线上，一般起重能力不超过60吨，可采用双起重机，单独作业时服务于前、后两个货舱，联合作业时可提高起重能力。起重机的跨距，除了覆盖货舱区域外，还应达到甲板上货舱口以外的货物，如集装箱等的甲板货物。

随着重吊船的推出，起重机的起重能力不断提高，设置的位置也从船中心移向船舷，这些变化使多用途货船的功能更加加强，重吊船的吊机能力已经从普通型的几十吨提高到几百吨,配置 200 吨到 400 吨之间吊机的船已经不少。目前已经有配置两台 900 吨吊机的重吊船,双机联吊可达 1 800 吨,而该船的载重量仅为 11 000 吨。

重吊多用途货船一般会配置 2～3 台规格相同的吊机,一般布置在同一舷侧,而以左舷居多,但也有分别布置在左、右两舷的。吊机的选择除了起吊能力外,吊臂跨距是一个重要参数。在设有两台以上吊机时,都要求能有双机联合作业的功能。

(5) 防横倾装置。多用途货船上大多设有防横倾装置以保证起重机能在限制的横倾角内进行装卸作业。防横倾装置由一对或多对压载水舱、横倾平衡水泵和控制系统构成,水舱容量和水泵的排量由作业过程中可能产生的最大横倾力矩确定。

第三章
中国杂货船、散货船和多用途货船研究发展历程

第一节　政策保障　创新驱动

在党和政府的领导下，新中国的船舶工业经历 70 多年发展历程，从封闭到开放、从传统到现代、从弱小到壮大等一系列深刻变革，成为工业行业中率先走向国际市场的行业，船舶产品研发设计和建造取得举世瞩目的成就。以散货船等为代表的运输船舶发展是其中的生动体现。总结我国以散货船等为代表的船舶研究发展经验，主要体现在：

一、国家从产业政策层面保障

在各个发展阶段，国家都对船舶工业给予大力支持，从我国实际情况出发，为船舶工业制定了符合实际需求的方针、政策，高瞻远瞩地从全局规划角度指导了船舶工业发展和相关产品研发。

从早期"自力更生、立足国内"方针，优先研发建造国内经济生产紧缺的生产运输船舶；到改革开放初期"军民结合、保军转民"方针，以散货船为突破口，逐步打开国际市场；到 21 世纪以来"做大做强""自主创新"等发展思路，从跟随造船先发国家走向与之齐头并进，在散货船优势船型方面创新引领世界先进水平。

二、船舶工业不断创新管理体制

新中国成立之初,我国就开始筹建船舶科研机构,形成船舶设计研究力量,为发展我国船舶工业,拓展研究领域,完善试验设施,提高科学技术水平,跟踪世界造船先进技术起到重要作用。

1950年6月,中央人民政府重工业部发出指示:为了统一全国船舶工业的建设、生产和技术上的指导,以便迎接全国大生产建设工作,决定成立船舶工业局。当年10月,船舶工业局在上海成立;11月,船舶工业局设立技术处,并在技术处下设计组(即"中国船舶及海洋工程设计研究院"前身)。随着船舶工业的发展,设计组迅速壮大,1953年5月在船舶工业局下成立船舶产品设计处,1955年发展扩大为第二船舶产品设计室,拥有500多名技术人员。之后又相继成立一、三、四、五室,并成立了船舶设计院。

20世纪60年代到70年代末,根据国民经济发展的需要,我国工业贯彻自力更生的方针,按照国家计划,开始初步形成船舶工业体系,是船舶工业突破性进展的阶段。1961年6月成立第七研究院。嗣后,组建第八研究所,人员扩充为1 000多人。交通部系统于1958年在北京成立交通部船舶设计院;1960年在武汉成立长江规划设计院;1965年两院合并组成长航船舶设计院,1972年改称长江船舶设计院。1962年组建成交通部上海船舶运输科学研究所。1960年,成立上海海运局船舶设计院,1964年改组为交通部上海船舶设计院(今上海船舶研究设计院)。

改革开放以后,船舶工业率先打破了计划经济的管理模式,于1982年5月成立中国船舶工业总公司,成为我国第一家全国性大型工业公司。1999年,中国船舶工业总公司改组为中国船舶工业集团公司和中国船舶重工集团公司,建立起政企分开、产研结合、促进竞争的新体制。随着产业不断发展,船舶工业企业所有制结构逐渐多元化,地方国有企业、民营企业和中外合资企业快速发展,支撑起我国船舶工业半壁江山。

2019年,中国船舶工业集团公司和中国船舶重工集团公司整合为中国船舶集团有限公司,成为全球最大造船集团,目标为将我国建设成为世界造船强国,实现从量到质的转变,在船舶研发、设计、建造、配套和高端海洋装备领域关键核心技术等方面向着世界先进水平迈发。

三、建设船舶工业基础设施

新中国成立后,在原有的上海江南造船厂和大连造船厂基础上,国家重点筹建了广州造船厂、渤海造船厂和一批中央直属的生产船用配套设备的大、中型骨干企业,其中包括船用高、中速柴油机厂和船用仪器仪表厂、水声设备厂、船用特辅机厂、水中兵器厂以及船用蓄电池厂等。同时,交通部系统也致力于扩大修造运输船的能力,青山船厂、江苏金陵造船厂和文冲船厂①均在这一时期投产,并逐步发展成为沿海和长江民用船舶的重要修造基地。各省市沿海、沿江的航运和水产等部门也新建、扩建和续建了一批中、小型船厂。

改革开放后,我国船舶工业开始在骨干船厂开展大规模技术改造和基础设施建设。

21 世纪以来,我国造船生产能力出现了翻天覆地的变化,上海外高桥、中船长兴、中船重工海西湾、中船龙穴等一批现代化造船基地相继建设,基本形成了环渤海、长江口和珠江口三大造船聚集区的分布格局。这三大造船基地的建成,也可被看作我国迈向散货船制造大国的分水岭,我国造船业在大型造船基础设施方面与日本、韩国等先进造船国家的差距基本消除。

四、蓄力赶超世界先进科技水平

在新中国成立之初,广大造船科技人员努力学习国外先进造船技术,刻苦进行跟踪性创新,开发设计了许多实用船型。改革开放后,中国船舶工业贯彻"对外开放"的方针,积极投身世界航运和世界造船市场的竞争,参与世界航运

---

① 广州文冲船厂有限责任公司。

和造船界的合作与交流。

改革开放之初,为了提高造船技术水平,我国在造船领域大规模引进国外先进技术。先后引进国外各大船级社多项造船规范、国际标准及船舶设计技术。在船舶配套领域,先后从丹麦、德国、法国、日本等引进多项船用主机、辅机和其他关键设备制造技术。通过消化吸收,我国船舶工业逐步实现了从借鉴和移植国外技术到自主开发创新,散货船等主力船型实现了大型化、系列化设计和批量化建造,丰富了船舶产品种类,造船效率、水平和质量也大幅提高。

五、协同创新发展模式

在发展模式上坚持以重点突破带动整体跃升,利用重大产品工程的牵引带动作用,以局部突破带动整体实力的跃升。重大产品工程作为以某种重点产品为龙头而组织起的多领域、多学科的大型攻关项目,能够促使行业内外科研资源在特定领域内的整合,在较短时间内使重大关键技术获得突破,显著提高船舶工业的自主创新能力,同时培养造就新一代高技术人才队伍。

在研发模式上坚持以市场需求为导向。由起初的"先合同,后设计,边设计边建造"的被动设计模式,转变为"主动与船东联合开发,向市场推出具有自主知识产权产品"的超前开发,市场主动性大大提高。例如,成功开发出"中国江南"型巴拿马型散货船、"中国外高桥"型好望角型散货船和超大型矿砂船等品牌产品,在这些船型上拥有了定价权和话语权。

坚持产学研相结合,发挥科技资源整体优势。充分发挥科研院所和船厂两方面的积极性,合理分工、优势互补、形成合力,协调一致地开展研发工作。在基础技术研究中,主要发挥高等院校及科研院所的作用:在长远性和前瞻性船型开发与技术储备中,主要发挥研究院所的作用:在重点船型优化中,主要由船厂牵头,充分发挥各船厂技术中心的作用:在新船型的开发中,主要由船厂和科研院所开展联合设计。在科研开发中,重视以重大科研项目为纽带,建立起科研院所和造船企业的良性互动关系。

六、应用现代船舶设计手段

随着船舶工业快速发展和市场需求,船舶产品日趋大型化、集成化、信息化和专业化。船舶设计由经验型逐渐向综合优化和直接设计方向发展,许多新技术新方法得到应用。现代船舶设计采用了综合优化设计方法,集成了数值分析、虚拟仿真试验验证、产品数据管理、并行设计、与制造工程并行协同等,特别是数字化设计方法应用,可以将整个设计过程数据信息化,通过数字模型共享和传递,并引入现代设计方法和管理方法,对于复杂系统的设计,可以快速多学科多目标的优化,设计出最佳方案。在设计管理中采用产品数据管理技术和并行协同管理技术。

在总体设计技术方面:船型开发采用基于专家经验的知识库;船舶性能优化采用多方案模型试验和快速 CFD[①] 仿真分析相结合的综合优化技术;船舶运动性能则在方案阶段采用线性和非线性船舶运动预报确保船舶耐波性。在船体结构设计方面:普遍采用直接计算技术,结合船体结构规范设计,对于新船型采用全船有限元模型,进行三维线性和非线性波浪载荷预报,用设计波谱方法做各种危险状态强度和屈曲综合分析,并进行振动及动力响应预报,重要舱室全频域振动、噪声预报;共同规范油船和散货船则按照总纵强度、屈曲、疲劳和极限强度设计分析流程。其他空调冷藏、电气、轮机等专业也采用直接设计方法,进行设计和研究。船型开发引入经济、环保和安全的理念,开展船体节能技术的研究,获得了大量实用成果并用于船舶设计中,船舶性能有较大幅度的提高,船舶结构重量大为减轻。

回顾 70 年来船舶工业的发展历程,主要可分为三个阶段:1949—1978 年的艰苦创业阶段、1979—2000 年的逐步壮大阶段和 2001 年至今的创新做强阶段。这三个阶段承前启后,每一个阶段都取得了阶段性的成果,为后续发展奠定了坚实的基础。

---

① 计算流体力学,computational fluid dynamics。

第二节　艰苦创业　奠基发展(1949—1978 年)

新中国成立后,党的第一代中央领导集体,从保卫海防,发展航运的战略高度出发,对船舶工业寄予厚望,作出许多重要指示,指引船舶工业持续快速、健康发展,开辟了中国船舶工业发展的新纪元。

1949 年 8 月,中共中央政治局委员陈云在上海召开的全国五大行政区领导干部参加的财经工作会议上指出:"运输是件大事,要靠很大力量组织航运,要争取时间,建造能迅速完工的船舶。"同年 11 月首届全国航务、公路会议指出,全国各地均应迅速组织打捞沉船,疏浚航道,有重点地建造各种船舶,以适应运输的需要。

社会主义制度的建立,极大地解放和促进了生产力的发展,中国船舶工业迎来了全新的建设与发展时期。由于新中国成立之初船舶工业建设水平薄弱,20 世纪 50 年代之初,船舶工业在艰苦创业中努力完成国家下达的造船计划,为恢复和发展我国内河与沿海航运提供了一批中、小型船舶。

到 1965 年,全国民船产量与 1957 年基本持平,没有明显增长;但民船生产的重点已由小型船舶转向大、中型船舶,船舶品种构成也有了很大的变化。

至 1978 年党的十一届三中全会召开之前,船舶工业排除了国内、外各种干扰和困难,独立自主开始国产化发展,扩大运输船舶品种,从长江水系运输船、沿海货船发展到万吨级远洋货船,批量建造了内河、沿海和远洋运输所需的运输船舶,包括大量的杂货船,散货船等船型,开始从无到有地自行设计,并向系列化发展,为国民经济恢复和航运业发展作出了贡献。同时,带动我国船舶配套体系发展,船舶工业已拥有船舶动力、船用辅机和特种辅机、精密导航仪表等专业配套厂。初步建立了专业门类比较齐全、试验手段比较完备的科研设计机构。

这一时期,我国杂货船和散货船的研发历程和取得的主要成果如下。

一、从 50 吨运输船到万吨级远洋货船

船舶工业局技术处设计组成立后,根据国家海运任务的急需,立即着手搜

集造船技术资料，进行船舶产品设计工作。在海上运输船方面，首先设计了50吨木壳机帆船。该船的首制船由鸿翔兴船厂、中华造船厂于1951年8月建成。后续船批量建造达150艘，用于沿海运输，特别是在解放舟山群岛等行动中起到了一定作用。

鉴于海上和长江航运需求，在"一五"计划（1953—1957年）项目中，交通部决定建造长江、华北沿海急需的运输船舶。1956年，上海海运局委托一机部船舶工业管理局设计、建造5 000吨级沿海货船，要求航行于中-日、中-越及东南亚航线。从1958年起，由大连造船厂和江南造船厂建成5 000吨级沿海杂货船"和平25"号和"和平28"号等共8艘。该项目由第二船舶产品设计室设计。

1958年，上海船舶修造厂和沪东造船厂建成了3 000吨级沿海杂货船"和平49"号、"和平65"号及"和平66"号。相关单位为上述批次杂货船专门研制了1 790千瓦单流往复式蒸汽机，并采用一些国内自行研制的甲板机械。后继"和平57"号和"和平58"号及另4艘该型船的主机和设备都根据实际需要有所改动。"和平25"号后改名为"和平"号（见图3-1），并成为中国远洋运输公司

图3-1　"和平"号远洋杂货船

的第一艘货船,远航东南亚和非洲。这批杂货船也是我国建造的最后一批以蒸汽机驱动的船舶,之后便转向柴油机驱动的船舶。

20世纪50年代中后期,我国对外贸易不断增长,而远洋运输能力却非常薄弱。据统计,1956年我国自有远洋运输船队运力仅能承担我国海外贸易运量的4%,其余部分需要依靠租用外籍船舶完成。为扩大我国远洋运输船队运力,扭转外贸海运大部分租用外籍船舶的局面,国家决定加快近海和远洋船舶开发建造的速度。1957年初,国家计委提出在第二个五年计划期间建造一批万吨级远洋货船。在此期间开发建造的以"东风"号为代表的远洋运输船,普遍采用重型低速柴油机作为主机,并从舯机型发展到艉机型;采用大舱口和节能球鼻艏;船舶电站开始采用交流电制。

20世纪50年代,大连造船厂根据苏联提供的图纸建造了万吨级货船"跃进"号,该船总长169.9米、型宽21.8米、型深12.9米,载重量15 930吨、航速18节、续航力1.2万海里,船上设备在当时可算作先进。

1957年,受第一机械工业部和交通部和远洋运输局委托,船舶管理局向第二船舶产品设计室下达万吨级远洋货船的设计任务。设计室于1957年5月开展万吨级远洋货船的前期研究工作。同时,中国造船工程学会发动上海、北京、大连和广州等地相关高等院校、工程科技人员撰写论文,进行学术交流。研究工作从船舶快速性、船体钢材消耗量、载重量和燃油消耗率四个指标着手,解决关键技术。

载重量从5 000吨级增至万吨级,动力装置从蒸汽机改为柴油机,无论对当时的船厂设施、船用设备配套生产能力还是技术水平都是巨大挑战。当时,计算机绘图尚未应用,设计图纸全部需要由设计人员手工绘制。为了按要求缩短船舶设计时间,设计人员常常每天工作十五六个小时。经过努力,3个半月就拿出了全套施工设计图纸,仅为之前5 000吨级货船设计周期的1/4,创造了大型船舶设计速度的新纪录。

1958年底,"东风"号设计完成,并由江南造船厂建造。1959年1月船厂开始放样,当时船厂只建造过5 000吨级货船,厂区内最大的起重设备只有40吨的高架吊车,甚至连直流电焊机都没有。为了缩短船台建造周期,配合潮水完成下水,船厂工人通过技术革新缩短工期。该船艉轴重达 16 吨,无法像小型艉轴那样用起吊葫芦拉动的方式拉进轴管。江南造船厂进行技术革新,设计出起吊滑轮,将艉轴推进轴管里,比 5 000 吨级的"和平 28"号艉轴安装时间还要短。

1960 年 4 月 15 日,"东风"号下水。"东风"号从开工放料到下水,仅用了88 天,其中船台周期 49 天。1960 年底,江南造船厂完成万吨船全船总工程量的一半,由于采用多项需新研制的国产配套设备未能按期交货,影响了设备安装与舾装工作的进度,造船厂只得将船封舱,宣布暂时停工。

1962 年下半年,三局一院向国家科委提出继续建造"东风"型万吨船 3 艘。1963 年 1 月,国家科委批示"……从实际出发,适当修改原设计,符合我国船舶建造规范,确保重量安全,满足远洋航线的主要技术性能。各种器材设备基本立足于国内,对目前国内确不能解决的设备器材,建议从国外进口解决,以免因部分设备一时不能过关而影响本轮的建造……在技术经济指标上,大约相当于 50 年代初期的国际水平"。据此,第二船舶产品设计室于 1963 年 2 月完成了修改设计。

在船用柴油机方面,由"我国自研船用柴油机原创基地"的沪东造船厂(沪东重机的前身)和上海船厂的造机系统与上船舶研究设计院、上海交通大学共同组成了产学研"三结合"设计组。1965 年 6 月,经相关专家评估,8 820 匹马力①柴油机及所属辅机和设备的性能已基本满足设计要求,可以正式安装到"东风"号上。

针对万吨船生产技术的关键环节,江南造船厂先后进行了 300 多项重大技术革新,改进工艺和设计 180 余项,工厂机械化程度由原来的 37.9% 提高到97.8%。船体主要结构的焊缝优质率达到 98% 以上,节约钢材成本 5.5%。船舶主要性能指标达到当时先进水平。

1965 年 12 月"东风"号完成重载试航和国家鉴定委员会鉴定,并于1965 年12 月 31 日交船(见图 3 - 2)。作为新中国自行设计建造的第一艘万吨级远洋

---

① 马力(hp)为公率单位,1 hp=0.735 5 kW,1 英制马力=0.745 7 kW。

图 3-2 "东风"号远洋货船

柴油机货船,它的成功建成结束了我国不能自行设计建造万吨级远洋货船的历史,开创我国造船工业的新纪元,不论在技术上还是配套设备上,均为后来我国大批建造万吨级船舶奠定了坚实基础。以"东风"号配套设备为例,在船用柴油机方面,为"东风"号量身定制的 8 820 匹马力柴油机不仅填补了我国船用柴油机的空白,也为今后国产机的研制和国际先进船用重型低速柴油机的引进生产打下了坚实的基础。其他还选用了上海汽轮机厂研制的汽轮机、上海锅炉厂的锅炉、上海水泵厂的水泵,船用高强度低碳合金钢钢材是冶金部钢铁研究所与鞍山钢铁公司共同研究的成果,船用罗经是上海航海仪器厂试制的我国第一台电罗经……据统计,国家计委统一组织全国 18 个部委、16 个省市所属的 291 个工厂和高等院校,包含规划定点企业近 20 家,提供了多达 2 600 项设备和器材。自此,我国造船工业开始形成小而全的协作配套网。

在成功设计"东风"号万吨级远洋货船之后,1965 年 2 月交通部远洋局又委托中国船舶及海洋工程设计研究院设计"东风"型的第二艘船——"朝阳"号万吨级柴油机远洋货船。要求在"东风"号基础上进行适当修改,如对线型适当放胖以增加载重量;将艏楼甲板面积适当加大,以利于舾装布置;采用交流电制,试航航速达 17.4 节。后来又建成"向阳"号,采用交流电制,由中国远洋运输公司营运。"东风"型三艘船设计建造成功后,在国内掀起建造万吨船的热潮,各地船厂相继建造一批万吨级远洋货船,大大加强了我国远洋运输船队的力量,对我国航海事业和船舶工业的发展产生重大影响。

1970 年,上海船舶修造厂以"岳阳"号杂货船为基础,船体采用碳素钢、舯机型,建造了"风雷"号杂货船。该系列后续船又加装了球鼻艏。到 1976 年,共建成 10 艘。此外,江南造船厂建成 5 艘,中华造船厂建成 7 艘,广州造船厂建成 4 艘,该型杂货船均以"风"字头命名(见图 3-3)。

图 3-3　"风"字系列远洋货船"风庆"号

1971 年,根据用户要求和国外新船型发展趋势,中国船舶及海洋工程设计研究院、上海交通大学、中国远洋运输上海分公司三结合进行船型优化设计,设计出 14 000 吨中艉机舱型杂货船,货舱布置更合理。1974 年,该型首制船"庆阳"号杂货船建成。该批船共建造 6 艘,分别由上海船舶修造厂、广州造船厂和大连造船厂建造。

二、杂货船、散货船船型优化及系列化设计

20世纪70年代初,为解决因沿海小型货船陈旧落后面貌而制约了我国沿海中、小港口地区的经济发展和人民生活水平提高的问题,在国家有关部门的组织下,中国船舶及海洋工程设计研究院参与我国沿海中小型港口的调查。调查组认为,1 000吨级沿海杂货船能进出我国绝大部分沿海港口,从而被列入国家计划。

根据这一计划设计建造的1 000吨级沿海货船,适用、经济,吃水较浅。定型后,根据气候和使用特点设计为北方型、南方型和军用型,适合我国沿海绝大多数中、小型港口之间的各类杂货运输,是当时我国沿海小型货船更新换代的产品。这一船型主机采用国产柴油机6350ZC,功率662千瓦,服务航速11节;采用与船舶同时研制的全液压甲板机械,稳性、耐波性、操纵性均较佳,且经济效益好,营运5年即可回收成本。因此颇受沿海各省航运部门的欢迎,在全国各地迅速建造了多艘,推广到各航线,大大增强沿海中心港口的物资运输能力。

20世纪70年代后期,杂货船设计开始向大吨位、高技术和出口船方向迈进。比较典型的有文冲船厂为广州海运局建造的5 000吨近洋杂货船,后续武昌造船厂和芜湖造船厂又先后建造了10余艘该型杂货船;还有为天津远洋运输公司设计的、由新港船厂建造的7 000吨级偏艉机型远洋杂货船,这两型是第一批具有两层货舱的杂货船。

煤炭是当时我国经济发达地区最主要的能源物资。由于我国煤炭资源分布的不均衡性——煤炭生产基地主要位于山西、陕西和内蒙古,而煤炭消费地区多位于经济发达的华东、华南地区,导致大量的煤炭必须由北方煤炭输出港(秦皇岛、青岛、石臼所、连云港和天津神木港)装船出海运至华东、华南沿海诸省。

新中国成立后的20年间,煤炭运输主要依靠铁路,煤炭运量占据铁路货运量的70%。随着煤炭需求的不断增长,铁路运输不能满足国民经济发展需要,为了将北方煤炭从秦皇岛等港口下海,利用大型运煤船运往南方而开辟海上通道的需求迫在眉睫。

1969年，上海海运局要求建造载重量为15 000吨级的矿/煤船。该船由中华造船厂设计建造，命名为"安源"号。该船为大舱口、长舱、艉机型，船体结构上设置顶边水舱，为当时载重量较大的散货船。1972年，江南造船厂建成了20 000吨级运煤船"长风"号（见图3-4）。

图3-4　2万吨运煤船"长风"号

1972年起，上海海运局、上海船舶研究设计院和江南造船厂联合开发设计，为上海海运局、广州海运局成功设计、建造出了16 000吨级矿煤两用船。1974年，首制船"长春"号建成，专运矿砂。该船为大舱口、长舱、艉机型，设计吃水8.8米。该船具有优秀的航海性能和专为运输煤炭所做的专门考虑，大大改善了装卸条件，摆脱了繁重的扫舱工作，提高了装卸效率，缩短了停港时间，广受航运界赞赏。到1984年已建成26艘，改变了我国沿海煤炭运输使用旧船、通用船的落后局面，初步形成我国海运事业上最早的主流专用散货船队，也使我国煤炭运输重点从铁路逐渐转向水路。

1971年6月，沪东造船厂与上海交通大学、上海船舶运输科学研究所（简称"上海船研所"）、上海船舶研究设计院等单位合作完成25 000吨散货船的设计工作，并开始由沪东造船厂建造。

1973 年，该型首制船"郑州"号建成（见图 3-5），成为由我国自行研制、材料设备立足于国内的第一艘大型远洋散货船。该船满载吃水 10.3 米，满载排水量 32 600 吨，主机为该厂研制的 6ESDZ 75/160 型低速柴油机。这批船的设计和建造基本以船厂为主，配置球鼻艏和艉机舱，主机采用我国自行研制低速大功率柴油机，机舱实现集中控制，电站采用交流电制。1974 年由船舶标准化委员会组织定型后，投入批量生产，又建造了"锦州"号、"徐州"号等四艘。并在 1974 年批量建造出了另外的 6 艘。

图 3-5 2 5000 吨散货船"郑州"号

1975 年，上海船舶研究设计院与上海海运局、芜湖造船厂设计了 5 000 吨沿海散货船。

三、新中国首艘出口万吨船

1970 年后，随着我国新建造的"风"字型等船舶航行到世界各地，体现出一定的自主设计建造远洋船舶的能力，我国外贸部门也抓住这一机遇，由中国机械进出口总公司协同上海船厂接下中波轮船股份公司的订单。当时上海船舶修造厂硬件设备相对落后,设计能力不足,设计人员的英语水平有限。而"绍兴"号船价用美元结算,谈判采用英语表述,所有技术图纸也采用英文标准。尽管中国机械进出口总公司上海公司派出专职译员来帮助,但许多造船专业词汇,以及谈判时的口译,都还要求助中波公司的相关人员。

　　为确保第一艘出口万吨船的建造质量,上海船厂采用先试造同型船的方法,先行建造了 14 000 吨远洋干货船"丹阳"号(见图 3-6)。接着船厂改进了"风字"型万吨船的建造方法,采用在"丹阳"号上首次尝试的"主机整体吊装"方案,并将机舱棚顶开口改大,使船舶上层建筑成形后主机仍可整体吊入机舱以不影响造船进度。

图 3-6　14 000 吨远洋干货船"丹阳"号

　　为降低返工率,在情况较复杂处所(如机舱底层),事先在制造平台上将设备及相应管阀部件安装定位,使管子可预制,减少上船后现场弯管,提高了效率,加快了施工进度。部分设备及其附属部件(如燃油加热单元等)采取"单元组装",初步形成了"区域设计",并首先在"丹阳"号上试验成功的。

"绍兴"号于 1978 年 11 月交船(见图 3-7)。

图 3-7 "绍兴"号万吨船

"绍兴"号的建造得到了全国各地 100 多个兄弟单位的大力支援,重量好的船用产品和配套设备被专门用到该船上。主机采用工厂自制的 6ESDZ76/160 低速柴油机,功率为 9 000 马力,航速达到 17 节,是当时国内第一台随船出口的国产主机,该型机获得 1978 年全国科技大会奖。该船还采用了一套卫星导航设备,该设备与陀螺罗经、计程仪配合,可接收卫星信号,经过计算,在显示屏上显示出该船所处经纬度、航向、航速以及格林尼治时间,其定位误差不超过 100 米。该设备还可帮助计算船舶的大圆航向,例如船舶需要开往世界某个港口,可通过按键输入目的港经纬度,仪器即可计算出开往目的港的大圆航向和航程,通过按键询问下次卫星经过的确切时间。船上配套设备几乎全部为国产,仅应用了少量进口设备,所用外汇仅占该船外汇船价 3%,成为创汇大户,为当时国家外贸紧缺的外汇作出较大贡献。

在"绍兴"号的建造中,船厂贯彻了公差造船这一船舶工业重大变革,在改进装配工艺、加强精度控制方面,成效显著。然而,在建造过程中,由于缺乏系统的技术质量标准,造成了非常大的困难。在船体制造方面,因为钢板质量问题阻碍了建造进度,后来通过日本钢船工作法精度标准才解决这一问题。在交船航行后,又发现国内国外标准不能互换,造成更换零件时设备不能通用,这也成为我国造船业进入国际市场的主要障碍。为改善这一状况,相关船厂整理和制订了各种工艺规程和企业标准,并在第六机械工业部(简称"六机部")指导下完成船体、主机、电气等标准,以及各分专业质量检验标准,全面提高了造船技术质量标准,也为后来我国干货船产品进入国际市场打下基础。

第三节　出口引领　逐步壮大(1979—2000 年)

从改革开放到 20 世纪末的 20 年期间,我国船舶工业从封闭走向开放,在开拓国际市场的同时积极引进国外先进技术,形成"出口-引进-提高-再出口"的外向型经济发展模式,造船技术水平显著提升,逐渐成为世界造船业一支举足轻重的力量,开启了船舶工业现代化建设的新时代。

1977 年 12 月,为扭转当时计划经济下造船业以军工为主,民用市场局限于国内,又适逢造船市场低迷,船舶工业发展遇阻的窘境,邓小平同志指出,"船舶工业要积极引进国外先进技术,中国的船舶要出口,要打进国际市场"。当时,国际船舶市场 90% 的船舶份额被欧洲、美国、日本、韩国等占有,剩余 10% 被其他造船国家抢占,市场竞争相当激烈。

1982 年,中国船舶工业总公司正式成立。总公司由六机部机关及所属135 个企、事业单位和交通部所属 15 个企、事业单位组成。中国船舶工业总公司成为我国船舶工业的骨干力量。1983 年,船舶总公司在船舶工业工作会议上,提出"国内为主,积极出口,船舶为主,多种经营"的方针。会后,大多数企业以提高船体总装能力为重点,调整生产结构,强化了经营环节,扩大了船舶出口。地方所属的中、小型船厂,基本稳定长期修造民船任务。

船舶总公司十分重视科技进步的作用,依靠集团优势,跟踪世界先进技术,积极开发新船型,认真组织科技攻关,取得了显著成绩。在民用船型开发方面,提出了明确的目标,开发技术经济性能指标优良的船型,以适应国际市场需求和国内更新换代的需要。成立民用船型开发指导组,组织国内有关科研院所、大专院校、造船厂和船东等各方,为开发民用船型提供咨询服务。并逐步对早几年和国外联合设计的船型技术进行消化吸收和改进,使我国船型设计水平得以快速提高。同时,开展船体节能技术的研究,获得了大量实用成果并用于船舶设计中,船舶性能有较大幅度的提高,船舶结构重量大为减轻。

随着工作深入开展,中国造船质量获得了国际船舶市场的认可,出口船订单很快直线上升,在全国形成了承造出口船的热潮。在此形势下,中国船舶工业总公司提出振兴船舶工业的口号,在船舶研发设计方面攻坚克难,中国的造船工业出现了欣欣向荣的局面。

改革开放前,我国最多的年造船完工量也不到 40 万载重吨;1993 年,造船完工量首次突破 100 万载重吨,到 1995 年,达到 175 万载重吨,首次超过德国成为世界第三造船大国。

这一时期,主流船型开发大型化、系列化、批量化方面逐步取得新突破。自主开发、拥有自主知识产权的出口船舶日益增多,新船性能、建造质量和工艺技术达到或接近同类船的国际水平,在船机集中控制和无人机舱、自动化、电子化程度方面有显著提高。同时逐步培养了一批船舶设计、船舶建造、船舶配套、船舶修理等高级技术研发人才队伍。

这一时期我国散货船、多用途货船和杂货船方面的研发历程和取得的主要成果如下。

一、散货船成功打入国际市场

1949 年新中国成立后到改革开放前,我国造船工业以满足国内需求为主,建造的少量出口船主要是援助性质的小马力拖船、渔船和驳船等,建造质量缺乏国际市场竞争力。第六机械工业部及所属单位在邓小平同志讲话指导下,开展相关船型研发、设计、经营和建造工作,船舶工业以多用途货船为突破口,并进一步成功设计建造了符合国际标准的灵便型散货船,成功打入国际造船市场。

20 世纪 70 年代末,经多方努力,六机部争取到香港联成轮船公司的两艘 27 000 吨散货船订单。该船由中国船舶及海洋工程设计研究院设计,首制船"长城"号(见图 3 - 8)由大连造船厂承担施工设计和建造,成为我国首次按照英国劳氏船级社规范和国际先进标准设计、建造的大型出口船舶,满足多种国际有关规则的规定,入级劳氏船级社。

图 3 - 8　27 000 吨散货船"长城"号

在项目最初讨论时,考虑到设计单位从未设计过这类船,风险太大,有人提出是否能够向国外购买设计图纸建造。通过向日本相关船厂询价,全套设计图纸加上钢材和机电设备报价 1 100 万美元,远远超过项目预算。这时设计单位表示有能力承担这型船的设计任务。最后,六机部决定该船由中国船舶及海洋工程设计研究院设计。

当时我国建造船舶采用的大多是苏联和国内的标准,对其他国际规范和规则,如英国劳氏船级社规范等国际通用规范不熟悉,又缺乏详细的资料,而且27 000吨散货船的所有文件、资料、图纸等全部用英文表述,极大地困扰着船舶设计人员。即便如此,设计人员迎难而上,在一周内完成报价设计,38天完成合同设计,33天完成技术设计中的送审图纸。在如此短的周期中完成一种新船型的开发设计,当时不仅国内无先例,在国际上也是相当罕见的。

因为该船是我国首艘按照英国劳氏船级社入级和建造规范设计的船舶,而英国劳氏船级社对于船舶设计的划分、送审图纸要求和我国实行的船舶设计制度有较大不同,也成为设计人员需克服的难题。该船设计建造均按商业化模式进行,与船东签订的造船技术规格书,对各项技术要求和设备详情都做了明确规定,并按照商业合同要求签署。这一做法对设计要求很高,推动了对国际规范的研究应用,也促进了国内相关船舶工业标准的订立。在设计过程中,通过计算机应用软件开发,例如振动和轴系校中计算课题研究,编制了扭转振动、回旋振动、纵向振动和校中计算程序,之后形成了相关的船舶工业标准。在该船设计中,为编制达到当时国际水平的"装载手册",总体专业设计人员编制了一整套基于719机的装载手册计算机程序。轮机专业设计人员还编制了液压联轴节计算程序、螺旋桨液压元件联结计算程序及结构专业强度计算程序等。

值得一提的是,船王包玉星先生主动提出委派他的技术顾问负责指导技术谈判,介绍相关资料,推动谈判最终得以顺利完成。

该型船首制船"长城"号首航从日本到美国洛杉矶,历时1个月,航程近10 000海里,途中经受了4次狂风巨浪的恶劣海况考验,全船万米焊缝无裂损,油漆无一处脱落,首航成功,完全达到了合同要求。船东认为其处质量达到国际水平,可与日本一流造船水平相比。接船船员也认为"长城"号的振动和噪声与日本建造的同类船舶相比更为优良。

"长城"号的建成使我国造船能力从万吨级进入到3万吨级,同时引进了国外的先进设备、资料,积累了设计建造经验。"长城"号获国家科技进步奖一等奖,2006 年被评为"中国十大名船"之一。

由于"长城"号的建造成功,后继有 5 型共 12 艘 27 000 吨散货船出口国(境)外,创汇近 2 亿美元,这也是我国第一次较大规模的国产船舶出口,为我国造船工业在世界上赢得了声誉,率先叩响了中国造船业走向国际市场的大门。27 000 吨散货船作为我国船舶工业大规模进入国际市场的台阶,也是改革开放之后近 20 年间我国许多船厂承造的主要船型之一,对我国船舶工业意义重大。

在中国船舶及海洋工程研究设计院设计 27 000 吨出口散货船时,研发团队面临的最大难题是缺乏国际公约、规则和规范的资料。为收集这些资料,翻译和及时消化、理解,耗费了相当多的时间,一定程度上影响设计进度。为解决这一难题,加快我国船舶打进国际市场的步伐,六机部决定在中国船舶及海洋工程设计研究院成立出口船设计参考资料编译出版委员会,负责收集、编译、出版国外船级社规范及各种国际公约和规则,供有关设计单位和造船厂设计、建造时参考使用。

该委员会于 1981 年成立,历届主任均由中国船舶及海洋工程设计研究院的总工程师担任,委员主要由中国船舶及海洋工程设计研究院各专业资深工程师和技术情报专家担任,并邀请院外有关专家参加。

1981 年 8 月,《出口船设计参考资料》第 1 辑出版发行了,至 2003 年 9 月,22 年间共出版 26 辑,所列入的规范、公约、规则,许多都是设计和建造出口船必须遵循的强制性要求,成为设计、建造出口船不可或缺的参考资料。

二、积极投入国际船舶市场竞争

为尽快加入国际船舶市场竞争,船舶工业从实际出发,制订灵活的竞争策略,先以价格优势争取订单,再逐步随行就市;在技术竞争中一边积极学习先进经验,一边努力挖掘自身潜力,通过设计建造出口船舶产品,发展水平迅速提高。

一是 16 000 吨级多用途货船在投标竞争中获胜。

1984 年初,中波轮船股份公司通过在国际上公开的有限招标方式,订造

4艘16 000吨级多用途货船。当时国际航运界正处于严重萧条期,获得这笔订单对于我国船舶行业具有重大意义。中国船舶及海洋工程设计研究院获得招标信息后,立即与江南造船厂和中国机械进出口总公司上海分公司协商,建立投标合作伙伴关系,明确中国船舶及海洋工程设计研究院负责船舶设计、江南造船厂负责报价及建造,并参加技术谈判和商务谈判。

技术谈判以中国船舶及海洋工程设计研究院的报价方案为基础,经过技术谈判修改,形成购销双方共同认可的全船设计建造技术规格书、主要设备厂商表和总布置图等,并作为合同附件。在技术谈判期间,中国船舶及海洋工程设计研究院谈判班子为了在技术上胜过竞争对手,除虚心听取船东修改意见外,还主动对报价方案进一步优化。例如在航速不变的前提下,降低主机功率,从而降低主机油耗。经过近两年的艰苦努力,由于我方设计方案的主要性能指标优于日本方案,而船价持平,最终中标。1986年1月25日正式签订建造合同。

在初步设计阶段,中国船舶及海洋工程设计研究院将正在研发的项目"多用途货船船型研究"完全针对该船的设计目标进行研究。特别针对航速及装载集装箱的稳性要求,进行大量型线变换和船模试验,解决了该船设计中的技术难题。1988年5月由江南造船厂建造的15 800吨(设计吃水)/18 200吨(结构吃水)多用途货船首制船交船,命名为"李白"号,同型船共建造了4艘,至1989年7月,4艘船交齐。

该船是我国首次通过国际招投标取得设计合同的出口船舶,证明了我国具有设计出口船的技术能力,体现出只有增强科技创新能力,发扬创新精神,才能提升市场竞争力。该型船的成功建造打破了当时国内靠引进国外图纸建造出口船的局面,为我国造船工业打入国际市场,提高声誉,扩大领域起到了良好作用。

二是150 000吨好望角型散货船成功出口。

20世纪80年代末到90年代初,比利时船东需要建造150 000吨好望角型散货船。一方面,该类型船因结构问题造成重大海损事故频频发生,国际航运界对即将新建的此类船舶的结构设计提出更严格的要求。另一方面,船东为适应激烈的市场竞争,对船舶航速、节能、自动化、操纵性等也提出更高要求。当时我国国内仅有7万吨散货船的建造经验,建造15万吨散货船难度相当大。1991年5月,大连造船新厂和大连船研所开始进行报价设计与合同设计,当年8月与船东签订首批两艘船的建造合同,随后自行完成了详细设计、生产设计和全部建造工作。在该产品研发过程中,研发团队通过技术引进与自主开发相结合,引进消化和吸收了世界先进技术,组织了53项科技攻关。

1993年,15万吨好望角型散货船"萨玛·琳达"号(见图3-9)交船。该船总长270.25米,型宽44米,型深24米,最大吃水17.5米,采用由大连船用柴油机厂和大连船用推进器厂配套的船用主机和船用螺旋桨,船上设置无人机舱,并装有先进的"海上遇险安全系统"。该船是当时我国国内建造的最大吨位出口船。与当时日本、韩国建造的同类型船相比,具有结构牢固、服务航速高、油

图3-9　15万吨好望角型散货船"萨玛·琳达"号

耗低、振动小等优点,多项技术指标达到当时国际先进水平。这标志着我国散货船的设计建造又上了一个新台阶。该船的成功开发进一步开拓了国际市场,至 1997 年持续获得 7 艘订单。

三是 24 000 吨运木船设计中标。

1994 年初,中国船舶及海洋工程设计研究院从中国机械进出口总公司获悉,英国太平洋航运集团有限公司需要订造 24 000 吨运木散货船。该院跟踪这个信息长达一年。1995 年初,船东启动 24 000 吨运木散货船招标。中国船舶及海洋工程设计研究院当即参加了设计投标。在国际上,面临日本和韩国竞争,在国内,又有多家设计单位和船厂激烈竞争。在三家船厂造价基本一致的情况下,船东提出一份高要求的技术指标。由于这些指标有别于以往的运木散货船,上海船厂经考虑,改由与设计单位合作,参加设计建造投标,最后由上海船厂建造,中国船舶及海洋工程设计研究院承担设计。

中国船舶及海洋工程设计研究院配合上海船厂投标进行方案设计,中标后于 1995 年 11 月开展详细设计。其间由于船东反复更改载重量,设计亦不断随之更改,使该船最终要求可达挪威船级社(Det Norske Veritas,DNV)规范 HC/E 入级要求(在满载吃水状态下可允许任意一舱空舱)。设计工作与线型试验密切配合进行。1996 年 8 月完成详细设计。

24 000 吨运木船的首批 4 艘船创汇 7 400 万美元,后续建造了两艘。由于优良设计的声誉,中国船舶及海洋工程设计研究院后来又接到 27 000 吨、3 000～3 500 吨、16 500 吨和 12 000 吨等 4 型运木散货船的出口船设计任务,分别由新港船厂、芜湖船厂等建造,不仅为该设计单位增添了出口新船型,亦为我国运木船出口奠定了良好基础。

三、大力打造出口散货船品牌

中国造船业在出口船开发建造中,有些产品与国外联合设计,综合运用世界先进技术装备,实现全球化配套,成功开发出享誉世界的中国造船品牌和优秀船舶产品,这些船型都已基本具有或接近当时世界先进造船水平,在总体性能、技术经济指标及建造工艺等方面都已上了一个台阶,使中国造船的影响力在世界造船市场逐步提高。

一是"中国江南"巴拿马型散货船品牌诞生。

正当高重量、高水平建造的 27 000 吨出口散货船成功打入国际市场,准备进一步开拓国际船市之时,国际船舶市场转入萧条期。注意到国际航运市场看好 6 万吨级的巴拿马船型散货船,而国内航运业的发展对此船型需求也会增加,易于形成一定批量的系列船型,有利于提高生产效率,江南造船厂抓住机遇,适时开发新型 6 万吨级散货船,以适应市场需要。

从 1980 年开始,根据江南造船厂实际具有的极限生产能力(船台和船坞的尺度),船厂开发过多型 6 万吨级的散货船,其中在结构吃水时载重量为 64 000 吨的散货船是较为成熟的产品。1984 年,香港泰昌祥航运公司需订造 64 000 吨散货船,经香港海洋技术顾问有限公司(PC 公司)介绍,江南造船厂于 1984 年 8 月开始了该船的合同设计。至 1985 年 2 月,双方签订了建造合同。

江南造船厂与 PC 公司合作对该船进行技术设计。联合设计工作量的分配大致是: PC 公司完成 100 项,约占 34%,江南造船厂完成 194 项,约占 66%。任务分工中,PC 公司偏重于总体和性能计算方面,双方互相审核对方所设计的图纸资料。联合设计达到了借鉴国外先进技术,加速技术经验交流的效果,而且在技术设计阶段,就充分借助于江南造船厂的施工实践经验,从而保证该船的质量水平。

从建造 2 万吨级船到建造 6 万吨级船,困难是相当大的。在尚不具备合适船台条件的情况下,船厂大胆采用船台建造、船坞合拢的"二段建造法"的创举,以 4 万吨级船台建造了 6 万吨级船。

1987 年,该船的首制船建成,命名为"祥瑞"号(见图 3 - 10)。因性能优异,品质过硬,该船型被船东盛赞为"中国江南"巴拿马型,并被国际租船市场列为国际著名品牌。

图 3-10 "祥瑞"号

1990 年,美国泛太平洋轮船公司将两艘第一代 6.5 万吨"中国江南"巴拿马型散货船的姐妹船,专门更名为"中国光荣"号(图 3-11)和"中国自豪"号。这两艘船的建造,标志着"中国江南"巴拿马型散货船开始进入美国市场,为江南造船厂进一步开发建造巴拿马型散货船建立了信誉。

在设计建造第一代"中国江南"巴拿马型散货船的过程中,不少船东提出要提高载重量指标,甚至有已签订 65 000 吨散货船建造合同的船东多次要求将载重吨提高到 68 000 吨。江南造船厂设计部门利用 65 000 吨散货船的线型,略增加吃水、型深以达到 68 000 吨的载重量,并于 1990 年底完成超肥大型线型船的开发。不过后来由于价格问题,该方案未能实现。但促进了设计部门顺应市场需求,不断改进和提高产品水准的能力。

图 3-11 "中国光荣"号

　　1991 年,国际航运市场向好,不断有船东表达建造 70 000 吨巴拿马型散货船意向。江南造船厂设计部门利用已经获得的 68 000 吨散货船研究成果,与美国拉斯科航运公司签订了 70 000 吨散货船的建造合同。1992 年 8 月,该型船开始建造,1993 年建成,成为第二代"中国江南"型巴拿马散货船。在设计建造中,江南造船厂设计精益求精,不断完善建造工艺,提高船舶的技术性能,采用自动导航驾驶、遥控无人机舱等先进技术,实现舱容大、自动化程度高等多项优良技术指标和产品更新换代。出于对江南造船厂的信任,美国拉斯科公司将向江南造船厂订造的 3 艘第二代 7 万吨巴拿马型散货船分别命名为"中国精神"号、"中国希望"号和"中国欢乐"号,成为中国造船史上的一段佳话。

　　20 世纪 90 年代中期,江南造船厂推出第三代"中国江南"巴拿马型散货船,载重量为 73 000 吨。进一步改进线型、增加吃水、更新主机,使该船的技术经济指标有了新的提高。

　　20 世纪 90 年代末期,江南造船厂以线型优化为主要突破口,着眼于以提高载重量,特别是航行巴拿马运河时的载重量为主,通过总布置优化、结构设计和布置优化、合理利用高强度钢等相应措施来减轻空船重量,提高载重量,使载重量达到 74 000 吨,并结合当时最新的 IACS 关于散货船安全性的要求,推出第四代中国江南巴拿马型散货船。由于该船型技术先进、性能良好、营运成本低而受到国际航运界的普遍欢迎,一经推向市场即非常受欢迎,承接了多艘船的订单,船东包括中海发展股份有限公司和中远香港"依斯塔"股份有限公司等。

第一代~第四代"中国江南"巴拿马型散货船基本参数如表 3-1 所示。

表 3-1　第一代~第四代"中国江南"巴拿马型散货船基本参数

开发年份/年	1985	1991	1995	1999
系列名称	第一代	第二代	第三代	第四代
载重量/吨	65 000	70 000	73 000	74 000
总长/米	225	225	225	225
型宽/米	32.2	32.2	32.26	32.26
型深/米	18	18.7	19.2	19.2
设计吃水/米	12.5	12.5	12.5	12.5
结构吃水/米	13.1	13.6	14	14
设计吃水时载重量/吨	61 200	62 802	63 100	64 000
航速/节	14.4	14.4	14.4	14.4
主机型号	B&W5L70MCE	B&W6S60MC	B&W6S60MC	B&W6S60MC

二是"中国沪东"型散货船问世。

1983 年,沪东造船厂为青岛远洋公司承造 8 艘 36 000 吨远洋散货船。该船系该厂与外方联合设计,至 1985 年完成其中 5 艘后,船东将后 3 艘 36 000 吨散货船改型为 42 000 吨,除增大载重量外,基本按 36 000 吨货船选配设备。1987 年,3 艘 42 000 吨散货船全部交船。该船设计合理,施工精良,被评为上海市优质产品,1988 年被评为中国船舶工业总公司科技进步奖三等奖。

　　1988 年青岛远洋公司又向沪东中华造船订造 42 000 吨散货船,并在第 4 艘后要求将载重量增加到 47 500 吨。该船由沪东造船厂与大阪造船厂联合设计,沪东造船厂建造。该船主要用于装运散装谷物、矿砂、煤炭以及大宗包装杂货和钢材、木材等,满足当时国际最新规范、规则,具有设计合理性能优良,操作安全方便,生活设备完备等优点,是当时先进、实用的节能型船舶。该船配有性能优良的球鼻艏、球艉,以及低转速、大直径的螺旋桨,降低兴波阻力、改进艉流状况、提高推进效率,降低运输成本。还采用了国际先进的反应式平衡舵,推进效率提高 3％。通过各种措施综合统计,燃油消耗量比之前 36 000 吨散货船降低 26.6％,在第三批节能产品发证大会上,荣获“上海市节能产品”称号。

　　1993 年,沪东造船厂为香港船东建造了 70 000 吨级散货船“海康”号,主机为该厂自行制造的具有国际先进水平柴油机 B&W6S60。1995 年,沪东造船厂获得挪威船东订造的 73 000 吨散货船,系 70 000 吨散货船的新船型。1996 年该船建成,命名为“巴尼亚”号。

　　1997 年初,在上述船型的基础上,沪东中华造船集团有限公司推出“中国沪东”型 74 500 吨散货船,并于当年 10 月正式与希腊沪东海事友谊公司签订的 1 艘该型船建造合同,成功打入西欧市场。该型船是集当时世界先进船舶设计技术于一体的大吨位散货船,在国内同类型散货船中首屈一指,是当时上海地区最大吨位的出口散货船。

　　74 500 吨散货船是当时能航行于巴拿马运河的最大吨位散货船,其具有的先进性能及良好的经济性已达到国际先进水平。2001 年,沪东中华造船集团有限公司建造、交付该型船 12 艘,年造船总量达到 100 万吨,成为中国造船史上第一家年造船超百万吨的企业;该船型和船东签订建造合同 28 艘,也创下中国当时承接最大批量的大型运输船型纪录,成为品牌拳头产品,打入国际市场,引起了海内外船东的广泛关注和好评,在船舶市场上具有很强的竞争力。

四、着力开发沿海经济适用船型

随着我国经济发展,沿海和内河散货运输的需求急剧上升,为执行国家"北煤南运"及"南矿北调"等重大战略方针,急需技术先进、经济效益高的各类新船型,填补国内船型开发空白,实现运输船队更新换代。

一是浅吃水肥大型船研发设计。

20世纪70年代后,随着我国改革开放的扩大,浙江、福建等沿海地区经济迅速发展,煤炭和其他大宗散货运输量急剧上升,但这些省区不少航道和港口受到水深条件的限制,只能通航载重量3 000~5 000吨级的船舶,以致能源和交通成为制约这些地区经济发展的重要因素。为适应海上运输的需要,急需在现有航道和码头水深的条件下,研究设计建造一种吃水浅、吨位大、载货多、功率小、耗油省、经济效益高的新船型。万吨级浅吃水肥大型船舶就是满足这一要求的船型。

针对大方形系数、船宽吃水比大于3的肥大型浅吃水船设计,关键是确定适当的方形系数和船宽吃水比,尽可能增加载重量,控制空船重量;降低船体阻力,保证一定航速。

中国船舶及海洋工程设计研究院在浙江省航运公司与上海交通大学预研的基础上,针对这类浅吃水肥大型船型的特点和可能出现的各种技术性问题进行分析研究,内容包括进行主尺度、性能分析、总体布置、机舱布置、结构设计和振动分析、机电设备和甲板机械的选型以及造价预估等。

1980年,浙江省航运公司将浅吃水船型技术经济性能研究列为重大科研课题。1983年,首制船"浙海117"号建成。该船是一艘载重量可达10 500吨的浅吃水散货船,航行于浙江沿海至北方港口,在非枯水期可进入长江中下游,以运输煤炭为主。后续又建造了3艘同型船。该型船的设计建造,满足了改革开放初期沿海经济发展,能直接进港的万吨级散货船来输送能源的需求。

20世纪80年代起,随着我国经济发展,沿海地区电力需求大幅增加,要求发电用煤的运量也随之大量增加。当时华东、华南沿海经济发达地区发电用煤供应出现极为紧张的局面。为解决"北煤南运"这一国民经济发展的重大问题，1983 年，国务院重大技术装备办公室规划大秦线重载列车及海运配套设备项目。其中，浅吃水肥大型散货船受到我国航运界和有关部门的重视，安徽、江西、福建等省航运部门对此类船型表示出极大兴趣。为适应长江口和珠江航道水深的要求，该项目船舶吃水小、载重量大，船宽吃水比(B/T)达到 3.37，方形系数达到 0.836。当时这类船舶不论在水动力学性能方面，还是结构力学性能方面都有许多重大关键技术问题需要攻关解决。

中国船舶工业总公司将浅吃水大吨位船型作为重点课题作深入研究推广，由交通部组织协调，经交通运输部上海船舶运输科学研究所、第七○二研究所、大连理工大学、天津大学、上海海运局等多家单位联合攻关，成功设计出 35 000 吨级浅吃水散货船，并分为"上海型"和"广州型"两型。前者在渤海造船厂、广州造船厂共建造 14 艘，首制船"宁安 1"号于 1991 年建成。后者在大连造船厂、渤海造船厂、上海船厂、广州造船厂共建造了 12 艘。首制船"华蓉山"号（见图 3-12）由大连造船厂于 1984 年建造完成。该船是我国首次全面研究并初步掌握浅吃水肥大型船舶主尺度，方形系数以及双艉鳍特征参数对阻力、

图 3-12 "华蓉山"号

推进、耐波性影响的基本规律。基本解决了浅吃水肥大船的关键技术、如快速性、耐波性、操纵性、结构、振动等。与常规的运煤船相比,优点有装货量多,相同吃水条件下,载煤量增加一倍。能耗低,每吨海里的耗油率大大低于普通船。投资少,单位载重量的造价大大低于常规船型。与常规船型相比,该船型单位运输成本可降低17%,年净收益增加36%。

同一时期,39 000吨级散货船也由上海船舶研究设计院设计,江南造船厂、大连造船厂和渤海造船厂批量建造,1985年起陆续投入营运。其中由江南造船厂建造的主机一律采用RTA 58型柴油机,为35 000吨级散货船的同型船。

20世纪90年代,国家"八五"规划将29 000吨级散货船作为上海海运局所属运输船队更新换代的主要船型之一,是贯彻执行国家"北煤南运"战略方针的主力军,又是海运局参与国际运输的船舶。1992年、1993年,随着"振奋17"号、"振奋18"号两艘29 000吨级散货船投入营运后,不仅航行于国内航线,更远航至菲律宾等国家。据船员及船东反映,该型船航速高、摇摆性能好、压舵轻、应舵能力强、是一种受欢迎的优秀船型,深受国内外船东的青睐,不仅上海海运局续造两艘,而且被列为1992年签订的我国与古巴两国政府间双边贸易协定中出口项目之一。1993年6月又签订了为香港船东建造该型29 000吨散货船的合同。

1995年9月,"八五"国家重点科技攻关项目20 000吨级超浅吃水肥大型船舶,首制船"海象"号交付河北海运总公司投入营运。该船载重量大,装卸方便、低耗节能、快速灵活,可航行于无限航区,特别适用于吃水受限制的诸多中、小型港口。实船营运表明,无论在操纵性、快速性、浅水淌航、适航性、轴系扭振、船体振动、燃油耗量、噪声等诸多方面均已达到并超过设计指标。从浅吃水或载重量角度与常规2万~3万吨散货船船相比,单船载重量提高了80%,吨海里燃油消耗降低40%,单位成本与单位投资均降低了30%。尤其在长江口、黄浦江复杂水流航区中的操纵性获得了令人满意的结果。该船营运于秦申线运煤航线,对提高我国沿海浅水港营运效率,促进经济发展具有重大意义,是一种极具推广价值的超浅吃水优秀船型。

在 35 000 吨级浅吃水散货船研发设计后,因预计到 21 世纪初,5 万吨级散货船将成为发展热点之一,上海船舶研究设计院结合所承担的"50 000 吨级浅吃水肥大型运煤船"科技攻关工作,在灵便最大型散货船领域内先后开发和研究了一系列船型,包括 48 000 吨散货船、50 000 吨散货船、51 200 吨运木散货船、51 500 吨散货船、52 300 吨散货船、57 000 吨散货船以及 57 000 吨浅吃水肥大型散货船。

其中 50 000 吨浅吃水散货船由上海船厂设计建造,是当时国内设计和建造的最大吨位灵便最大型散货船。该船属国际上灵便最大型的新一代船型,其主要技术经济指标达到了国际同类船舶先进水平。是当时国际船舶市场的主流产品,该型船在线型优化设计与水动力性能研究、船舶振动技术研究、增加载重吨技术研究、螺旋桨性能设计、主机引进专利制造技术和船舶建造工艺、技术研究等方面均进行了创新。研究中通过各项试验和实船试航验证,该船航速、载重吨和油耗等主要技术性能指标均达到建造合同的要求。

二是常规型散货船优化设计。

20 世纪 70 年代末,在 16 000 吨级矿/煤两用船基础上,上海船舶研究设计院开始研究设计 20 000 吨散货船,吸取同类船型的优点,致力于增大船舶载重量,应用先进节能技术,采用国产设备和材料,提高船舶技术经济指标。首制船于 1985 年建成,命名"振奋 1"号。相比 16 000 吨级散货船,20 000 吨级船舶主机功率降低了 1 800 马力,油耗也大幅度下降,达到当时国际上同类船舶的先进水平。该船型受到海运部门重视,在江南造船厂、上海船厂、新港船厂先后建造了 20 多艘,扩充了水路煤炭运力,使运输成本有了明显下降。

随后,上海船舶研究设计院对该型船进行改进,由上海船厂建造,命名为"振奋 5"号(见图 3 - 13),至 1986 年共建成 14 艘。使当时我国的远洋散货运输船得到更新换代,为我国"北煤南运"及"南矿北调"发挥重大作用。该船除采用先进节能的主、辅机外,还首次在我国建造的船舶上,实现燃用低质燃油,利用辅机排气余热为日用燃油舱加热,采用强制循环蒸汽系统。该船设备国产化程度很高,超过 85%。

图 3-13　16 000 吨矿/煤两用船"振奋 5"号

三是江海直达型船研发设计。

我国内河纵深,尤其是长江干流贯通六省两市,是水上运输大动脉,扩大内河运输,增加并延长航线是内河运输的发展方向。随着我国改革开放,市场经济得到迅速发展,沿海、沿江各大港口和主要城市与经济特区的合作不断加强,进而产生的庞大的物流量,对我国船舶运输任务提出了更高的要求。国内江河干线与沿海城市及日本、越南等货物交流的传统形式是以小吨位船舶沿江运输到沿海港口中转,货物的运输周期长,货损率高,一定程度上制约了地方经济的发展。

江海直达船是我国在 20 世纪 90 年代兴起的一种新型船舶,同一船舶将货物从起运港经过江河和海洋水域直接运抵目的地而不需中转其他船舶,具有营运成本低,货损少,货物周转时间短等特点,符合现代物流的发展趋势,可以有效地弥补我国江海货物运输的不足。

该船是由上海船舶研究设计院设计,芜湖造船厂建造、上海长江轮船公司使用的"12 000吨级江海直达矿煤两用散货船",是国家"八五"重大技术装备项目"煤炭沿海运输船舶"子项中"万吨级超浅吃水江海直达运煤船"课题。该课题进行了"上海至芜湖长江航道水深情况调查",对江海货源流量、流向以及港口、航道、装卸情况等的了解调查。调查和研究表明:江海直达船要求船舶既有良好的航向稳定性,以满足海上段航行的要求;又有良好的操纵性,以保证江上段的航行安全性。实践证明单桨浅吃水肥大船不可能具有这样完美的操纵性,只有双桨船才有可能满足这些要求,而双桨的旋向不仅与快速性指标高低有很大关系,而且和操纵性指数高低也密切相关。

1994年3月,该船在芜湖下水,命名为"春江海"号。该船克服了浅吃水双桨肥大船型的不利因素,使其快速性和经济性指标略优于同吨位常规单桨散货船,标志着快速性研究已取得较好成果,达到了较高的水平。该船既适合长江航道、又适合沿海港口和我国沿海海况。其研制成功对提高"北煤"进长江直达运输,开发长江、发展长江三角洲经济有着重大意义。该船型的开发研制成功使我国江海直达船技术水平达到20世纪90年代初国际领先水平。各种万吨级江海直达船的开发,使长江中、下游江海直达运输的技术水平和规模登上一个新的台阶,为开发长江、发展沿江各省经济做出贡献。

1995年7月,长江轮船总公司订造了7 000吨江海直达船。该船由中国船舶及海洋工程设计研究院设计,青山船厂建造,在海上和江上航行性能均表现良好。

四是自卸式水泥运输船设计建造。

1981年建成并投入营运的黄岛1 500吨级自卸船,是我国自行设计建造的第一艘沿海自卸船,其成功标志着我国自卸船运输从内河发展到沿海,技术水平达到了新的等级。获1985年国家科学技术进步奖三等奖。该船型适合我国交通、水电、冶金等部门大宗散货运输的需求,对冶金、电力等工业在沿海、沿江的合理布局影响很大。

五、积极承接新船型

一是远洋自卸船开发设计。

20世纪80年代初期,在国务院重大装备办公室领导下,中国船舶工业总公司和交通部首先针对秦皇岛-鲅圈煤运协力开展了大型自卸船研制攻关。鉴于国外自卸船的发展已经比较成熟,加强国际技术交流引进成为加快我国大型自卸船发展步伐的有效途径。1985年,国务院重大装备办公室决定,向日本三井造船厂订造两艘27 000吨自卸船。一方面满足渤海湾地区迅速崛起的港口电站的用煤急需;另一方面,通过技贸结合,加快技术引进的步伐。1986年派员赴日本参加此两船的监造,特别是自卸设备的安装调试工作,收集了许多有价值的第一手资料。通过国际技术交流和国内联合攻关,我国初步形成了一支自卸船的研制力量。

经过10余年的不懈努力,1995年9月,江南造船厂与国际知名的船东加拿大航运公司(CSL)和德国沃顿道夫公司(EO)签订了3艘7万吨自卸船(见图3-14)的建造合同,1998年3月交付第一艘。该船是上海船舶研究设计院与江南造船厂共同开发的新一代大型自卸船,自卸设备是当时世界上最新设

图 3-14 7 万吨自卸船

备、技术难度非常高。

20世纪90年代，我国水泥年产量跃居世界第一，年产量4亿吨左右，而其运输方式中90%以上仍采用落后的袋装形式，仅包装费一项每年高达140亿余元，若以运输破损率1.5%计算，因纸袋破损损耗的水泥每年有600余万吨，价值17亿余元。由于运输主要依靠铁路，受到铁路运力紧张的制约，我国水泥工厂生产规模不能进一步扩大。纵观我国大型水泥厂，多具备发展水路运输的条件，建有大型岸边装卸设施，建造的自卸式散货船发展了散装水泥水上运输系统，在推动水泥散装化、提高运输重量，节约木材、纸张、减少环境污染方面产生巨大影响，经济效益、社会环境效益不容低估。

同时，随着国际散货贸易进一步发展和环境保护要求不断提高，一些国际公约生效，国际自卸船市场也出现新的发展特点：

（1）大型化。20世纪90年代以后，日本、韩国和巴西等国都开始承建7万~10万吨大型自卸船，以适应国际远洋运输需要。

（2）自卸系统自动化。以往的自卸船中，当物料通过斗门向舱底输送带喂料时，由于物料的黏结、结拱，物料流动不畅，需人工就地控制斗门，因而无法实现自卸系统的自动遥控。新一代自卸船首先须解决重力喂料的均匀性和可控性，以及相应的自动控制系统。

（3）环境保护要求高。新一代自卸船要求设置行之有效的通风、除尘、防爆、灭火、货舱及皮带弄清洗、排污等辅助系统，以满足国际标准要求。而且，还需满足IMO破舱稳性的要求。

针对这一情况，"九五"国家重点科技项目"9 000吨远洋散装水泥运输船研究开发"项目推出。该型船国内国际市场潜力大，设计及建造难度大，属于高技术、高附加值船型。该项目针对总体性能、特殊结构强度与热应力计算、水泥装卸系统的二相气流设计、推进装置与装卸系统匹配等内容进行研究。在结构强度研究中采用有限元分析和整船结构分析模型等方法。该船型的首批船由中华造船厂承担开发设计和建造工作，1998年成功交船。

船厂通过引进、消化、吸收具有国际先进水平的设备和系统,通过科技攻关,解决了实船水泥输送设备安装工艺和精度标准、散装水泥装载系统实船控制及降噪、除尘等问题。该船达到国际同期水平,填补了国内空白,增强了我国船舶工业在世界市场对该类型高附加值船的竞争能力,具有良好的经济和社会效益。

二是 50 000 吨大开口多用途散货船研发设计。

50 000 吨级大舱口多用途散货船是 20 世纪 90 年代国际上刚刚发展起来的一种高技术、高附加值船舶。其特点是舱口宽度特别大(占型宽 85% 以上),货舱容积大,货舱利用率高,货物装卸方便,港口适应性强,除能载运常规散货船所能运输的货物外,还可装运集装箱。因此,受到船东普遍欢迎。

"50 000 吨大开口多用途散货船"是"九五"国家重点科技项目"巴拿马型大开口散货船船型开发"(攻关)课题的子课题之一,系江南造船(集团)有限责任公司委托中国船舶及海洋工程设计研究院研发,起止时间 1996 年 5 月—1997 年 9 月。该船型的开发研究针对大舱口船型,对船型主尺度、船型系数、总体性能及结构强度等方面进行了较为深入的分析研究,并对船体线型进行了优化设计和多方案的船模试验。研究成果成功应用于实船,使其总体设计指标达到了 20 世纪 90 年代中期国际先进水平。该成果对该类型船后续设计也有较好的指导作用,为参与国际造船市场竞争做了技术储备。

三是 2 500 吨风帆助航综合节能多用途货船研发设计。

20 世纪 70 年代,世界上主要航运国家都在积极开展风帆助航装置的研究。研究内容涉及装置选型、风帆流体动力特性、控制系统、风帆对船舶航行性能的影响及经济性分析等诸多方面。由于风帆助航节能船舶可节省燃油,当时已有实船应用。其中日本首先于 1980 年 8 月推出世界上第一艘装有节能风帆的"新爱德"号,该船节能效果达 15%。

2 500 吨风帆助航综合节能多用途货船系国家科学技术委员会①和交通部

① 简称国家科委。

"八五"攻关课题项目。该项目的使用单位为宁波海运公司,由中国船舶及海洋工程设计研究院设计,风帆节能装置由第七〇四研究所研制,上海交通大学承担风帆流体动力试验研究,江扬船厂建造。该项目于 1991 年 11 月启动,1996 年 1 月交船。

该船属于试验性的风帆应用研究。从营运一年多的情况看,节能效果超过原定的 10%,达 15% 左右,安全性也有保证。尽管从 20 世纪 90 年代之后燃油价格回落,加装风帆的经济性未必突出,推广风帆缺乏市场基础。但从发展我国风帆船的角度看,该船开创了一个很好的先例,打下了良好的基础。

四是中、小型多用途货船设计建造。

早在 1980 年后,为扩大船舶品种,争取船舶生产订单,我国多家船厂曾购买国外设计图纸或与国外船厂联合设计,由船东供图、船厂承担生产设计并建造。以这种方式建造的船舶产品包括 8 000 吨散货船、3.6 万吨散货船,6.4 万吨散货船,1.23 万吨多用途货船等。1.23 万吨多用途货船是前联邦德国公司和中国远洋运输上海分公司分别订造,于 1984 年至 1987 年共建成 6 艘,命名"商城"号、"高城"号等。

20 世纪 80 年代初,受中国远洋公司委托,由上海船舶研究设计院设计了 5 000 吨级、7 000 吨级和 15 000 吨级三型多用途货船。

5 000 吨多用途货船是改型设计而成的,其主要特点是吃水浅,以装运杂货为主,兼运散货、集装箱,可航行于长江中、下游,实现江海联运。该船改传统的三个货舱为两舱,加大货舱开口尺寸,以便承运各类大型成套设备、集装箱、木材等。该船吃水仅相当于常规的 3 000 吨级货船,可沟通内地与沿海及日本、东南亚等地直达航运,加快周转,降低货损率,提高营运经济性。

上海船舶研究设计院在 5 000 吨级和 7 000 吨级货船的基础上不断总结经验,从线型、总布置到设备各个方面作了多项改进,批量建造,并为进一步改型为多用途货船打下良好基础。1987 年,上海船舶研究设计院为捷克设计了 7 000 吨级远洋多用途货船,该船是 7 000 吨级货船的改进型,由新港船厂建造了 3 艘。

20世纪90年代,上海船舶研究设计院设计并建造的多用途货船数量多、类型全、用户广,船东遍及国内、欧洲、东南亚等地。设计产品包括1 250吨级多用途货船、3 300吨级多用途货船、4 000吨级多用途货船、5 100吨级多用途货船、12 000吨级多用途货船、15 000吨级多用途货船、25 000吨级多用途货船等。

第四节　做大做强　迈向创新(2001—2020年)

21世纪以来,中国船舶工业进入"做大做强"的发展时期,船舶工业规模实力进入世界前列,中国成为散货船制造大国。散货船等自主研发能力和船用设备配套能力逐年提高,关键技术领域集成创新实现突破,产品结构优化升级,大型船舶和高技术高附加值船舶明显增加。

2002年中国加入世贸组织后,船舶工业国际化、市场化进程进一步加快,船舶工业由内需经济转向出口经济。进入21世纪,国际造船市场持续兴旺,我国船舶工业凭借着日益增强的综合竞争优势,造船产量实现跨越式增长。2002年至2005年,我国造船完工量翻一番,由400万载重吨增长至1 000万载重吨。2006年,造船完工量达1 452万载重吨,超过欧洲国家的总和。2008年,我国造船完工量突破3 000万载重吨,造船完工量、新接订单量和手持订单量三大指标全面超过日本,位居世界第二。2010年,我国造船完工量达到6 560万载重吨,三大指标全面超过韩国,跃居世界第一。10年时间,我国造船完工量增长了近25倍,在这一世界造船史上的奇迹之中,散货船成为我国建造数量最多的船型。

21世纪以来,我国船舶工业以企业为主体的科技创新体系逐步完善,产学研融合发展的创新生态逐步形成,科技创新能力大幅提升。在我国船舶工业技术水平与世界先进水平相比存在较大差距的情况下,把高起点引进技术、消化吸收和再创新,作为充分利用后发优势实现跨越式发展的有效途径,同时在某些关键技术领域通过集成创新实现突破,以带动整体技术水平的跃升,实现产品结构的优化升级,大型船舶和高技术、高附加值船舶明显增加。其中散货船、矿砂船、多用途货船等船型开发和产品结构优化升级进展迅速,形成了一批满足国际新规则、新标准,适应运河、港口扩建等新变化的新船型,90%以上的出口船舶为自主研发、拥有自主知识产权的品牌船型,船舶制造业正朝着智能化、信息集成化等方向发展。

2015年3月,国家发展和改革委员会、外交部、商务部联合发布《推动共建丝绸之路经济带和21世纪海上丝绸之路的愿景与行动》白皮书,明确指出要"推动口岸基础设施建设,畅通陆水联运通道,推进港口合作建设,增加海上航线和班次,加强海上物流信息化合作"。船舶是海上运输的重要载体,以散货船等为代表的运输船舶对保障海上运输安全、提高运输效率等均具有重要促进作用,对推进"共建21世纪海上丝绸之路"倡议构想起到非常关键的支撑作用。

随着我国初步建立了现代化高水平的船舶工业体系。我国船舶工业标准体系逐步建立,以《中国造船质量标准》《绿色船舶规范》《智能船舶规范》等为代表的一批重要标准颁布实施,我国船舶设计、建造、修理行业准入标准基本建立,对口国际标准转化率已达70%。船舶行业产业链也得到进一步发展。

这一时期,我国散货船、多用途货船的研发历程和取得的主要成果如下。

一、持续优化出口品牌船型

为了在激烈的国际竞争中掌握主动权,我国船舶工业积极提高自主创新能力,大力实施品牌战略。通过加强支撑船型开发的基础共性技术研究,准确把握当前国际船市的绿色、环保等趋势,打造了一批应用高新技术的国际品牌主流散货船船型。

一是第五代～第七代"中国江南型"巴拿马散货船升级换代。

21世纪初,江南造船厂认真总结了开发、研制四代巴拿马散货船的成功经验,为了进一步提高在国际航运市场的竞争能力,确保在这一产品领域的国内领先地位,瞄准更高的目标,开发研制了满足最新规范、规则的 76 000 吨级江南型巴拿马散货船。该研发团队通过总布置优化、结构优化、合理利用高强度钢等相应措施来减轻空船重量,提高载重量;利用计算流体力学技术优化线型,结合新的国际船级社协会关于散货船安全性的要求和国际最新要求、海洋保护的理念,推出符合"健康、安全、环保"理念的第五代"中国江南"型巴拿马散货船。

该型船的设计过程,将三维建模从传统的生产设计阶段提前至初步设计阶段,在进行了初步结构计算基础上,构建三维船体结构模型,作为详细设计的基础。根据船东和船级社的退审意见,对三维船体结构模型进行修改,并最终向下延伸,在对该模型作适当的转换后,进行船体结构的详细设计和生产设计。实现各设计部门、各设计专业以及各设计阶段之间的三维船体模型、管系原理及相关各专业设计信息的全数字化转移。这种设计过程中应用的船舶设计信息一体化技术和协同平台设计,为国内首创。

第五代"中国江南"型巴拿马散货船与第四代相比,载重量提升,服务航速持平,油耗显著下降,发电机功率略有降低,各项经济指标均有较大提高,综合技术指标处达到当代国际先进水平。新船型一经推出,江南造船厂即承接了比利时、伊朗等国家和中海[①]、中远[②]等公司 10 多艘的订单,并不断接到后续订单。该船型的优越性除了吸引世界各地的船东之外,也吸引了一些兄弟船厂的目光,经中国船舶工业总公司协调,通过技术转让,第五代"中国江南"型巴拿马散货船在更多的国内船厂建造,取得了良好的经济效益和社会效益。

在第五代"中国江南"型巴拿马散货船基础上改进的第六代"中国江南"型巴拿马散货船,在保证船体强度符合 CSR 的前提下,通过线型设计优化、总布置优化、结构优化、建造技术优化等技术创新来保证主要船型参数的领先水平,并实现重量和成本的控制;通过轮机系统、电气系统的优化等使全船设计更加

---

① 中国海运集团有限公司。
② 中国远洋运输(集团)总公司。

合理,使载重量超过 75 700 吨。为提升产品的市场竞争力,这一代船专注于对产品环保的设计理念,在 EEDI、燃油舱保护、压载水管理、主机排放控制等方面均采取了有效的措施,各方面均满足国际上有关散货船的最新要求,显著提升了船舶环保性能,提高了市场认可程度。在建造工法方面卓有成效的工作,显著缩短了建造周期,降低了建造成本。

第六代"中国江南"型巴拿马散货船在国际船市上一经推出,即以其优越的技术性能和先进的经济指标,广受国内外船东的欢迎,截至 2010 年 6 月已获得 35 艘订单,首制船已于 2009 年成功交付船东使用,各项性能指标优异,营运状态良好。2012 年江南造船迎来第 100 艘"中国江南"型巴拿马散货船"玉霄峰"号(见图 3-15),其为第六代该型散货船。

图 3-15 第 100 艘"中国江南"型巴拿马散货船"玉霄峰"号

此外,针对巴拿马运河拓宽后对通过运河船舶尺度的新规,江南造船有限责任公司开发了国内第一批面向拓宽后的巴拿马运河以及中国进口澳大利亚动力煤炭等一些特定航线运输需求的船型,称为"绿鲸"系列,包括 11.5 万吨级散货船"Blainville"型、18 万吨级散货船"Melville"型、第七代巴拿马型散货船

"Phoeniville"型。这一系列船均采用了隐形球鼻艏(VS-bow),并具有共同的特征:低碳、环保。

由于设计时 EEDI 已正式通过并实施,故第七代"中国江南"型巴拿马散货船将船型开发、优化的主要突破点放在了 EEDI 值的优化上,在保持主尺度及性能基本相同的前提下,通过线型优化、总布置优化、结构优化、建造技术优化等技术创新来降低空船重量,通过轮机系统、电气系统的优化使全船机电设计更加合理。满足国际最新规范、规则的要求,符合国际社会保护海洋环境的理念,符合"健康、安全、环保(HSE)"的要求,关键技术性能指标达到国内外同型船舶的先进水平。

在第一代"Blainville"型散货船的基础上,江南造船厂和上海长兴重工有限公司开发联合体进行了新一代 11.5 万吨级散货船的开发,以保持在这一细分市场的领先地位。该项目研究内容涉及船舶线型设计、总体设计、机电系统和专用建造工法等系统工程技术。由江南造船厂研发设计,上海江南长兴重工有限公司建造。该型船的主尺度介于巴拿马型和好望角型之间,为 BC-A 类散货船,满足 CSR、燃油舱保护、EEDI、Tier-II 排放控制、压载水管理(D1 标准)等要求,是一款"绿色、安全、经济"的船型。

该型船一经推出,即以其优越的技术性能和先进的经济指标,广受国内外船东的欢迎,截至 2010 年 6 月已获得 30 艘订单,为国家创汇超过17 亿美元。该型船首创的"VS-bow"线型理念经过实船检验,取得了良好的效果,还被推广到江南造船厂其他的船型系列中,发挥更大的作用。由于该型船的指标优秀,已被工业和信息化部列为重点扶持的精品船型之一。

二是"中国外高桥"型好望角散货船形成品牌竞争力。

20 世纪末至 21 世纪初,世界主要干散货的海运量中,煤炭海运量持续保持高速增长,当时预计到 2005 年煤炭海运量达到 5.4 亿吨。由于煤炭和铁矿石绝大部分是中、远距离的运输,采用大型散货船来运输将明显提高经济效益。当时这部分运输主要是由巴拿马型和 15 万吨级以上好望角型散货船来承担,其中好望角型散货船运量接近总运量的一半。面对这一巨大的散货海运市场，当时全球好望角型散货船的数量却不能满足货运增长的需要，带来好望角型散货船的订单趋旺。

上海船舶研究设计院与上海外高桥造船有限公司共同承担国家"十五"高技术科研专项"超大型散货船"和国际重大技术装备研制项目"17.5万吨肥大型散货船研制"，完成了当时国内最大吨位散货船研制。1999年10月，上海外高桥造船有限公司与泰昌祥轮船（香港）有限公司签订了17.5万吨级好望角型散货船"瑞祥"号（见图3-16）建造意向书。2001年5月，该船设计完成。2003年6月25日，首制船建成，后续建造20多艘。该船型的研发过程，体现我国造船行业发展坚持以市场需求为导向，转变研发模式的发展思路。上海外高桥造船有限公司由以往的"先合同，后设计，边设计边建造"的被动设计模式，转变为"主动与船东联合开发，与国外船舶设计机构联合设计，向市场推出具有自主知识产权产品"的超前开发，市场的主动性大大提高。

图3-16　17.5万吨"中国外高桥"型好望角散货船"瑞祥"号

该型船是我国自行设计建造的第一艘好望角型散货船，成为我国当时建造的吨位最大的散货船，也是国内第一艘取得美国船级社（American Bureau of

Shipping,ABS)"绿色入级符号"的船舶。项目整体技术达到国际先进、国内领先水平。由于外高桥造船有限公司基本掌握了好望角系列船的设计、建造和试验技术,并填补了我国在好望角型散货船领域内的空白,为我国进军世界大型散货船市场积累了经验,使我国在该型船上拥有了定价权。因而被称为"中国外高桥"型好望角散货船,受国际市场欢迎,世界著名散货船航运公司纷纷与上海外高桥造船有限公司签约,其中包括日本邮船株式会社、希腊卡迪夫航运公司、中国中远、美国FMC等多家船东,累计承接该型船订单100多艘。上海外高桥造船有限公司也因此被外界称为世界"好望角型散货船建造中心"。

为顺应国际船舶市场开发低能耗船型的要求以及我国节能减排的发展方向,提高优势产品的竞争力,上海外高桥造船有限公司从175 000吨级好望角型散货船起步,跨越到177 000吨级、206 000吨级、208 000吨级和210 000吨级等。

2010年,上海外高桥造船有限公司推出20万吨级好望角型散货船,填补我国在超大型好望角散货船领域的技术空白,使我国造船企业在与日本和韩国同类型企业激烈竞争中掌握了主动权,同时使我国船舶制造业在设计、建造超大型散货船的水平进入到一个崭新的阶段。该船型已累计接单26艘,共计530万载重吨,对扩大我国在世界造船业中的市场份额产生积极影响,提高我国船舶工业的经济效益和市场竞争力,并带动国内相关配套企业的共同发展,社会经济效益不容低估。

三是"绿色海豚"灵便型散货船大批量建造。

随着环境保护成为世界范围内日益关注的问题,IMO等国际组织不断推出新的、要求更高的规范、规则来加强对海洋环境的保护。一些国家和地区也在酝酿着更为严格的区域性标准。EEDI、压载水管理公约、国际海事劳工公约(Maritime Labour Convention,MLC)2006等生效或即将生效的新规范也影响着船舶的设计和建造理念。

2008年金融危机以来,航运市场持续低迷,2012年上海船舶研究设计院根据船舶航运市场的发展动态,与挪威船级社、瓦锡兰公司联合推出"绿色海豚"灵便型散货船概念设计。其中的 38 000 吨级"节能绿色环保"灵便型散货船设计,满足当时所有已生效和即将生效的新规范,包括结构共同规范、燃油舱保护规则、检验通道规则、新破舱稳性规则、压载水处理系统、EEDI、保护涂层性能标准、电子海图等,同时具有较大的舱容和载重量,更低的油耗指标,更加灵活的配置方案。

38 000 吨"绿色海豚"散货船聚焦国际 25 家主流船东,提出了以需求为牵引的船型预研思路和方法,开发了性能指标优秀的船型,具有高度的市场前瞻性,并具有能耗低、安全可靠、操作灵活及便于维护等特点,可满足一系列节能、减排、环保等海事新规的要求。设计一经推出便得到国际市场的高度重视和广泛认可。该型船的开发、设计和建造顺应了航运市场和中国船舶工业发展的需求,是航运、设计和建造三方共同合作的产物。

由于该船在试航及投入营运后表现出的卓越性能,得到了船东青睐,首制船"TRUE LOVE"号(见图 3 - 17),入选英国皇家造船工程师学会评选的"2015 年

图 3 - 17　38 000 吨"绿色海豚"灵便型散货船"TRUE LOVE"号

度全球优秀船型"之一。该船的设计目前已为 17 家国内、外船东所采用,生效订单超过 80 艘,13 家国内船厂承接该项目,合同总额超过 16 亿美元,其中出口船舶超过 85%,取得了良好的经济效益,为国家创造了非常可观的外汇收益。

此外,上海船舶研究设计院还推出了 64 000 吨绿色海豚型散货船。通过优化线型、螺旋桨、主机、总布置以及采取一系列节能措施,在保证良好的快速性和操纵性的前提下,达到了更低的燃油消耗。该船的 EEDI 指数满足 Phase 2 的要求。特殊的大方形系数,合理的机舱和货舱布置以及对空船重量的优化设计使得该船能达到更大的载重量和舱容,成为集大载重量、低能耗、绿色环保于一体的新一代节能环保型散货船。

二、紧盯前沿,开发满足共同结构规范船型

一是 52 300 吨级超灵便型双舷侧散货船。

2002 年,由上海船舶研究设计院设计开发,江苏新世纪造船股份有限公司建成的 52 300 吨级超灵便型散货船"Apollon"号(见图 3 - 18)。该船具有一定的超前性,当时国际上尚未提出双壳散货船规范,设计团队根据对市场前景的预测,认识到双壳化将是未来散货船的发展趋势,因而提前进行了研究开发,并顺利接获了订单。

该船不仅载重量指标在国内外属先进水平,而且是造船界当时最新的安全概念双舷侧散货船,占有了市场先机。在此基础上,上海船舶研究设计院又陆续推出 53 500 吨、54 000 吨等系列灵便型双壳散货船,并衍生了其他船型的开发成功,为我国船厂带来了约 20 艘船舶的批量订单,取得十分可观的经济效益和社会效益。

二是优选型散货船。

20 世纪下半叶,由于一些大吨位的单舷侧散货船不断出现海难事故,船东对船舶更安全与更经济的要求不断升级,国际散货船船东协会希望寻求一种方

图 3-18　52 300 吨级超灵便型散货船"Apollon"号

法,对当时各类散货船船型的设计方案进行全面评估,使船东在船舶安全与质量、船舶市场稳定与公平竞争、船员职业安全与航运利益回报等方面综合受益最大,该评估方法选出的设计船型称为优选型散货船。

我国造船界多家单位经过两年协同努力,于 2003 年 1 月,正式启动优选型散货船项目,开发出系列双舷侧船型散货船,包含 4 种散货船主流船型:5 万吨灵便型、7.5 万吨巴拿马型、9 万吨超巴拿马型和 17.4 万吨好望角型,设计使用寿命 25 年。

2003—2004 年间,IACS 生效了许多统一要求,这些新的国际公约与国际技术标准的变化也使得我国当时的散货船建造技术面临淘汰的境地,迫切需要进行新型散货船的开发。

该项目在国际上率先研究提出了新一代双舷侧散货船的综合性技术评定标准,并应用到具体船型的开发实践中。对上述的四型船的总体设计优化、结构优化和性能优化等方面作了较完整和系统的研究,综合性能实现部分突破,主尺度、经济航速、油耗指标和试航海区条件等基本达到当时的国际领先水平；超巴拿马型采用垂直小斧球鼻型船首改善快速性；载重量和钢材重量以及船舶建造成本在国际竞争中占有优势。这些船型充分满足5个方面的"优选"要求，即船舶的完整稳性、使用性、维护性、环保性要求和船员逃生与健康性要求。在设计理念上，符合当时国际船舶学科正在发展的服务有限状态、极限有限状态、疲劳有限状态和损坏有限状态的发展趋势，具有"安全、经济、健康、环保"的特点。满足 IMO 2008 年以来即将生效的最新要求，为我国后续船舶开发奠定了技术基础，成为我国具有自主知识产权的科技成果。截至 2005 年，该项目已获订单近 50 艘，总计创汇 12 亿美元。

该项目是在当时国际上尚无双舷侧散货船完整统一标准（尤其是在强度标准方面）的情况下开发的。通过船型开发的方式，为我国制定优选型散货船强度标准取得国际造船界的认可创造了良好条件，该项标准的确立，也为我国设计的优质船舶在国际造船领域占有一席之地，为提升我国船舶设计建造能力发挥积极作用。

该项目开发另一个显著的特点是：企业发起，政府支持，联合开发，成果共享。参与该项目开发的单位包括中国造船工程学会、中国船舶行业协会、中国船舶工业集团公司、中国船舶重工集团公司、中国船级社、中国远洋运输（集团）总公司、万邦航运联合组织。该项目打破了国内原有船舶科研体系和船型各自开发的惯例，动员了与船舶有关的国内、外船东、船级社、设计、建造等多个环节的力量，最大限度地利用了行业内有限的资源。

三是"共同结构规范船型开发研究"项目促进了新船型开发。

国际船级社协会颁布的油船和散货船共同结构规范于 2006 年 4 月 1 日正式实施。共同规范的推出，使世界主要造船国际共同面临一次新的技术竞争，谁先开发出满足该规范要求的船舶，谁就具有抢占未来市场的优势。对于我国造船业是机遇，也是挑战。为此，2006 年 5 月，经国防科工委①批准，由中国船

---

① 国防科学技术委员会。

舶工业集团有限公司研发中心牵头,广船国际股份有限公司、沪东中华造船(集团)有限公司、江南造船(集团)有限公司和上海外高桥造船有限公司参与,开展了"共同规范船型开发研究"。在各单位的共同努力下,该项目于 2007 年 12 月全面完成。项目取得的创新成果如下:

(1) 全面研究了国内、外环保技术政策与船舶设计的联系,提出了基于风险概念的绿色船舶设计标准与设计方法,扩展了当期环保设计内容并成功予以应用。

(2) 深入研究了抗疲劳设计技术,并成功应用于共同结构规范船型开发,既减轻了船体结构重量又提高了疲劳强度;研究了焊后处理对疲劳寿命的影响,首次在船舶设计与建造中采用氩弧焊(tungsten inert gas welding,TIG)熔修技术,解决了某些结构疲劳强度不足又难以修改的难题。

(3) 对共同结构规范的理论及技术标准进行了深入研究,并在疲劳强度计算方面针对共同结构规范的不足提出了解决方案。

(4) 配合船型研发,开发了共同规范技术分析软件,并在应用中不断完善,其功能强、精度高、使用方便,与国际同行软件相比处于先进水平。该软件投入应用早于日本和韩国等造船发达国家,使我国在订单的获取上抢得先机。

(5) 编写了指导设计的共同规范解释指导性文件,使得我国在船型开发中能够较快掌握共同规范的核心理念和技术。

(6) 采用与技术指标、环保、能耗相联系的内部收益率(internal rate of return,IRR)指标,对船舶技术经济性进行综合分析,更加全面与客观地反映了船舶设计、建造、管理水平与市场的需求。

项目成果支持了该项目 12 型船舶以外的其他散货船和油船共 25 型船舶的开发,使我国在共同结构规范散货船、油船的船型方面形成了一个完整的系列。我国造船可以在国际框架下建立本国的标准体系,通过科技攻关,形成大规模的软件和数据库,发展国家基本船型,培育中国新品牌的船舶产品。截至 2008 年 6 月底,开发单位所获共同规范船型订单 641 艘,约 5 040 万载重吨,合同总额超过 2 800 亿元,取得了巨大的经济和社会效益。

2006 年，针对国际航运市场干散货运力紧缺，以及 IMO 关于船舶共同结构规范即将生效的客观形势，上海船舶研究设计院研发新一代满足共同结构规范要求的"绿色环保"型 57 000 吨散货船，首制船于 2008 年建成。在设计、建造过程中，引入了"基于目标"的结构标准理念。分别从设计寿命、环境条件、结构安全、结构可靠性、建造质量等 6 个目标规定了设计和建造期间应符合有关船舶结构的功能要求。绿色环保概念渗透于该船的每个细节，在其全寿命周期内包括设计、制造、营运、报废拆解等阶段都能达到节省资源和能源、减少或消除对环境污染的目标，且对船舶生产者和使用者具有良好的保护效应。

该设计推出后，中远公司、中海公司等 70 余家国内外船东订造，已有生效订单超过 280 艘，超过 1 600 万载重吨，17 家国内船厂承接该项目，合同总额超过 100 亿美元，其中出口船舶超过 80%，上海船厂船舶有限公司、中远船务工程集团有限公司、长江航运重工等 17 家船厂承接建造。

四是 18 万吨好望角型散货船。

21 世纪初，国际上流行的好望角型散货船载重量以 17.3 万吨级的居多，主要是符合能进入法国敦刻尔克港和符合码头泊位标准而设计的。但该港口年需求煤炭仅为千万吨，且港口装卸过程烦琐，许多船东认为该港货量少，不愿营运该航线，加上中国对煤炭的需求日益增加，因此船东产生了建造能突破敦刻尔克港的 18 万吨级散货船的要求。

另一方面，我国作为全球最大的铁矿石进口国，铁矿石和煤炭运输几乎全部依靠好望角型散货船。澳大利亚作为我国铁矿石最大进口国，其矿石和煤炭主要输出港有三个，其中有两个港口的年平均水深为 17.8～17.9 米，另一个年平均水深为 18.18 米，如果船舶的结构吃水在 18.10 米以内，则船舶在澳大利亚港口的最大装货量可接近满载。同时，在欧洲和日本的主要港口中，该船型的满载吃水和船长几乎不受任何限制（仅法国敦刻尔克东部港区的两个散货码头受到限制），因此将大大提高船舶的通用性能和港口适应能力，无论在载重吨、满载吃水、还是舱容，无论是装运煤炭、还是矿砂，优越性均超过了其他吨位的船型。

　　2006年,河北远洋运输集团股份有限公司联合中船重工船舶设计研究中心有限公司,针对17.8万吨散货船的设计思路和技术细节,与国内船厂建造的相同吨位散货船的主要技术指标进行了详细比较,将18万吨双壳散货船作为开发船型。除了遵循当时的公约和国际技术标准外,还必须满足IMO和IACS在公约和技术标准方面的最新修正案,使该型船开发设计具有前瞻性。该型船由中船重工船舶设计研究中心有限公司和大连船舶重工集团有限公司联合设计,河北远洋集团股份有限公司也参与其中,这种联合开发的方式在有利于综合船东需求、船级社要求和船舶设计等方面信息,使船型开发针对性强,目标明确。

　　2007年5月,河北远洋集团股份有限公司与中船重工[①]签订设计建造16艘18万吨大型散货船的合同,分别由大连船舶重工集团有限公司和青岛北海船舶重工有限公司建造,并于2009—2011年陆续交付。该合同总金额达11亿美元,是当时中国航运企业在全球的第一大订单。在设计中,通过对CSR的深入研究和消化,利用先进计算分析手段,就总纵强度、局部强度、疲劳、振动、噪声等方面进行全面评估和优化,实现船体结构的高可靠性、高安全性。在整个设计中,大量采用三维结构的有限元强度分析。

　　2009年10月,首制船"河北领先"号交船。该船是我国首次自主开发设计满足CSR要求的大型散货船,拥有完全自主知识产权。与其他型号的散货船相比,其技术指标、经济性安全及环保性能更佳,吸引了国内外船东纷纷发出订单。

　　随后,中船重工船舶设计研究有限公司又开发出了新一代安全、环保、节能、高效的敦刻尔克型18万吨好望角型散货船,该船型具有载重吨大、航速适中和油耗低等特点。同时,满足EEDI第2阶段的减排要求,并具备良好的优化潜力。该船型的设计理念主要体现在节能降耗、安全、环境友好、营运经济和

---

　　① 中国船舶重工集团有限公司。

高效以及降低维护费用等方面。

这一时期,中国在 IACS 组织推出的散货船共同结构规范和 IMO 推出的《船舶压载舱保护涂层性能标准》上强势介入,成为该标准的主要制定者之一。

五是 20.8 万吨"M.Whale"型纽卡斯尔散货船。

2013 年,航运市场出现逐步好转趋势,油价高企和新规则规范的生效促进了船东更新换代船舶,船价处于低位的抄底需求助推了新船市场,散货船新船订单出现了大幅增长,全年新签订单共 962 艘,合计 8 230 万载重吨,同比分别增长 180% 和 243%。

为应对市场变化,中国船舶及海洋工程设计研究院自主研发设计了 20.8 万吨纽卡斯尔型散货船,被命名为"M.Whale"型纽卡斯尔散货船(见图 3-19)。该船在线型设计中贯彻多点优化的理念,不仅注重降低结构吃水和压载吃水时的油耗,同时考虑到目前多数船舶降航速营运的实际情况,优化时兼顾了低航速段的性能。2013 年实现批量接单,第一代船型共接单 40 艘,其

图 3-19 "M.Whale"型纽卡斯尔散货船

中有多家国外船东订单量超半数,分别入级 ABS、NK①、DNV②、KR③ 等船级社,分别在 5 家船厂建造,在 2020 年 6 月前全部交付。该船型还获得第九届中国技术市场协会金桥奖优秀项目奖。

在第一代"M.Whale"型纽卡斯尔散货船的成功基础上,借助协调共同结构规范(HCSR)更新契机,中国船舶及海洋工程设计研究院对该型船进行了针对性的优化,进一步控制建造成本,并根据已交付船舶的营运反馈信息进行改进,由此设计出第二代船型。第二代船型的顺利交付,进一步提升载重量、线型优化、降低综合能耗、EEDI 第 Ⅲ 阶段、双燃料型开发等指标,其中双燃料型开发已获得 ABS、LR④、DNVGL⑤ 和 BV⑥ 四家船级社的原则性认可(approval in principle,AIP)。新船型满足中国—巴西航线往返的续航力要求,续航力覆盖了该型船的所有目标航线,并且与 BV 开展了基于大型 Type‑C 燃料舱和低压双燃料系统的深度开发,包括系统的 HAZID(危险源识别分析)和 HAZOP(危险与可操作性)分析以及结构舱段分析等工作。考虑到双燃料型的造价较常规型增加较多,对船东决策影响大,该船设计将建造成本控制和系统安全可靠置于同等重要的地位。在满足系统安全和营运便利基础上,通过系统优化设计、降低设备成本,控制建造物量、为船东和船厂提供更具市场竞争力的新一代双燃料船型。

六是 9.25 万吨超巴拿马型散货船。

2015 年,巴拿马运河的拓宽致使现有巴拿马船型散货船面临全面的更新换代。IMO 和 IACS 近年推出了诸多以"目标型标准体系"为代表的新规则,传统船舶设计制造理念面临空前的挑战。上海船舶研究设计院推出了 9.25 万吨超巴

---

① 日本船级社,Nippon Kaiji Kyokai。
② 挪威船级社,Det Norske Veritas。
③ 韩国船级社。
④ 劳氏船级社,Lloyd's Register of Shipping。
⑤ 挪威船级社(DNV)与德国劳氏船级社(GL)合并后的新机构 DNVGL。
⑥ 法国船级社,Bureau Veritas。

拿马型散货船,项目着重在主机选取、线型优化、结构强度校核等方面,进行深入研究和改进。研发过程中,设计单位与世界主要船级社保持紧密联系,动态跟踪并参与 CSR 制定过程,先于该规范的实施,掌握其技术核心要领。同时紧跟 IMO 关于"新造船能效设计指数 EEDI"的讨论,合理选择船舶服务航速和主机,控制船舶油耗,形成新规范下国内、外第一代超巴拿马绿色环保船舶,将船宽由原来 32.26 米拓宽到 38.00 米,目标载重量 92 500 吨级,服务航速为 14.1 节。该船是当时国内第一型满足共同结构规范的超巴拿马船型散货船,属自主研发设计,具有完全自主知识产权。

七是 12 万吨迷你好望角型散货船。

2020 年底,上海船舶研究设计院设计,中船黄埔文冲船厂建造的 12 万吨迷你好望角型散货船是全球第一艘满足散货船协调共同结构规范(HCSR)和船舶能效设计指数第 Ⅱ 阶段标准的迷你好望角型散货船,采用新一代海豚船型设计理念,更环保、更节能、更智能。首次采用三维一体化设计平台进行实船详细设计,并与中船黄埔文冲船厂基于三维模型进行厂院协同的初步尝试,使整船设计周期节省约两个月,设计差错显著减少。

三、超大型矿砂船领航出海

运输船舶的大型化是全球航运界的重要趋势,它与绿色环保和低碳经济的实际需求相吻合,凸显出航运的经济性优势。大型化使船舶单位运输能力的建造价格和航运能源消耗量显著下降,同时减少了对生态有害物质的排放。进入 21 世纪以来,随着我国经济快速发展,带动铁矿石、煤炭等运输市场需求迅速增长,对超大型矿砂船和大型散货船的需求也出现暴增。因此,设计建造出新型超大型运输船成了众望所归。

21 世纪以来,我国粗钢年产量由 1 亿吨上升到 6 亿吨,占全球总产量 44.3%,位居世界第一。2002 年,我国生铁产量 1.707 9 亿吨,由此带动对铁矿石的需求迅速增长。翌年进口铁矿石占我国铁矿石消费总量的 42.12%,澳大利亚、巴西、印度和南非是向我国出口铁矿石的主要国家。2003年,我国进口铁矿石占世界贸易量的34%,是世界第一大铁矿石进口国。2005年,上海宝钢与全球最大铁矿石供应商——巴西淡水河谷公司签订了一份长达10年的供货协议:自2006年起,淡水河谷公司每年向我国出口1600万吨铁矿石。连同之前已签订的每年400万吨的协议,在"十一五"期间,宝钢每年将从巴西进口2000万吨铁矿石。

当时,国际航运费率呈飙升态势。超大型矿砂船作为受到船东关注的重要船舶产品之一,所体现出的全球航运经济技术指标,以及与此相关联的吨海里耗油量、二氧化碳排放量,远低于其他中、大型船舶。随着IMO对船舶安全及环保要求的提升,原有大型矿砂船已不能满足需要,因此有必要开发新型环保、节能高效、安全的超大型矿砂船。

为配合大型矿砂专用船的发展,我国航道条件改善和港口建设大大加快,上海宝钢集团投资建设了我国第一座海岛深水港——马迹山港,可靠泊超大型散货船,于2002年末投入使用;青岛建设了一座20万吨级矿石码头;天津港拥有深水泊位55个,可靠泊15万吨级矿石船;此外,大连港、防城港、广州港、宁波北仑港等也纷纷扩展或新建了矿石专用码头。

在造船方面,我国有多家大型造船厂具备30万吨级以上船舶建造能力。为我国船舶工业进一步"做大做强"作贡献,是我国船舶科研设计机构光荣而迫切的任务。面对强大的需求推动,国内造船界在国家的支持下组织开发了一系列超大型矿砂船的研发工作,取得了明显成效。在工业和信息化部的高技术船舶专项资金支持下,由中国造船工程学会、中国船舶工业行业协会、中国船舶工业集团有限公司、中船重工、中国船级社、中远等单位联合承担的《超大型矿砂船船型开发项目》,于2005年立项,2010年完成并通过验收。

该课题研究内容涵盖有关国际公约、规则、规范和技术标准;船型论证与主尺度优化;总布置与水动力性能;大型结构设计和强度分析;大型甲板机械的选型和配置等;并且开发了23万、30万、36万和50万吨级矿砂船系列船型(见表3-2)。

表 3 - 2　超大型矿砂船船型开发项目子课题一览

	子 课 题	牵 头 单 位	协 作 单 位
1	公共要求技术开发	中国造船工程学会	哈尔滨工程大学、中国舰船科学研究中心、中国船级社、浙江工业大学
2	23 万吨级矿砂船船型设计	中国船舶及海洋工程设计研究院	上海船舶研究设计院
3	30 万吨级矿砂船船型设计	中国船舶及海洋工程设计研究院	
4	36 万吨级矿砂船船型设计	渤海船舶重工有限责任公司	
5	50 万吨级矿砂船船型设计	中船重工船舶设计研究中心有限公司	

　　上述 4 型超大型矿砂船均在总体性能和结构设计方面进行了优化:采用 CFD 技术与模型试验相结合的方法成功进行了线型优化,提高了船舶的快速性;推出了超大型矿砂船的逃生通道模型;提出了提高船舶疲劳强度能力的评估方法;研究了避免波激振动与颤振现象给船舶结构设计带来的风险。另外,在 4 型船的开发中,项目组成员单位还采用了船舶内部收益率指标对船舶技术经济性进行了综合分析与评估,并进行了船舶损坏寿命模型与 EEDI 的关联研究。

　　此次船型开发,在原定的 4 型船基础上,还衍生出 24 万吨、38.8 万吨及 40 万吨等 3 型超大型矿砂船。我国超大型矿砂船船型的开发和建造,在技术上明显地缩小了与日本和韩国之间的差距。其中 38.8 万吨级矿砂船是当时世界上最大的矿砂船,50 万吨级矿砂船的开发成功使我国在超大型船舶技术方面走在世界前列。

　　此外,该船型开发项目还取得多项开创性研究成果,如开发了用于超大型矿砂船开发的船体强度计算的指导性文件,便于我国船型开发机构在超大型矿砂船船型开发中掌握核心理念和先进技术;开发了具有自主知识产权的三维线性波浪载荷直接计算软件;4 型船在配套设备选型和节能减排方面体现了当前最新的绿色船舶理念并满足相关国际公约要求,其碳排放指标在国际市场上具有较大的竞争优势。

一是 230 000 吨级超大型矿砂船。

2007 年 10 月,中海发展股份有限公司货轮公司向广州中船龙穴造船有限公司订造 8+2 艘 230 000 吨级矿砂船,主要服务航线是澳大利亚运输铁矿石。该型船由上海船舶研究设计院研发设计,广州中船龙穴造船有限公司建造。2010 年 2 月,该型船首制船"中海兴旺"号在广州南沙龙穴造船基地顺利交船。该船在首航时无缺陷通过了澳大利亚港口 PSC 检查[①],被英国皇家造船工程师学会评为"2010 年度全球经典船型"之一。该型船填补了国内该领域的空白,打破了日本船厂单一建造矿砂船的垄断局面。

该船型是上海船舶研究设计院在散货船设计的基础上,吸收国外矿砂船设计优点、自行研发设计的大型矿砂船,具有自主知识产权。该系列船的研制具有节能环保、经济性好、适应性强、操纵灵活、自动化程度高等优点,达到国际先进水平,并得到船东、船厂的高度赞扬。该型船投入营运,为航运公司增加了新运能,提高竞争力,同时也创造了良好的经济效益。该船是当时国内设计建造并实际投入营运的最大吨位的矿砂船。

二是 250 000 吨级超大型矿砂船

2014 年 11 月,中船重工船舶设计研究中心有限公司开发、设计,青岛北海船舶重工有限责任公司建造的 250 000 吨级超大型矿砂船首制船交付。该船主要用于中国与澳大利亚之间铁矿石运输,以世界铁矿石最大出口港,位于西澳大利亚的黑德兰港为装货港。该船属于业内首创、全球首制,具有我国自主知识产权,入级中国船级社,是能够进入澳大利亚主要港口的最大型船舶。该船设计充分体现了"安全、环保、节能、高效"的理念,EEDI 值比基线值低 20%

---

① 港口国监督检查,即 port state control inspection。

以上,满足压载水处理等最新的国际规范规则和环保要求,及美国联邦法规。该型船"山东和谐"号入选了由英国皇家造船工程师学会评出的"2015 年度全球优秀船型"之一。

三是 300 000 吨级超大型矿砂船。

2007 年 10 月,受中海散货运输有限公司委托,由中国船舶及海洋工程设计研究院设计,大连造船厂建造的 300 000 吨级矿砂船开始设计。该船主尺度兼顾巴西及澳大利亚这两个全球最大铁矿石输出国港口的限制条件,满载时可进出巴西 PDM 及图巴朗等主要港口,吃水在减载至 18 米左右可自由进出澳大利亚黑德兰等主要港口,为船东营运提供了很大灵活性。2011 年 12 月,首制船"中海荣华"号(见图 3 - 20)交船,是当时国内建造最大的矿砂船。

图 3 - 20 "中海荣华"号

通过运用国际先进的数字水池技术,船体结构直接设计技术、虚拟设计技术、无余量造船技术,管件与电缆系统管理技术,钢材高效利用技术等设计、制造技术,该船设计出 30 万吨肥大型船舶新型船首,有效地解决了大排水量船型需要兼顾到船体强度、主机功率、燃油消耗及船速等多项技术难题。贯穿全船范围内的疲劳强度分析,不仅对货舱区域进行疲劳强度分析,而且着重对波动压力较大的艏部、艉货舱区域进行疲劳谱分析,确保全船强度。国内首次设计开发了一舱一盖的大舱盖结构及装置,增大了舱口的开口面积,提高了装卸货的速度,明显缩短了码头装卸货周期。通过提出先进的大舱口变形强度控制、大压载舱防振强度设计、居住区舒适性防振设计等技术,显著提高了该船的综合性能。

四是 400 000 吨级超大型矿砂船。

21 世纪初,巴西淡水河谷铁矿石产品出口量一年高达 9 000 万吨,营运中巴航线的需求达 40 艘以上;由于港口及航道条件的不断改善,该船型的需求量还会持续增长。随着老旧的超大型矿砂船的淘汰,设计建造新的超大型矿砂船成为必然需求。2007 年,全球最大的铁矿石生产商和出口商巴西淡水河谷矿业集团公司计划订造 35 艘 40 万吨级超大型矿砂船,总运力合计超过1 000 万吨,以降低铁矿石运输成本。2008 年 8 月,熔盛重工与淡水河谷签订建造12 艘380 000 吨级超级矿砂船的合同。合同总额高达 16 亿美元,并创单笔造船订单金额、散货船单船吨位、订单总吨位三项世界纪录。该型船的前期设计由上海船舶研究设计院承担。第一代 400 000 吨级矿砂船"VALE SOHAR"号如图 3-21 所示。

图 3-21 第一代 40 万吨矿砂船"VALE SOHAR"号

从巴西到中国途经大西洋、印度洋及太平洋,海况复杂。为了尽量减少船舶兴波阻力的增加,降低油耗节省航运成本,在该船的设计中进行了耐波性分析,包括试验和计算分析。内容包括进行在规则波上迎浪、斜迎浪、横浪、艉斜浪和随浪试验以及按照该船所经航线上各水域不规则波谱进行不规则波试验,并按线性和非线性理论进行附加波浪阻力计算。通过 MARINTEK 水池试验及对结果的计算分析证明,该船长宽比(L/B)小、方形系数大等特点的非常规线型在风浪中的性能与常规线型并无大的区别。

为了控制每个货舱的载重量,避免出现过大的载荷,该船设置了 7 个货舱,这也是当时国际上绝大多数 32 万吨级以上矿砂船采用的布置形式。为了提高卸货速度,货舱开口尽量大、货舱底部不留死角。该船的船级符号中有 CSA-2 的要求,即结构疲劳寿命要求达到 30 年。由于载重量大,船级社的审查非常严格,明确要求进行全船结构有限元分析。该船的船级符号中有 EL-2 标志,即要求满足每一个货舱不间断一次装满。这对船体结构的总纵强度和局部强度提出了更高的要求,同时在建造过程中对关键节点的控制更加严格。经过计算分析,该船确定了较好的货舱装货顺序。

在环保设计方面,增加燃油舱双壳保护的要求,以防止在发生海损事故时燃油的泄漏;增加压载水管理要求,避免船舶在营运过程中因压载水的排放而造成有害生物的传播;主机采用 Delta-Tuning 和共轨电喷技术,较好地满足新的硫氧化物和氮氧化物 Tier-II 排放要求,以及即将通过的二氧化碳排放指数要求。同时,对于海上营运人命安全的要求也进一步提高,满足的其他要求包括:为了保证营运船舶压载水舱油漆在营运过程中满足可靠营运 15 年而出台的压载水舱涂层保护的要求;为了保证船舶破损以后的安全性而出台的更为严厉的新破舱稳性 MSC.216(82)的规定等。

2009 年,巴西淡水河谷公司又宣布租用同样由熔盛重工承建的阿曼航运公司 4 艘同型超级矿砂船。我国航运公司为了确保国家战略物资运输的主动权,21 世纪以来也相继签订了一批超大型矿砂船建造合同,促进了超大型矿砂船的发展。

40 万吨级矿砂船"中国最大型"的成功研发、设计和建造开创出我国造船史上的新的篇章,其"中国最大型"的名字含义深远,不仅标志着我国在超大型矿砂船的研发、设计和建造已经迈入了世界造船强国的行列,而且作为一型标志性的新型船型将在世界船舶工业界包括船东、船级社和船厂产生积极深远的影响。该船型作为具有我国完全自主知识产权的新船型,节能环保、营运高效、安全可靠的优良特性向世界造船界证明我国的造船水平和能力,也标志着我国造船工业已经逐渐从跟随日本与韩国等造船发达国家,到走向国际领先,开发设计建造自己的优秀船型的转型。

随后韩国船厂也开发出相似船型并承接了订单。为了保持并巩固在该产品上的领先地位,我国对该船型升级换代。2010 年,工业和信息化部批准了我国精品船型的开发立项,共涉及 40 万吨级超大型矿砂船等 9 型船舶的换代开发。在 2011 年各项目开展初期,工业和信息化部公共技术项目组制定了第二代 40 万吨级矿砂船的节能减排指标,要求其温室气体排放减少 20%,有害气体(氮氧化物和硫氧化物)的排放满足公约要求,且 EEDI 值降低 15%。

按照项目研制任务书要求,第二代 40 万吨级超大型矿砂船不仅需要满足即将生效的新规范,而且各项性能指标也要达到国际领先水平。因此在满足载重量的前提下对该船水动力性能也有苛刻的节能减排指标要求。该项目的牵头单位和参研单位分别针对船体线型、螺旋桨和水动力节能装置开展优化设计工作,并通过数值模拟和船模试验来加以验证。结果表明第二代 40 万吨级超大型矿砂船具有优秀的快速性能、优良的操纵性能和耐波性能。

第二代 40 万吨矿砂船的主尺寸和载重吨与第一代相比变化不大,最突出的改善是日油耗量从第一代的 97.9 吨降到 79.5 吨,降低了 18.8%;EEDI 从第一代高于基线 5%,下降到低于基线 13%;同时配备了高压岸电设备,舱柜节能装置等节能设施。二氧化碳减排 18%。单位铁矿石运输成本降低 30%。第二代 40 万吨矿砂船"远河海"号如图 3-22 所示。

图 3-22　第二代 40 万吨级矿砂船"远河海"号

随着国际海运矿砂运输航线和货量趋于稳定,大型矿砂船在运价成本上的精细化考量以及国际公约对节能减排的快速推进,超大型矿砂船有向更大型化发展需求。在单位运输能力的运输成本及新船建造、营运成本上,超大型船舶具有先天优势,50 万吨级超大型矿砂船的设计并非新理念,伴随港口设施等条件的改善,更大吨位的矿砂船将会变为现实。总之,超大型矿砂船船型将趋于稳定。受航线和港口设施限制,澳大利亚航线将以 26 万吨级矿砂船为主,巴西及非洲航线将以 32.5 万吨级矿砂船为主,40 万吨级及以上船型将主要航行于巴西航线,其他吨位级别的超大型矿砂船将会逐渐缩小规模。

四、试水研发中国智能船舶

发展智能船舶是中国船舶工业集团有限公司践行《中国制造 2025》国家战略,推动海洋装备智能化的重大科技创新工程。

2014年3月31日至4月4日,国际海事组织在伦敦召开海上环境保护委员会第66届会议(MEPC 66),大会议题涉及能效相关的政策性问题,提出进一步提高船舶能效的技术及具体操作措施,要求审议制定船舶燃油消耗量的数据收集系统。在当前航运市场持续低迷的情况下,航运企业迫切需要通过提高船舶能效技术及操作措施来降低营运成本。

2014年底,中国船舶工业集团有限公司批复同意由上海船舶研究设计院牵头,联合集团下属系统工程研究院、中船黄埔文冲船舶有限公司和沪东重机有限公司,启动"智能船舶黎明工程"。首次尝试将"智能"概念应用于船舶领域,通过智能船舶关键技术研究,并以绿色海豚系列38 800吨级散货船作为智能示范船型进行实船应用。通过开展跨行业广泛合作,邀请近20家国内单位参与,包括航运企业、科研院所、总装建造厂、设备生产厂、高等院校、船级社等参研单位组建成了一支智能船舶研发的"国家队",实现了"产学研用"全产业链强强联合。为船舶和智能系统业界龙头企业强强联合搭建了平台,对于我国提升智能船舶产业技术创新力和竞争力,抢占国际智能船舶领域制高点起到至关重要的作用。

2015年12月,中国船级社在全球范围内率先发布了《智能船舶规范(2015)》。当时全球已发布智能船舶规范的船级社仅有英国劳氏船级社和中国船级社。上海船舶研究设计院、中国船舶工业系统工程研究院、沪东重机有限公司、中船动力研究院有限公司等单位联合英国劳氏船级社、中国船级社共同完成了"大智"号38 800吨级智能散货船的研发设计,中船黄埔文冲船舶有限公司制造。该船成为世界上第一艘同时获得两家船级社认证的智能船,获得CCS智能船舶符号 I - SHIP(NMEI),堪称全球首艘智能船舶。

2017年12月4日,"大智"号(见图3-23)建成。该船实现了全船信息共享、自主评估与决策、船岸一体化,具备智能运行与维护、智能能效管理、智能航行等功能,能够降低营运油耗,大幅降低机舱设备事故,缩减设备维护时间,向船东提供全方位的数字技术和决策优化服务,提高船舶的安全、环保、经济、舒适性以及智能化水平,提升船队的能效和营运效率。

图 3-23 "大智"号

"大智"号由我国自主研制并投入商业化营运,通过实际项目产品定义了智能船舶的内涵,规划了智能船舶总体架构,形成了完整总体设计方案;突破智能船舶建造关键技术,采用先进的建造工艺,保证智能系统运行;研制并实船应用了全球第一套"近零故障"和"无忧管理"智能运行与维护系统、CCS研发的能效在线管理系统、全球首台满足智能船舶规范的"智能应用低速主机"及与此主机配套的主机遥控系统、国内首套完全自主知识产权的智能航行系统;促进了 CCS 与 LR 智能船舶规范的制定并提供验证平台;并为后续的智能船舶 1.0 研发专项打下了坚实基础,开启了船舶智能化的新时代。

2018 年 11 月,全球首艘 40 万吨级智能矿砂船"明远(PACIFIC VISION)"号交付,该船是上海外高桥造船有限公司为招商局能源运输股份有限公司建造的第二代 40 万吨级超大型矿砂船,主要用于巴西至中国航线铁矿石运输。

"40 万吨级超大型智能矿砂船"是"智能船舶 1.0 研发专项"的依托船型,满足船级社规范要求,并获得 CCS 的 i‐Ship(I,N,M,E)和 DNV GL 的 SmartShip Descriptive Notation(OE,PE,CME)智能船舶附加标志。该船具备船舶综合能效管理、机舱设备运行和维护、货物状态监控、自动驾驶辅助决策和船岸一体化通信管理五大智能功能,在营运期间各智能系统运行稳定,在船舶航行安全、设备运维和营运效率、货物监控等方面实际示范应用效果良好。

该船在"大智"号基础上,实现五个方面突破:一是首次提出并实现"平台＋应用"的理念,即网络信息平台统一完成全船感知信息的采集、处理和分析,并向各智能系统提供操作环境数据,解决了全船信息重复采集、信号标准不统一的问题。二是首次具备开阔水域辅助避碰决策功能,帮助船员避免误操作、漏操作等影响船舶航行安全的问题,为下一步实现船舶自主避碰奠定技术基础。三是首次实现船际间通信,解决了海上船与船之间的直接通信问题,为将来实船避碰奠定了基础。四是实现矿物液化监控功能,通过检测货舱内矿物的液化程度,解决铁矿、镍矿等易液化矿物影响船舶稳性等问题,确保船舶航行安全。五是实现船岸一体通信的轻量化传输功能,将数据压缩加密后回传岸上,为未来岸基数据中心建设提供可靠的数据来源。

该船设计从船舶需求分析入手,规划并确定智能功能,根据实船配置确定系统架构,开展感知层、平台层和应用层设计工作,分析智能系统的安全性、稳定性及可靠性对架构设计的要求,结合实船示范应用细化设计方案中对航线规划、节能环保、营运维护、货物装载特性等方面的需求,有针对性地确定智能功能,解决船舶营运管理中的实际问题,提出一套与智能船舶发展相适应的船舶智能化总体设计方案。该方案明确了各智能系统的架构、功能、供货范围和期限,推动了其研制进程,进一步细化了内容和预期成果,为智能示范应用船的建造以及按时交付奠定了基础,对整个专项的推进具有里程碑的意义。

2018 年 12 月,由工业和信息化部等部委联合编制的《智能船舶发展行动计划(2019—2021 年)》颁布,要求全面强化顶层设计、突破关键智能技术、推动船用设备智能化升级以及统筹推进内河、沿海、远洋各类智能船舶试点示范,助力船舶行业供给侧结构性改革。2019 年 9 月发布了《智能船舶标准体系建设指南(征求意见稿)》。该指南明确了智能船舶标准体系建设的原则、范围、方向和重点等。

船舶工业作为我国最早进入国际市场并拥有较强国际竞争力的产业集群,具备在我国建设世界制造强国的进程中率先突破的基础和条件。智能船舶是信息化和工业化深度融合的产物,符合我国船舶工业转型升级和供给侧结构性改革的具体要求,未来发展前景广阔,成为带动整个船舶工业转型升级的重要引擎,同时也为上下游相关行业跨越式发展带来重要契机。

五、多用途货船硕果累累

在 1999 年初至 2000 年底的两年时间里,上海船舶研究设计院与德国船东——哥伦比亚航运公司和瑞克马斯航运公司一起对多用途货船的市场进行了跟踪和分析。为适应开发南半球航运的需要、适应复杂多变的航运市场的变化,开发功能全、载重量大、适应能力强的新型多用途货船,上海船舶研究设计院先后多次修改了设计方案,通过主尺度优化并反复进行船模试验,最后确定新一代超灵便型多用途货船——30 000 吨级多用途货船各项指标。该型船由厦门造船厂和大连造船厂建造。

该船型拥有完全的自主知识产权。通过开发性能优良的船体线型、优化构件尺度、降低和控制空船重量、采用先进设备等有效的技术措施,成功地解决了新一代超灵便型多用途货船的总体布置、航速、重吊设备布置,振动和噪声控制等一系列技术关键。该型船装箱量多、起货能力强、航速高、装载灵活、环保、安全,主要技术指标处于当时国际上同类型船舶的先进水平,适应多用途货船航运市场的未来需求,被国际航运界命名为"超灵便型"船型。

哥伦比亚航运公司以 30 000 吨多用途货船运营泛亚定班航线,瑞克马斯航运公司以该船型运营环球明珠航线,分别以各船的船名(如"RICK MERS

HAMBURG")在相应港口(如汉堡)举行隆重的命名仪式进行宣传,对该船型的开发给予了高度的评价。30 000吨级重吊多用途货船"RICKMERS HAMBURG"号如图3-24所示。

图3-24 30 000吨重吊多用途货船"RICK MERS HAMBURG"号

由于该船研制的成功,上海船舶研究设计院在船型、主尺度、线型不变的情况下,又为德国瑞克马斯航运公司设计了具有当时世界上最大吊装能力船用起货机的30 000吨多用途重吊船。该船相继在江苏金陵造船厂、厦门造船厂及上海船厂建造,成为大批量出口船舶。该船除可装运一般杂货、散货、集装箱包括较多冷藏箱外,还能装运新闻纸、单件重量不超过640吨的重货及部分危险品。

2004年,上海船舶研究设计院为德国船东开发设计的12 000吨多用途散货船首制船交船,首批共建造16艘。该船适合全球航行,用于载运矿砂、煤炭、谷物、铁矿砂、矾土、盐、水泥等散装货物,以及集装箱、卷筒钢板、杂货、木材及森林产品、重货和大件,并适合于装载部分危险品货物。该船型是万吨级散货船领域的全新船型,其主要特点是主尺度和吨位不大,但是功能多、设备全、布置紧凑、结构复杂,满足船东多种需要;适合全球航行,并满足巴拿马运河和圣·劳伦斯航道的通航要求。该船的设计,在有限的主尺度和空间内,实现了尽可能多的功能,使船东的货运需要得到了最大程度的满足,是体现了当代先进设计理念的新型多用途散货船。

第四章
中国自行设计建造的杂货船、散货船、多用途货船

第一节 典型杂货船

我国自行设计建造的部分杂货船的主要技术参数、设计/建造/交付情况如表4-1所示。

表4-1 我国自行设计建造的部分杂货船的主要技术参数、
设计/建造/交付情况

序号	船　名	主要技术参数	设计/建造/交付情况
1	3 000 吨级沿海杂货船	总长93.23米；型宽13.0米；型深6.5米；载重量3 465吨；航速10.8节；主机双联双胀半单流蒸汽机	上海船舶修造厂建造；"和平49"号于1958年交付
2	万吨级远洋货船	总长161.4米；型宽20.2米；型深12.4米；设计吃水8.46米；载重量11 754吨；航速17.3节；国产7ESD75/160型低速重型柴油机	中国船舶及海洋工程设计研究院设计；江南造船厂建造；首制船"东风"号于1965年12月交付
3	万吨级远洋货船	总长161.4米；型宽20.2米；型深12.4米；吃水8.3米；11 000载重吨；航速17节；主机B&W74-VT2BF-160	交通部远洋局订造；中国船舶及海洋工程设计研究院设计；江南造船厂建造；"朝阳"号于1968年交付
4	14 000 吨远洋货船	总长161.90米；型宽21.20米；型深12.50米；设计吃水9.20米；载重量13 720吨；压载航速（平均吃水）18.73节；满载航速17.0节；主机为该厂自行制造的6ESDZ76/160一台	中国远洋运输公司订造；中国船舶及海洋工程研究设计院设计；上海船舶修造厂建造；首制船"庆阳"号于1974年交付

序号	船　名	主要技术参数	设计/建造/交付情况
5	1 000 吨级沿海货船	总长 64.69 米;型宽 10.80 米;型深 5.35 米;设计吃水 4.20 米;结构吃水 4.50 米;载重量 1 123.8 吨;服务航速 11.5 节;主机 6 350ZC 柴油机一台;入级船舶检验局	青岛海运局订造;中国船舶及海洋工程研究设计院设计;威海造船厂建造;首制船"鲁海 59"号于 1976 年交付
6	13 700 吨级远洋货船	总长 161.9 米;型宽 21 米;吃水 9.2 米;载重量 14 000 吨;航速 17 节;6ESDZ—6/160 一台;入级船舶检验局	中波轮船股份公司订造;上海船厂设计、建造;首制船"绍兴"号于 1978 年 11 月交付
7	5 000 吨干货船	总长 105.32 米;型宽 16.00 米;型深 9.00 米;载重量 5 206.6 吨;航速 13.03 节;主机为 6ESDZ43/82B	上海船舶研究设计院设计;文冲船厂建造;首制船"红旗 173"号于 1980 年底交付
8	2 200 吨沿海货船	总长 71.82 米;型宽 12.80 米;型深 6.20 米;吃水 4.80 米/4.925 米;载重量 2 200 吨;服务航速 10 节;续航力 1 800 海里;主机型号 6 350ZC-2;入级船舶检验局	中国船舶及海洋工程研究设计院设计;浙江省海东造船厂建造;首制船"浙海 303 号"于 1984 年 5 月交付
9	5.55 万吨散货船	总长 189.99 米;型宽 32.26 米;型深 18.5 米;吃水 11.3 米;载重量 5.55 万吨;航速 14.5 节	南京远洋运输股份有限公司订造;中国泰州口岸船舶有限公司设计建造;首制船于 2017 年交付

一、3 000 吨级沿海货船

1958 年,交通部和一机部联合签发建造沿海货船的决定,并由上海船舶修造厂承接建造 3 000 吨级沿海货船"和平 49"号(见图 4-1)的任务。该船总长 93.23 米,型宽 13.0 米,型深 6.5 米,载重量 3 465 吨,航速 10.8 节,主机为复胀式低压缸半单流滑阀配汽双联蒸汽机。该船以运输大宗货物,如木材、煤炭、矿砂、粮食等,适合航行于申连、申青、申秦、申温、津青等航线。

在布置上采用前后两大货舱,4 个货舱口(9.75 米×6.0 米)。船上设 0.6 吨吊杆 8 根,3 吨起货机 8 台。

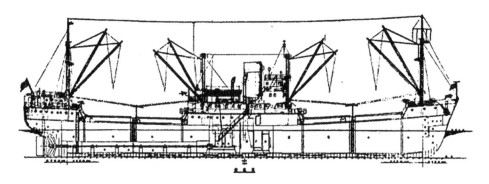

图 4-1 3 000 吨级沿海货船"和平 49"号侧视图

该厂扩建一座 5 000 吨级的船台及一座 1 000 平方米的放样台。该船各段阶的制造进度较快。由于施工准备工作做得较好,放样下料工作抓得紧,船台周期仅为 35 天(实际工作日 33 天)。

下水时上层建筑、甲板室和主要舾装设备已全部制造安装。下水后安装主机、锅炉、各种辅机、各类管路、甲板属具和舱室装饰;系泊试验至码头试车只用 50 多天时间,自船台合拢至全部竣工出厂仅用了 95 天。

该船在船体结构中的肋骨、甲板梁、防横材等采用新工艺;上层建筑内部结构采用大小压筋波形板,经实船营运考验,无不良反映。这种结构,对节约钢材,减轻船体重量起较大作用,可在国内造船业中推广。

运木时采用两端起卸货的操作方法,对装卸效率的提高起很大作用。缺点是起货机设在舯部,工作时噪声较大,对船员生活有一定影响。

该船船体、轮机、电气及助航仪器都系我国自行制造,建造重量经船舶检验机构及船东鉴定,均达到优良等级。该船装卸效率高、燃料消耗少,是当时国内海上运输船舶中是一种比较经济的船型。

经实船试验,该船操舵性能与适航性能正常,仅装运矿砂时横摇周期过短。该船承担海运任务半年,运输工作繁重,经过海上航行考验,证实该船基本性能优良,达到设计要求。

二、10 000 吨级远洋货船

（一）10 000 吨远洋货船"东风"号

该船是我国"二五"计划期间，为增强我国远洋运输船队运力，自行设计建造的新中国第一批远洋万吨船首制船，由当时的第二船舶产品设计室设计，江南造船厂建造，于 1965 年交船。该船可装运一般包装货物、散装货物、冷藏货物、大型设备等，能航行于除冰区以外的世界各大洋。该船总长 164.4 米，型宽 20.2 米，型深 12.40 米，设计吃水 8.46 米，载重量 11 700 吨，最大航速 17.3 节，续航力 12 000 海里，主机为国产 8 300 马力重型低速增压柴油机，并设有起重量 60 吨的重型吊杆。

解决的主要技术难点：合理确定了适合任务要求的主尺度和总布置；按最小干舷船设计，使载重量增加。

为减小船舶阻力，对多艘船模进行拖曳水池阻力试验；为提高推进效率，采用环流理论方法设计螺旋桨；同时，优化机、桨、舵的配合，船舶快速性达到当时世界先进水平。

为提高轴系传动效率，大胆采用滚柱轴承和套筒式液压联轴节。通过计算和试验验证，解决了设计问题。为降低空船重量，增加载重量，船体材料采用高强度低碳合金钢。当时英国劳氏船级社及苏联船舶检验局的规范均无换算方法，设计人员参考苏联一份资料进行换算，解决了此难题。

调整货舱设计，减少一个货舱，使舱容分配较均匀，并减少了一个人字桅及相应起货设备。机舱布置紧凑，单位马力容积指标达到当时的世界先进水平。修改设计时考虑到船舶阻力技术中实船粗糙度附加值应小于万分之四，修正后重新设计了螺旋桨，设计航速可达到 17 节。实船试航结果为 17.3 节，证实这一判断是正确的。

原设计中，救生艇甲板的板厚选取得较薄。船舶检验局认为，可在原甲板上增加木甲板加强，或拆掉换成较厚的钢板。设计团队决定采用增加木甲板，既有利于稳性，又避免返工。这一方案实施后被证明是正确的。

图 4-2 "东风"号获奖证书

"东风"号交船后,在国内营运两年,累计运输 30 余万吨货物。1968 年起行驶中—日航行,1970 年开辟中—加(温哥华)航线。该船在快速性、载重量、钢材消耗量和机舱长度等指标均达到当时国际先进水平。

1966 年 5 月 6 日,国务院总理周恩来陪同外宾登上"东风"号参观,高度赞扬了该船。

"东风"号远洋货船于 1978 年荣获全国科学大会奖(见图 4-2),2000 年被评为"中国十大名船"之首。

(二)"东风"级万吨远洋货船

在"东风"号万吨船交船后,由中国船舶及海洋工程设计研究院设计、江南造船厂承建了后续船。该船于 1968 年交船,命名"朝阳"号。该船总长 161.40 米,垂线间长 147.0 米,型宽 20.20 米,型深 12.40 米,设计吃水 8.3 米,结构吃水 9.20 米,载重量 11 000 吨(设计吃水)/13 280 吨(结构吃水),货舱容积(包装)19 000 立方米,航速 17 节,续航力 13 000 海里。

主机采用丹麦 B&W 六缸 74-VT2BF-160 型高增压低速柴油机,额定功率 9 000 马力,转速 115 转/分;常用功率为 7 600 马力,转速 110 转/分。

该船为无限航区航行船舶,可载运一般干货、散装谷物等,并设液货舱,可载植物油,必要时也可作压载或装干货。还有一个货舱可以装载易燃易爆货品。船级为★ZC1,并参照 1960 年国际海上人命安全公约的有关技术要求。

该船在不改变船型与主尺度并满足技术任务书对试航速率要求的前提下,方形系数由 0.652 增加到 0.675,吃水从 8.225 米增至 8.3 米,同时减少甲板间舱高度至 2.8 米,使该船的经济性更加提高,可增加载重量 150 吨左右。

合金钢换算,考虑了总纵强度与局部强度相结合、腐蚀因素,在节点设计中尽量减少应力集中以改善船舶的疲劳强度,并参考了英国劳氏规范对油船船体梁刚性的要求。

为进一步提高上层建筑、机舱底部、主机基座等强度,做了研究改进。船体结构采用 CXⅡ-4 低合金钢及 A4C、A3C 低碳钢。采用低合金钢的范围为舯部外板及上甲板、艏部冰区加强外板、内底板以及双层底内构架等。

船型为双层纵通甲板开闭两用遮蔽甲板,并有冰区加强(相当于英国劳氏船级社规范二级冰区加强),艏柱向前斜伸,巡洋舰式船尾,机舱设于船中偏后,采用流线型舵。为了提高本轮的经济性,在上层建筑上开设了减吨开口。

由于该船需航行冰区,故按规范增加结冰状态的稳性计算,稳性较"东风"号有所改善。总布置方面取消艉楼,改为甲板室,并设计约 12 平方米的缆索舱,确定第一货舱为可以装载易燃易爆物品之货舱。

在油水舱布置方面,为避免航行中稳性变化过大,因此设置了深油舱。为了减少自由液面的影响,油舱横向增加了分隔。油舱集中于舯前,水舱集中于舯后,使纵倾变化较少。

为了改善驾驶视线,适当降低艏舷弧,并保持在压载航行时艏倾不大于 2 米。

船舶设备与"东风"号基本相同,起货设备有较大改变,全船共设起货机 16 台,功率均为 37 千瓦。露天甲板舱口盖与"东风"号相同,非露天甲板的舱口盖改用木质舱口盖。取消艉锚。艉绞盘机改为卧式双滚筒绞缆机。重吊杆仍供两个舱使用。

机舱布置适当优化,机舱长度缩短 0.75～1.5 米。主机废气锅炉改用自然循环废气锅炉,附有废气旁通及消音设备。

"东风"型第三艘船为"向阳"号,与"朝阳"号系同一套图纸,由大连造船厂建造。

三、1 000 吨级沿海货船

20 世纪 70 年代初,沿海小型货船陈旧落后,使我国沿海中小港口地区的经济发展和人民生活水平受到制约,为解决这一问题,国家计划设计建造1 000吨级沿海货船。

1974年12月,中国船舶及海洋工程设计研究院开始设计1 000吨级沿海货船。1975年8月,成立设计工作组,人员共35人,与使用单位青岛海运局、建造单位山东威海船厂、验船单位青岛船舶检验处,成立三结合设计组在威海船厂进行设计。设计工作组历时35天,圆满地完成施工设计任务。为尽快将船造出,威海船厂采取边设计、边施工的办法,首制船"鲁海59"号于1976年初交船。

1977年,由船舶标准化技术委员会组织,在山东青岛召开了1 000吨级沿海货船(北方型)定型会议。1978年8月,中国船舶及海洋工程设计研究院在北方型基础上,根据气候和使用特点,设计南方型和军用型,分别由广州新中国船厂、新华船厂和浙江船厂承造,适合我国沿海多数中小型港口间的运输各类杂货。适用、经济,吃水较浅,是当时我国沿海小型货船更新换代的产品。

该船总长64.69米,型宽10.80米,型深5.35米,设计吃水4.20米,结构吃水4.50米,货舱容积(包装)1 829立方米,载重量1 123.8吨,服务航速11.5节,续航力1 500海里,主机6 350ZC柴油机1台,入级船舶检验局。

为减轻码头工人装卸劳动强度,提高装卸效率,货舱设计上尽量扩大舱口尺度,将其宽度由最初的4.6米增大到5.8米,舱口长度由9.0米增大到10.8米;同时上层建筑适当后移。缩小"舱窝",以缩小装卸盲区。

在船舶设计期间,同步研制了甲板机械。中国船舶及海洋工程设计研究院和上海船舶设备研究所合作,成功研制1 000吨级沿海货船配套的全套液压甲板机械,提高了该船的机械化水平。

该船设有两个货舱,两货舱间设单桅一根,每个货舱设13米吊杆一对,起重负荷为单杆4吨,双杆2吨;配置了2吨液压起货机4台。起货速度为重载25米/分,轻载50米/分。

货舱均采用自行设计的四页钢质折叠式舱口盖,采用液压油缸开闭。设有ϕ31/34液压锚机一台,2.5吨米液压舵机一台,上甲板艉部配2吨液压系缆绞盘一台。

1980 年,1 000 吨级沿海货船荣获国防科工办[1]重大技术改进成果奖二等奖。自行研究设计的全船液压甲板机械荣获 1978 年全国科学大会奖。

四、13 700 吨远洋货船

1978 年 11 月,由中波轮船股份公司通过中国机械进出口总公司订造,上海船厂建造的 13 700 吨货船"绍兴"号交船。

该船总长 161.90 米,型宽 21.20 米,型深 12.50 米,设计吃水 9.20 米,载重量 13 720 吨,压载航速(平均吃水)18.73 节,满载航速 17.0 节,续航力 12 500 海里,主机为该厂自行制造的低速柴油机 6ESDZ76/160 一台。全船辅机设备都是国产配套。该船根据船舶检验局颁布的"1973 年钢质海船入级和建造规范"和"1977 年海船入级规则"进行设计和建造,同时也符合各有关国际公约、规则。

"绍兴"号与上海船厂 1970 年建成的"风字型"万吨船(也是"庆阳"型的母型船)主尺度较为接近,但装载有效容积较大("风字型"机舱位置偏向船中,且轴隧较长,占用了有效装载的货舱容积)。"绍兴"号较"风字型"载重量大,单位载重量消耗钢材却较少,节省了材料,降低了建造成本。

根据设计要求,该船上甲板可装运 60 吨甲板货;各货舱的双层底上能安全承载积载因数为 20 立方英尺[2]/吨的矿砂 8 149 吨。该船为双层纵通甲板、单螺旋桨、柴油机驱动、中后机型干货船。船体为钢质焊接,Ⅲ级冰区加强,艏前倾,艉方形,机舱设于第四与第五货舱之间,短艏楼,舯后及艉部设有甲板室。船体结构主体采用纵、横混合结构。底部与上甲板为纵骨架式,舷侧与下甲板为横骨架式,平台以下的深舱、油舱的横隔壁以及前尖舱、艉尖舱的横隔壁为平板结构,其他下甲板下的横隔壁均为槽形结构。"绍兴"号布置简图如图 4 - 3 所示。

---

[1]　国防科技工业办公室。

[2]　1 英尺=2.832×10⁻² 立方米。

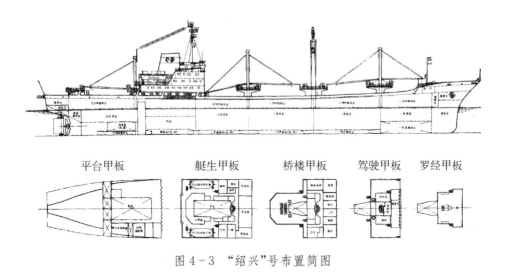

平台甲板　　　艇生甲板　　　桥楼甲板　　　驾驶甲板　　罗经甲板

图4-3　"绍兴"号布置简图

经过强度核算,将船上第二至第四货舱舱口加宽到10米,既方便货物装卸,又减轻装卸工作强度;五个货舱的纵向舱壁全部取消,增加了载货容量;60吨重吊的舷外跨度增加了1米,以适应国际水陆联运需要;船员舱室由双人间改为单人间。

在"绍兴"号建造过程中,进行了许多比较重大的技术革新项目。例如,上海船厂在上海橡胶制品研究所等单位密切配合下,研制出一种成束电缆填料函,解决了电缆穿过舱壁水密性问题;船厂舾装车间研制成功新型甲板敷料,这种新型的敷料即使加热到850摄氏度,也不会燃烧;起重运输、造机等车间使用"气垫"原理搬移480余吨重的低速柴油机,使整机安全移动一次成功装船。

五、2 200吨沿海货船

为了发展交通运输和节约能源以适应航运发展需要,1981年11月浙江省航运公司海门分公司委托浙江省海东造船厂承造2 200吨沿海货船,海东造船厂委托中国船舶及海洋工程设计研究院承担设计工作。1984年5月交船,船名为"浙海303"号(见图4-4)。

图 4-4　2 200 吨沿海货船"浙海 303"号

该船总长 71.82 米;型宽 12.80 米;型深 6.20 米;设计吃水 4.80 米,结构吃水 4.925 米;货舱容积(散装)3 159.37 立方米,货舱容积(包装)3 052.66 立方米;载重量 2 200 吨;服务航速 10 节;续航力 1 800 海里;主机型号 6350ZC-2;主机功率 MCR900 马力,350 转/分;入级船舶检验局。

该船为航行于我国沿海南北各港口的干货船,以运输杂货为主,也能运输散装煤炭和黄沙。该船设置单层连续甲板,全船设两个货舱,在艏尖舱、艉尖舱舱壁之间设置连续双层底,艉部设甲板室。

为提高经济效益,使空船重量减轻和增大载货量,该船选择较佳的主尺度组合、艉部设置甲板室,不设艉楼,布置紧凑,充分利用空间。整个舱室布置面积比同类船型约减少 40%。船体主要结构构件的厚度基本上与千吨级货船相同,该船载重量系数达 0.736,此值在中、小型运输船中为较高值。救生甲板以上的居住舱室与机舱采用分离式,噪声将大大减少。

该船舱口宽度为 7 米,长度为 13.02 米,货舱内不设支柱和纵舱壁,便于货物装卸。

该船引进麦基加通道设备公司技术,采用滚翻式货舱口盖,舱口盖的滚翻过程极为平稳,达到当时国际先进水平,船东表示满意。为便于人员上下,该船对标准钢质舷梯做了修改,采用小型舷梯自动翻梯的形式,此成果被后续船所采用。

该船载货量大,主机功率低,单位马力载货量大、能耗低,属于节能型船舶。在节能方面利用主机排气废热设废气锅炉一台,利用锅炉产生的蒸汽可对船上的热水柜、重油舱柜和滑油舱等进行加热。此外利用辅机废气设辅机热水消音器一台,热水消音器加热之热水可供船员生活用热水。由于利用了废热,船上不再设燃油锅炉,达到节省燃料、节省设备,降低建造成本的目的。采取主机废气锅炉,利用废气热量产生蒸汽加热重柴油,使主、辅机在航行中均能使用重柴油,降低成本,经济效益良好。

由于选用液压起货机,降低了船舶电站功率。选用了6135CAF型75千瓦交流柴油发电机组,克服了选用6135ZCAF90千瓦柴油发电机组由增压柴油机所引起的机舱温度高、噪声大、使用寿命短、维修保养工作量大等弊端。

该船电气设备在选型上采用一些新设备、新技术,如驾驶室控制屏、组装式电控台、抽屉式组合控制屏、相序自动转换的岸电箱、甲板电缆管、电动液压起货机用伺服机构进行控制起货机的新技术和新设备,相比以往同类船有所更新和改进。

该船为了维修保养方便在货舱双层底下不设油舱,作为压载水舱,并把所有舱底管系从双层底舱内通过,这样便于清舱,又能防止由于管系破裂后漏水而造成货损。如在货舱下布置油舱,则当内底板破损或出现裂缝需修补时,必须要清洗油舱,不仅工作量大,而且一定要等燃油舱内无易燃、易爆气体时才能修补,影响到船舶的营运效率。

该船在设计、建造过程中,设计人员与厂方密切配合,因而整个过程均较顺利,系泊试验、航行试验均一次成功,各项指标均达到任务书要求,船东较为满意。该船试航情况曾在中央电视台、浙江省电视台做过报道。

该船荣获浙江省优质产品奖。

第二节　典型沿海散货船

我国自主设计建造的部分沿海、近海散货船的主要技术参数、设计/建造/交付情况如表 4-2 所示。

表 4-2　我国自主设计建造的部分沿海、近海散货船的
主要技术参数、设计/建造/交付情况

序号	船　名	主要技术参数	设计/建造/交付情况
1	16 000 吨矿煤两用船	总长 161.5 米；型宽 22 米；型深 13 米；设计吃水 8.8 米；载重量 16 895 吨；服务航速 16.23 节；主机为 6ESDZ76/160 型柴油机	上海海运局订造；上海船舶研究设计院设计；江南造船厂建造；首制船"长春"号于 1974 年 12 月交付
2	5 000 吨级散货船	总长 114.9 米，型宽 15.4 米，型深 8.8 米，设计吃水 7.0 米，航速 12.78 节，主机为 6ESDZ 43/82 B 型柴油机	青岛海运局订造；上海船舶研究设计院设计；青岛造船厂建造；首制船"鲁海 64"号于 1979 年交付
3	3 800 吨级双桨节能型沿海散货船	总长 95.75 米；型宽 14.0 米；载重量 3 557 吨(设计吃水)/4 121 吨(结构吃水)；型深 7.8 米；主机为 2 台 6350ZC；满载航速 11 节	浙江省航运公司订造；上海船舶研究设计院设计；中华造船厂建造；首制船"浙海 304"号于 1982 年交付
4	10 000 吨级浅吃水经济型散货船	长 138.9 米；型深 10.7 米；型宽 21 米；设计吃水 5.8 米；结构吃水 6.8 米；载重量 8 628 吨(设计吃水)/11 128 吨(结构吃水)；航速 11.00 节；主机为沪 6ESD43/82 低速柴油机 1 台	浙江省航运局订造；中国船舶及海洋工程研究设计院设计；渤海造船厂建造；首制船"浙海 117"号于 1983 年交付
5	20 000 吨散货船	总长 164.9 米；型宽 22.86 米；型深 13.45 米；设计吃水 9.5 米；服务航速 14.5 节；载重量 21 000 吨	上海海运局订造；上海船舶研究设计院设计；天津新港船厂建造；首制船"振奋 1"号于 1984 年交付
6	39 000 吨级散货船	总长 195 米；型宽 28.4 米；型深 15.8 米；设计吃水 11 米；载重量 39 000 吨(设计吃水)；航速 14.4 节	上海船舶研究设计院设计；江南造船厂建造；首船"安平"1 号于1986 年交付
7	35 000 吨浅吃水肥大型散货船"广州型"	总长 195.0 米；型宽 32 米；型深 15.2 米；设计吃水 10 米；结构吃水 11 米；载重量 39 000 吨(结构吃水)；航速 13.5 节；主机为 Sulzer6RLB66 一台	广州海运局订造；上海船舶研究设计院设计；大连造船厂建造；首制船"华容山"号于 1989 年交付

序号	船 名	主要技术参数	设计/建造/交付情况
8	35 000 吨浅吃水肥大型散货船"上海型"	总长 185.0 米；型宽 32 米；型深 15.4 米；设计吃水 9.5 米；结构吃水 10 米；载重量 39 000 吨（结构吃水）；航速 14.4 节；主机为 MAN B&W6L35MC 两台	上海海运局订造；上海船舶研究设计院设计；渤海造船厂建造；首制船"宁安 1"号于 1991 年交付
9	29 000 吨级散货船	总长 186.4 米；型宽 25.00 米；型深 14.30 米；设计吃水 10.00 米；载重量 29 000 吨；服务航速 13.7 节；主机型号为 MAN - B&W 6L42MC	上海海运局订造；中国船舶及海洋工程设计研究院设计；天津新港船厂建造；首制船"振奋 17"号于 1992 年交付
10	12 000 吨级江海直达矿煤两用散货船	长 153 米；型宽 23 米；型深 10 米；设计吃水 6.5 米；结构吃水 7.5 米；载货量 12 900/15 977 吨；设计航速为 12.4 节；主机为 4R32D 柴油机 2 台	上海长江轮船有限公司；上海船舶研究设计院设计；芜湖造船厂建造；首制船"春江海"号于 1994 年交付
11	20 000 吨级超浅吃水肥大型船	总长 178 米；船宽 30 米；型深 13.8 米；设计吃水 7.5 米；结构吃水 8.8 米；载重量 23 600 吨（设计吃水）/29 250 吨（结构吃水）；主机为 MAN B&W 6L35MC MARK Ⅵ柴油机 2 台	河北海运总公司；上海船舶运输科学研究所设计；沪东造船厂建造；首制船"海象"号于 1995 年交付

一、16 000 吨矿/煤两用船

1973 年 3 月，为落实国务院总理周恩来关于"三年改变港口面貌"的指示，上海市确定由上海船舶研究设计院、上海海运局和江南造船厂组成"三结合"设计小组，承担 16 000 吨煤矿两用船的总体设计。上海船舶研究设计院承担技术设计，江南造船厂承担施工设计并建造。

1974 年 6 月船体分段上船台，以二岛建造法合拢。当年 12 月，"长春"号（见图 4 - 5）交船。12 月 30 日，该船从秦皇岛满载着 1.7 万多吨原煤，返回上海。

"长春"号总长 161.5 米，型宽 22 米，型深 13 米，设计吃水 8.8 米，载重量 16 895 吨，服务航速 16.23 节，主机为 6ESDZ76/160 型柴油机，功率 8 056.8 千瓦（10 800 马力），转速 122 转/分，续航力 7 000 海里。

图 4-5 "长春"号

在施工过程中,船厂不断改进施工工艺,提高建造精度。从第三艘"长虹"号开始采用"后岛先上法"新工艺,即先把机舱和上层建筑分段合拢,这样确保机舱能早日安装机电设备,缩短了船台周期和船舶建造的总周期。在后续的"长阳"号建造时,在船台上同时进行舾装,主机基座的定位,既快又准确。在之后的"长治"号上,试验了3个分段的管子分段组装工作,即在平台上把管子预先装到分段上,减轻了管路安装的劳动强度,且提高工效5~6倍。在船体施工中,装配工人在全船内底分段大合拢时,试用了先进的激光划线法,做到分段无余量装配;在艏部分段定位时,应用激光技术,代替原来用吊锤的落后方法,提高了精度。在焊接方面,应用了重力焊,下行焊,试用了自由成型三丝自动横焊、自动仰焊及大接头的单面焊双面成型等。

该船的空调系统首次试用塑料风管。它为推广使船用塑料管取得可靠的依据。

在该型船的后续船"长乐"号上,试用了一种新型的舵机——转叶式舵机。在下水作业中,改用玻璃钢水下滑道代替石蜡浇涂,提高了生产效率,并降低了建造成本。

该型船共建26艘,成为我国海运事业上最早的一批主力散货船队,缓解了国家重点物资运输困难的局面。

二、3 800 吨级双桨节能型散货船

该船是由浙江省航运公司海门分公司订造，上海船舶研究设计院负责技术设计，中华造船厂沪南分厂建造的中型双桨节能型货船。首制船"浙海 304"号，于 1982 年 9 月交船投入营运使用。

该船总长 95.75 米，型宽 14.0 米，载重量 3 557（设计吃水）/4 121 吨（结构吃水），型深 7.8 米，主机为两台 6350ZC，轻载航速 11.7 节，满载航速 11 节，续航力 1 500 海里。

该船满足我国钢质海船建造入级和规范以及相应的各种规范，并符合有关国际公约，航行于沿海 Ⅱ 类航区。以运输煤炭、岩盐、砂石等散货为主，亦可利用大开口货舱兼运原木、木材、一般大件机械设备等货物。

该船为无舯、舭脊弧的单甲板，大舱口，双船壳、双主机、双舵、双艉鳍的艉机型钢质沿海散货船，具有小流线型球鼻艏、方艉、艏楼、艉楼，驾驶室位于艉部甲板室内。

全船共设三个货舱，在第一～第三货舱各设吊杆一对。起货机为电动液压驱动，起重能力为 4 吨，提升速度 40 米/分。千斤索绞车和侧牵索绞车为电力驱动。

该船船体结构采用纵、横混合骨架式结构，以减轻船体重量，降低成本。在船体线型比较平坦区域的双层底、底边水舱和顶边水舱、纵舱壁处均采用纵骨架式结构；其余在机舱区域和艏、艉两端，因布置大型机电设备，底部需要局部加强，线型瘦削，结构复杂而采用横骨架式。

该船采用槽形舱壁不但结构简单，节省钢材，施工方便，而且便于散装货物的装卸和货舱清扫。货舱为甲板大开口，舱口宽度为 9.5 米，为船宽的 68%。左、右舷设置顶边水舱，第二、三号货舱舷侧设置边水舱。货舱内左、右舷与边水舱相接处的内底板由 1.2 米倾斜升高到 2.0 米，结构与边水舱纵壁形成了一个 41.5 度的斜坡，顶边水舱底板在舱口下倾斜 45 度。顶边水舱的设置，既有利于散货的自动平舱，又充分利用了散货自然坡度造成的无用舱容死角。作为压载水舱，顶边水舱是一个连续的箱形结构，不但参加总纵弯曲，而且起到支持

舱口纵桁和舱口端梁结构的作用。

该船首批建造 6 艘,分属浙江省航运公司的海门、温州、宁波三家分公司。三家分公司一致反映该船型技术性能可靠、运输成本较低、营运收入较高。根据成本核算,除显著经济效益外,该船采用双船壳结构、大货舱口、槽形舱壁、货舱四周舱壁光洁,大大提高了装卸煤炭效率,大幅缩减了停港时间,又有吃水浅、吨位适宜等特点,是具有特色的、节能型船型。该船型不但可作为江海联运以运煤炭为主的货船,而且十分适合我国沿海中、小港口以及长江中下游地区散货运输。

三、10 000 吨级浅吃水经济型散货船

万吨级浅吃水经济型散货船是我国自行研制的项目,由中国船舶及海洋工程设计研究院设计,渤海造船厂建造,1983 年建成首制船"浙海 117"号,至 1986 年共建成 4 艘。

1980 年,浙江省航运公司将浅吃水船型的技术经济性能研究列为重大科研课题。浙江省航运公司船舶设计室经过一年多的努力,进行了有关资料收集,港口水文码头设施的调查,营运经济效益分析;并与上海交通大学合作,对船型、结构、主尺度和机型等作了多种方案比较,进行了船模阻力和操纵性试验,初步确定了船型主尺度,拟定了设计任务书。

1981 年 9 月,浙江省航运公司委托中国船舶及海洋工程设计研究院承担万吨级浅吃水经济型散货船的方案和技术设计。1982 年 4 月完成技术设计,9 月渤海造船厂完成施工设计。10 月渤海造船厂开工建造,1983 年 8 月 15 日下水,同年 12 月交船,命名为"浙海 117"号(见图 4 - 6)。

该船船长 138.9 米,型深 10.7 米,型宽 21 米,设计吃水 5.8 米,结构吃水 6.8 米,满载时运煤 10 500 吨,设计航速 11.00 节,主机为沪东船厂生产的 6ESD43/82 低速柴油机 1 台,额定功率 3 000 马力,转速 200 转/分。

该船浅吃水大吨位船的线型和螺旋桨的设计:浅吃水肥大船型由于其船宽吃水比超越常规船型,船体短胖,船舶性能具有一定的特殊性。在设计中为

图 4-6　10 000 吨级浅吃水经济型散货船"浙海 117"号

了降低船舶阻力、提高推进效率,在船模试验的基础上,选定 SSPA[①] 作为母型,修改艉部线型,改善伴流提高推进性能。改善艉柱局部斜度,实船满载吃水航速超过了设计航速。

该船降低水上总高度,以适合江海联运:在保证舱容的条件下,降低型深和各层甲板之间的高度,以节省钢材及降低水上总高度,并采用可倒式雷达桅,使船舶能在非枯水期进入长江中、下游,扩大营运范围。适当降低双层底高度和在驾驶盲区范围内艉部甲板室的高度,减少受风面积。

改善操纵性:采用小鱼艉舵,在舵的上、下缘设置制流板和适当增加舵面积,改善操纵性和低速时的舵效。经实船测试证明该小鱼艉舵不仅提高了船的航向稳定性和适航性,且其阻力性能也较佳。

改善适航性:除散货船通常设置的舷侧顶边舱外,增设隔壁的顶边水舱,不影响装载货物的有效容积,又增加了空载压载航行状态船舶的横摇周期,降低了我国沿海波浪发生谐摇的概率。

结构强度与减振降噪:从方案设计开始,就采取船体结构及舱室减振降噪

---

① 瑞典船模水池。

措施,进行船体结构强度及振动分析和核算,机舱为一层平台甲板使结构得以连续。因该船的型宽吃水比值达 3.62,超过了国际上船宽吃水比大于 3 这一浅吃水船的认定值,船体在波浪中,更易弯曲,更易产生振动。为更合理地进行船体结构设计,对横向强度、双层底强度和总纵强度做了详细的分析和核算,同时为了避免产生有害振动,设计中对船体结构的振动特性作了全面计算,对有关部位进行了合理的加强,并选择了叶数合理的螺旋桨,以避免因螺旋桨的波动扭矩引起船体艉部结构和上层建筑产生剧烈的振动。试航时,经各项振动测试,测试单位(第七〇二研究所)的结论是振动性能良好,结构设计合理。

设备方面:原起货设备在 16 000 吨运煤船上使用时,额定负荷 4 吨,通过改进设计,该船起货设备负荷增加到 5 吨。

为解决浅水航道水质含沙量高,压载舱内易淤积泥沙,对整个压载系统的管系做了压载舱沙排除特殊安排。压载水先进入上部顶边水舱,使压载水中的泥沙先沉淀在顶边水舱,初步澄清的压载水再进入底部压载水舱,而上部顶边水舱中的泥沙可直接排舷外。

试航与营运证明:快速性、适航性、操纵性和其他性能均良好,动力装置、机械设备及电控导航仪表均运转可靠。在后来的重载试航中经受八、九级寒潮、横风大浪的袭击,各种机械设备运转正常。振动性能和噪声也良好。

该型船首制船交由浙江温州航运分公司营运,1986 年第一季度投产营运,第二季度利润近 36 万元。第二艘"浙海 31"号,交由浙江省航运公司海门分公司营运。

该船 1985 年荣获国家科技进步奖二等奖。

四、20 000 吨级沿海散货船

该船由上海船舶研究设计院设计,江南造船厂建造,1984 年底首型船"振奋 1"号交船。该船总长 164.9 米,型宽 22.86 米,设计吃水 9.5 米,载重量为 20 333 吨,服务航速 14.5 节,主机日耗油量 22.06 吨。

该船采用合理的主尺度,并进行合理的总体、结构及机舱布置,通过强度计

算,有效降低空船重量,采用间隔舱装载矿石模式,使规定主尺度下载重量增大。该船通过压缩机舱长度和降低双层底高度的办法增加货舱容积。

该船应用先进节能技术,除采用先进节能型主、辅机外,还首次实现我国建造船舶上设置燃料混合装置,燃用低质燃油,利用辅机排气的余热为日用燃油舱加热,采用强制循环蒸汽系统。

该船设备本土化率高。采用国内引进专利制造的主、辅机和国产的电动锚机、系泊绞车和液压货舱盖,采用总管式压载系统并自行研制压载水遥控操作系统,采用自行研制并作为国家标准的二氧化碳灭火系统等。主机在国内首次采用5缸柴油机。压载水系统首次采用气动蝶阀集中遥控,不仅满足压载水快速控制要求,还缩短了装卸周期。

此外,在国内首次采用金属板架槽形构件镶嵌连接舾装工艺,简便、美观、牢固。

该船技术性能、建造重量好,技术和经济指标接近、个别超过20世纪80年代初期国外同类型先进船舶的指标。1984年至1986年间,仅江南造船厂和上海船厂就分别为广州海运局和上海海运局建造后续船12艘。另外,天津新港船厂建造两艘,上海船厂在1988年又建造3艘。这批20 000吨散货船在已成为当时我国国内运输船队中的主力军,为解决我国"北煤南运"及"南矿北调"发挥重要作用。

该船1986年获国家科技进步奖三等奖。

五、39 000吨级散货船

该型船由上海船舶研究设计院进行技术设计,江南造船厂承担施工设计和建造。该型船共建造4艘,船名分别为"安平"1号～4号。首制船1986年交船。

该型船总长195米,型宽28.4米,型深15.8米,设计吃水11米,载重量39 000吨(设计吃水时),航速14.4节,续航力15 000海里。

该型船航行于我国沿海各主要港口及世界各国主要港口,装载散货,以运煤炭为主,兼运谷物、磷矿砂和隔舱装载铁矿石。该船设球鼻艏、球艉、单螺旋桨、半悬挂舵、钢质单甲板、舰机型柴油机动力装置散货船。全船共设有六个货舱,有短艏楼及六层艉甲板室。

船体结构按照船舶检验局《钢质海船入级与建造规范(1983 年)》进行设计和建造,并取得散装干货船的"重货加强且有指定空舱(第二、五为空舱)"的附加船级符号及 B 冰级标志,第四货舱可兼作压载舱。

该船甲板室的前、后端壁与侧壁分别与机舱前、后横舱壁,纵舱壁对齐,横向围壁下设置支柱或强横梁,甲板室与烟囱之间采取半分离式,主机基座面板及基座纵析腹板比规范要求的厚度增加 20% 以上,船体线型采用球艉,适当增大螺旋桨叶端与船尾部之间的间隙,从而减小振动。

该船设液压折叠式舱口盖,一端收藏。3 台电动液压旋转吊车分别置于货舱之间,起重能力 15 吨,最大跨距 22 米。

机舱长度为 24 米,机舱内设集控室,对机舱内各类辅机进行运转指示、监控、警报的设备,另设有较新型的主机工况检测装置一台,附有自动记录打印、显示的功能。主配电板及单位式空调器也设在集控室内。

六、35 000 吨级浅吃水肥大型沿海散货船

1. 35 000 吨级浅吃水肥大型散货船("广州Ⅰ"型)

水上"北煤南运"的突出矛盾之一,就是船舶过长江南航道的吃水问题。为使 4 万吨级载重吨的船舶在该航道区域不减载也能顺利通过,船型设计上选择浅吃水肥大型船舶方案。35 000 吨级散货船由上海船舶研究设计院联合多家单位共同研发设计。

"广州Ⅰ"型首制船由大连造船厂于 1989 年建造完成,命名为"华容山"号。该船总长 195.0 米,型宽 32 米,型深 15.2 米,设计吃水 10 米,载重量 39 000 吨(吃水 11 米时),航速 13.5 节,续航力 5 000 海里,主机为 Sulzer6RLB66 一台。肥大型船体,以运煤炭为主,兼运谷物、矿砂等散货。

2. 35 000 吨级浅吃水肥大型散货船上海Ⅰ型

35 000 吨级浅吃水肥大型散货船(上海Ⅰ型)首制船由渤海船厂 1990 年开工建造,并于 1991 年交船,命名为"宁安 1"号,其总布置图如图 4-7 所示。

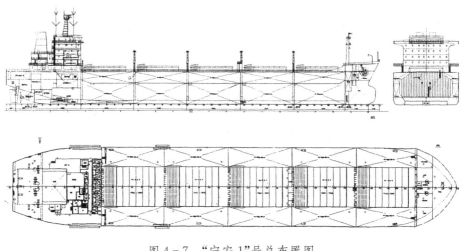

图 4-7 "宁安 1"号总布置图

该船总长 185 米,型宽 32 米,型深 14.5 米,设计吃水 9.5 米,结构吃水 10 米,载重量 35 886.4 吨(设计吃水时)/38 540 吨(结构吃水时),主机为 MAN B& W6L35MC 2 台。

该船从减少船舶吃水,大幅度增大船宽和增加船舶丰满度着手,努力增加载重量。同时解决了这种外形扁平的船型,航行阻力大,海上摇动激烈,操纵困难及空船重量偏大等一些当时国内技术难题。通过采用球鼻艏和不对称双艉鳍线型,经多方试验分析优化,获得良好的阻力性能和推进效率。方形系数在国内首次达到 0.836。该船采用双桨、双舵,具有良好的操纵性。

采用双机、双桨推进装置,主机功率比常规船舶的主机功率降低 4% ~ 18%,燃油日耗量降低约 21%。因此,采用双机、双桨是适应这种超宽肥大浅吃水船舶的节能要求的。

由于主机功率小,可相对减小引起振动的振源,同时设计上采取有效的减振措施,使动力装载的振动特性得以改善。全船结构经各项振动分析预报,无任何有害振动产生。

废气燃油组合辅锅炉增设一套燃烧废油、污油系统,使机舱内的废油、油渣能进入辅锅炉燃烧装置进行燃烧,从而减少了直接排放至大海对环境的污染。

该船在设备选型时优选国产性能可靠和国内引进专利技术生产的产品,使全船机电设备本土化率达到90%以上,降低了建造成本。

实船使用证明该船的研制、设计是成功的,达到国家重大技术装备攻关的有关指标和要求。

3. 35 000 吨级浅吃水肥大型散货船(上海Ⅱ型)

35 000 吨级浅吃水肥大型散货船(上海Ⅱ型)是前述 35 000 吨级浅吃水肥大型散货船(上海Ⅰ型)的改进型,是专门为国内运输而研制的。该船型承担国际散货运输,在优化研究设计中对船舶性能、总布置、结构和设备方面进行了以下改进:

船舶装载货物由单一的煤炭改为适合装运煤炭、铁矿石和谷物等主要干散货。因此,在优化设计中对该船货舱进行了重新布置,船舶的稳性分舱和强度能够满足国际散装谷物安全装运规则和间隔舱装矿石的要求。为保证船舶安全,在货舱内增设了抽烟式探火系统及固定式二氧化碳灭火系统。

为了适应远洋运输,服务航速达到 14 节左右,主机选择 MAN&W6S35MC 型柴油机。为了使其能在世界范围内航行,增加了油水舱的容积。使续航力增加到 15 300 海里。

为通过巴拿马运河,舾装设备的设置及布置需符合巴拿马运河法规的规定。为了在澳大利亚装运散货,设计上满足澳大利亚码头工人联合会的有关规定。

为提高船舶自动化程度,推进机械由机舱集控室控制改为推进机械由驾驶台遥控,机舱集控室由一人值班。随着船舶自动化程度的提高,该船定员由原来的 41 人减少到 32 人。同时船员舱室设备也达到国际劳工组织船员舱室设备公约及其修正案的有关要求,普通船员由使用公用卫生设备改为每两人配置一套卫生间。

船体结构设计对船体进行装载矿石加强,使船体货舱结构的形式和构件尺寸由原来适合均匀装载煤炭改进为可以隔舱装载矿石;其次是在满足强度条件下减轻结构重量。

在优化设计中,根据使用情况将应急发电机、各种泵组、锅炉燃烧器、燃油流量计等 20 类设备厂商进行了改动,选用重量更可靠的产品,如果国内选不到过关的产品则选用进口产品,从而保证了交船后立即投入国际远洋航运。船东对此表示满意。

1998 年,该船获中国船舶总公司科技进步奖二等奖。

七、29 000 吨级散货船

该船是上海海运局"八五"规划中对所属运输船队进行更新换代的主要船型之一,是贯彻执行国家"北煤南运"战略方针的主力军,又是上海海运局参与国际运输的船舶。

该船由中国船舶及海洋工程设计研究院设计,天津新港船厂建造。详细设计于 1990 年 12 月开始,1991 年 5 月结束。设计中,依托该院的技术力量,经艰辛努力,排除了各种困难和精心设计,该船图纸设计重量较高,比合同计划提前一个月完成设计,使造船厂得以提前开工。首制船提前一个半月,于 1992 年 10 月交船,命名为"振奋 17"号。后续船"振奋 19"号(见图 4 - 8)。

该船总长 186.4 米,垂线间长 176.00 米,型宽 25.00 米,型深 14.30 米,设计吃水 10.00 米,载重量 29 000 吨,服务航速 13.7 节,主机型号为 MAN - B&W 6L42MC。该船主要用于载运煤炭、矿石、谷物、废钢铁等大宗散货。

该船为单甲板、单机、单桨,采用球鼻艏、小球艉,并设有前置补偿导管节能装置的远洋散货船,设有艏楼,机舱、起居处所和驾驶舱均布置在艉部。该船设有 5 个货舱,舱底考虑载重货加强,第二货舱和第四货舱可空舱,D 级冰区加强。

该船的设计指导思想着重于提高船舶营运经济性和风浪中航海性能。据船员航行经验反映,该船因方形系数较大,船短而胖,在压载顶风航行时,船首

图 4-8　"振奋 19"号

易摆动,不易操纵直航,失速较大,故该船在选取主尺度时,使 L_{bp}/B 值达 7.04,在大型散货船通常的 6.0～7.0 合理范围的上限。

该船傅汝德数在 0.167～0.183 范围内,满载时方形系数约 0.816,属低速肥大船型,此种船型,其阻力特性的改善主要取决于船体线型设计的优劣。该船线型设计,以设计单位开发的肥大型船系列优秀船型为母型。考虑到散货船要确保有足够的货舱容积,宜有适当长的平行舯体,故该船线型由 8 站到 15 站设计为平行舯体段,占 1/3 以上船长。艏端满载水线进流段则基本呈直线。

对肥大型船舶,为减小艏部兴波和避免艏波破碎,球鼻艏的设计至关重要。该船球鼻艏经多方案设计比较后,选定了 S 型球鼻艏。该船船模试验时,艏部兴波很小,且波浪无破碎现象,艏、艉波形均较理想。优良的线型为该船降低阻力,提高航速创造了条件。

节能装置:当时各国开展研究的船舶艉部节能装置,种类繁多,都要借助这些装置来改善肥大船型艉部的流场和不稳定的艉流,改善螺旋桨的进流,降低艉流旋转能量损失或增加附加推力,以达到节能的目的。该船在设计中应用了设计单位自行开发的节能装置。船模试验中,对进流补偿导管、导流罩和毂帽鳍等几种节能方案进行比较,最后装船的进流补偿导管是经多方案试验比较后优选而定,即在该船螺旋桨前,艉部两侧设置了水动力节能装置——进流补偿导管。

首批建造的该型两艘船投入营运后,不仅航行国内航线,更远航菲律宾、白俄罗斯等国家,据船员及船东的反映,该船航速快、摇摆性能好、压舵轻、转舵快,是一种受欢迎的优秀船型,博得了国内、外船东的青睐,不仅上海海运局续造两艘,而且本型船列为1992年签订的我国与古巴两国政府间双边贸易协定中出口项目之一。1993年6月又与香港船东签订了设计、建造该型散货船的合同。

八、12 000 吨级江海直达矿/煤两用散货船

该船由上海船舶研究设计院设计,芜湖造船厂建造,上海长江轮船公司使用,1994年3月首制船"春江海"号在芜湖下水。

该船船长153米,型宽23米,型深10米,设计吃水6.5米,结构吃水7.5米,载重量12 900吨(设计吃水)/15 977吨(结构吃水),主机为4R32D柴油机2台,航速12.4节。

该船为钢质、单甲板、前倾艏柱、球鼻艏、方艉、内倾双鳍、双桨、双舵,设有艏楼及五层甲板室的艉机型江海直达柴油机散货船。航区为沿海Ⅰ类及内河A级、B级,主要航行于沿海港口与长江下游港口之间,用于煤炭等散货的江海直达运输,以及北仑港、马钢、梅钢之间进口铁矿石江海直达运输。

该船通过开发性能优良的浅吃水肥大型船体线型、优化结构构件尺度、减轻空船重量、采用先进的技术及设备等项有效的技术措施,成功地解决了满足江海联运的要求,特别是在操纵性和小舵角应舵性能满足江内狭窄航道航行的要求。12 000吨江海达船总布置图如图4-9所示。

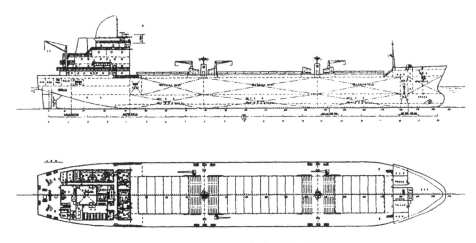

图 4-9 12 000 吨江海直达船总布置图

该船仅设置三个货舱,满足 IMO 关于破舱稳性要求。装卸效率高,又可装大件、长件及重件。

营运实践证明,该船快速性、操纵性、耐波性、经济性等各项指标均达到科技攻关项目中的各项要求,得到船东的赞许。

九、20 000 吨级超浅吃水肥大型船

该船是为了适用于我国沿海港口、航道水深受限制的煤炭运输而立项研制的,用以替代相同吃水的 1 万～1.5 万吨级常规型运煤船。要求该船型的载重量比原来的常规船型增加 50% 以上,单位运输成本降低 15% 以上,节能效果达 10% 以上,单位功率载重量为 3.8～4 吨,以改变海上煤炭运输载重量低、运输效率低以及技术落后的状态,形成技术先进、高效的海上煤炭运输线。该船属于"八五"国家重点科技攻关项目"超浅吃水肥大型船舶"。

该船由交通运输部上海船舶运输科学研究所设计,沪东造船厂施工设计并承建。首制船"海象"号于 1995 年 9 月交付河北海运总公司投入营运。

该船为钢质、单甲板、双底、双壳、倾斜艏柱、双机、双桨、双舵、不对称双艉

鳍、五货舱、艉机型、低速二冲程柴油机直接驱动、定螺距外旋螺旋桨的散货船。其总长 178 米,船宽 30 米,型深 13.8 米,设计吃水 7.5 米,结构吃水 8.8 米,载重量 23 600 吨(设计吃水)/29 750 吨(结构吃水),续航力 7 000 海里,主机为 MAN B&W 6L35MC MARK Ⅵ 二冲程低速柴油机 2 台。

该船载重量大、经济性好。与等吃水常规散货船相比,载重量增加近一倍。

该船显著特点是其特大的船宽/吃水比值(B/d),及超过 0.84 的方形系数。当设计吃水 7.5 米时,$B/d = 4.0$,结构吃水 8 米时,$B/d = 3.41$,对比"七五"期间 35 000 吨级双桨散货船,该船已属超浅吃水船。

该船采用上海船舶运输科学研究所开发的非对称双艉鳍型,具有与外旋螺旋桨良好配合的周向伴流场。既保证了外旋螺旋桨推进效率的发挥,又提供了较优良的操纵性能。合理的主尺度和船型系数结合大球鼻艏、双艉鳍线型和较低的螺旋桨转速,使该船有优良的快速性,能耗低。

该船结构为混合骨架式,货舱区及球鼻艏区为纵骨架式,其余部分为横骨架式,提供较强的横向强度,改善底边舱、顶边舱在船侧处的应力状况。船体结构为冰区加强 B3 级。该船双壳布置不仅使货舱装卸方便,还有利于增加船体结构强度。

该船还合理分舱布置与舱型,综合平衡了满载与压载工况时船舶的重心,保证了大船宽船型的耐波性。

该船采用分离式上层建筑,使生活区域与机舱棚区独立分隔,降低了噪声和振动。

该船设机舱集控室,对主机及发电机组实行遥控,包括启动、停止、反向、调整,并能在机旁操作。主、辅机有关温度、压力等参数可通过集控室及驾驶室、机旁进行监测报警。

该船主要性能指标全面超过合同要求,载重量大、装卸方便、低耗节能、快速灵活。

第三节 典型灵便型散货船

我国自行设计建造的部分灵便型(含超灵便型)散货船的主要技术参数、设计/建造/交付情况如表4-3所示。

表4-3 我国自行设计建造的部分灵便型(含超灵便型)
散货船的主要技术参数、设计/建造/交付情况

序号	船 名	主要技术参数	设计/建造/交付情况
1	25 000 吨级散货船	总长 185.5 米;型宽 23.2 米;型深 14.2 米;设计吃水 9.8 米;载重量 24 632 吨(设计吃水)/26 033.04 吨(结构吃水);满载航速 15.5 节;主机为 6ESDZ 75/160B 低速重型柴油机 1 台	上海船舶研究设计院设计;沪东造船厂建造;首制船"郑州"号于 1973 年交付
2	27 000 载重吨散货船	总长 197.15 米;型宽 23 米;型深 14.3 米;设计吃水 10 米;结构吃水 10.22 米;载重量 27 227 吨(设计吃水)/28 076 吨(结构吃水);最大航速 17.35 节;服务航速 15 节	香港联成轮船公司订造;中国船舶及海洋工程研究设计院设计;大连造船厂建造;首制船"长城"号于 1982 年交付
3	45 000/50 000 吨级浅吃水肥大型散货船	总长 189.90 米;型宽 32.20 米;型深 16.80 米;设计吃水 11.10 米;最大吃水 12.148 米;载重量 44 746 吨(设计吃水)/50 458 吨(结构吃水);服务航速 14.53 节;主机为 MAN B&W 6S50MC	上海船舶研究设计院设计;上海船厂建造
4	34 000 吨大湖型散货船	总长 200 米;型宽 23.5 米;型深 14.9 米;设计吃水 10.68 米;结构吃水 10.72 米;载重量 34 000 吨(结构吃水);五大湖吃水 7.924 米;航速 14 节	加拿大 FEDNAV 公司订造;江南造船厂设计、建造;首制船于 1996 年交付
5	43 000/52 300 吨双舷侧散货船	总长 189.99 米;型宽 32.26 米;型深 17.20 米;设计吃水 10.70 米;结构吃水 12.49 米;载重量 43 779 吨(设计吃水)/52 298 吨(结构吃水);航速为 14.85 节;续航为 18 000 海里;主机为 MAN - B&W 6S50MC - C 一台	英国船东订造;上海船舶研究设计院设计;江苏新世纪船厂建造;首制船"APOLLON"号于 2002 年交付

序号	船　名	主要技术参数	设计/建造/交付情况
6	50 000/54 500 吨级散货船	总长 189.90 米；型宽 32.26 米；型深 17.60 米；设计吃水 11.00 米；航速 14.6 节；载重量 50 000 吨(设计吃水)/54 500 吨(结构吃水)	浙江海运集团有限公司订造；上海佳豪船舶设计股份有限公司设计；浙江海运集团舟山五洲船舶修造有限公司建造；首制船"浙海 521"号于 2008 年交付
7	48 000/57 000 吨散货船	总长 189.99 米、型宽 32.26 米、型深 18 米；设计吃水 11.3 米；结构吃水 12.8 米；载重量 48 000 吨(设计吃水)/57 000 吨(结构吃水)；主机类型 MAN B&W 6S 50MC‐C(Mk7)	上海船舶研究设计院设计；江苏韩通船舶重工有限公司建造；"MANDARIN EAGLE"号于 2008 年交付
8	"绿色海豚" 64 000 吨散货船	总长 199.9 米；型宽 32.3 米；型深 18.5 米；设计吃水 11.3 米；航速 14.48 节	香港金辉航运订造；上海船舶研究设计院设计；中船澄西船舶修造有限公司建造；首制船"琥珀冠军"号于 2013 年交付
9	"绿色海豚" 38 000 吨散货船	总长 180 米；船宽 32 米；型深 15 米；设计吃水 9.5 米；结构吃水 10.5 米；载重量 38 800 吨(结构吃水)；航速 14 节	美国船东订造；上海船舶研究设计院设计；中船澄西船舶修造有限公司；首制船"TRUE LOVE"号于 2015 年交付
10	38 800 吨级散货船	总长约 180.0 米；型宽 32.0 米；设计吃水 9.5 米；载重量 38 800 吨；航速 14.0 节	上海船舶研究设计院设计；中船黄埔文冲船舶有限公司建造；首制船"大智"号于 2017 年交付

一、25 000 吨远洋散货船

为满足我国沿海煤炭运输需求,需要建造一批专门用于煤炭运输的散货船。该船由上海船舶研究设计院等单位设计,沪东造船厂建造,首制船"郑州"号于 1971 年 12 月下水,1973 年正式交付使用。

该船总长 185.5 米,型宽 23.2 米,型深(至上甲板)14.2 米,设计吃水 9.8 米,满载排水量 32 600 吨,载重量 24 633.04 吨(设计吃水)/26 033.04 吨(结构吃水)。在设计吃水时,满舱装载舱容系数为 1.40 立方米/吨;在最大吃水时,满舱装载舱容系数为 1.32 立方米/吨。主机为国产 6ESDZ 75/160B 低速重型柴油机 1 台,设计满载航速 15.5 节,续航力 14 000 海里,自持力为 50 天。该船设有制淡水装置,每昼夜制淡水 15 吨。经试航实测,在静水、风力不超过蒲氏 3 级的情况下,压载航速为 16.88 节,续航力为 15 000 海里。

该船是由我国自行研制、材料设备立足于国内的第一艘大型远洋散货船。该船为球鼻艏、方艉、艏楼、艉甲板室、单层连续甲板、双层底、顶边水舱、单桨、单舵的艉机型散货船;主要用于装运谷物、矿砂、煤炭等散装货物;航行于世界各港口及我国沿海主要港口。

该船设置球鼻艏后,在设计航速下、满载时总阻力可降低 11.2%,相当于增加航速约 0.5 节;在压载航行时总阻力可降低 13.7%,相当于增加航速约 1 节。

该船稳性满足我国 1974 年海船稳性规范对 I 类航区船舶和 1973 年 IMCO264(Ⅶ)决议对散粮船的各项要求。该船干舷满足我国 1975 年海船载重线规范和 1966 年国际载重线公约的要求。经计算在压载航行状态下,自摇周期为 13 秒左右;在满载矿砂的航行状态下,自摇周期为 9 秒左右。

该船设有 6 个货舱,货舱总长度为 121.4 米。货舱口除第一货舱长 10.5 米、宽 11.6 米外,其余各货舱均为长 10.2 米、宽 11.6 米;货舱口围板高度为 1.3 米。货舱中央设有一管弄(高 1.5 米、宽 1.62 米)。25 000 吨散货船总布置图如图 4 - 10 所示。

该船结构按我国 1973 年钢质海船入级和建造规范进行设计,构件尺寸满足散货船兼装矿砂的要求并按三级冰区加强。

主甲板和船底采用纵骨架式,船侧为横骨架式。货舱横舱壁采用槽形舱壁,其余均为平面舱壁。自防撞舱壁至艉尖舱壁之船底为双层底结构,货舱双层底高度为 1.5 米,机舱双层底高度为 2.1 米。各压载水舱安装气动遥控压载水阀和气动遥控扫舱阀,同时使用可使全船压载水能在 8 小时以内排完。

采用钢质滚动式活动舱口盖,每舱口配置五块人字形舱口盖,舱口盖按 1.76 吨/米³ 负荷设计。各舱舱口盖由电动起货机通过滑车组进行开启或关闭。

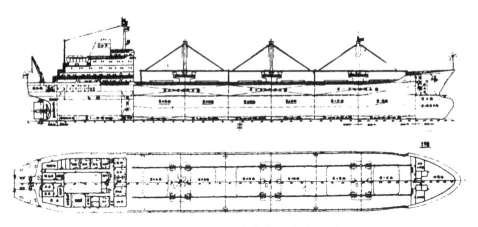

图 4-10 25 000 吨散货船总布置图

起货装置采用门型桅吊杆。全船共有三个门型桅,分别位于 164♯、120♯、76♯横舱壁上。每货舱配置吊货杆一对,5 吨交流电动千斤索绞车两台,交流电动起货机 2 台,吊杆舷外跨距为 5.5 米,起货速度为 35 米/分,在桅屋平台上设有专门的起货机操纵室。另在主甲板艉部左、右舷各设置一台起重量 1 吨、舷外跨距 2.6 米的电动回转吊车,可吊运粮食、副食品、杂物及小型备件等。

二、27 000 吨散货船

该船由中国船舶及海洋工程设计研究院设计,大连造船厂施工设计和建造。1982 年交船,命名"长城"号(见图 4-11)。该船为我国首次按照国际标准设计建造的出口船,是我国船舶工业尝试打入国际市场的重要举措。

该船总长 197.15 米,垂线间长 183 米,型宽 23 米,型深 14.3 米,设计吃水 10 米,结构吃水 10.22 米,载重量 27 227 吨,货舱容积 34 259 立方米,最大航速 17.35 节,服务航速 15 节,续航力 17 000 海里。

主机型号为三井 B&W8L55GFC,常用连续功率 10 700 马力×150 转/分。

该船属于肥大船型,具有球鼻艏。能装运粮食、矿砂、卷筒钢板、木材,并可减载后驶入北美洲五大湖区域,强度符合隔舱装载要求。

该船要求符合 20 多项国际公约、规则和规范的要求,包括《1974 年国际海

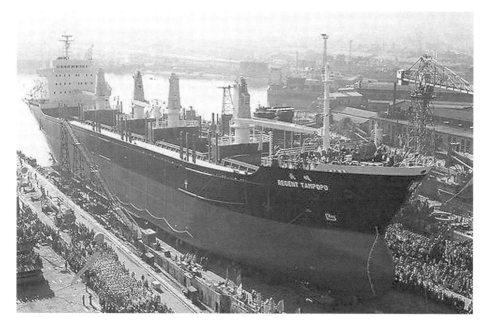

图 4-11　"长城"号

上人命安全公约》《1966 年国际载重线公约》《苏伊士运河当局的航行规则》《圣·劳伦斯航道规则》《英国劳氏船级社船舶入级规范和规则》等国际公约和规则设计。

　　为能通过圣·劳伦斯航道,并通往北美洲五大湖区域,船舶的吃水和型宽都受到限制,配备了航道船闸区要求的系缆绞车、滚柱式导缆器、艉锚等舾装设备。

　　机电设备采用国际配套的方法。此前我国与国际船舶设备配套工作发展不够,船东为取得备件和维修便利,指定该船主要机电设备采用日本产品。

　　在国内船舶设计中柴油发电机首次采用混合油作为燃料。考虑柴油和重油的国际市场价格,通过适当混合成为混合油可达到节能目的。为达到技术规格书的要求,设计团队分析研究,反复修改设计,终于解决燃用混合油难题。此后在 27 000 吨散货船的其他型船中也推荐采用这种混合油设备,开创良好先例。

　　"长城"号总布置侧面图如图 4-12 所示。可隔舱装载是该船设计的一大

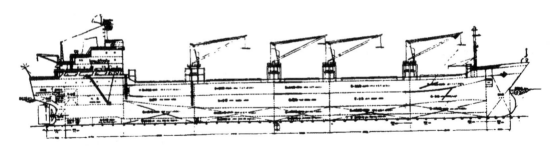

图 4-12 "长城"号总布置侧面图

特点。第二、第四货舱可空舱,目的是装载重货时可提高船舶重心,改善船舶适航性,确保船体结构安全;同时提高装卸效率,缩短码头停泊时间,减少清舱工作量。隔舱装载给船体总纵强度计算提出难题:首先隔舱装载货物分布不均匀,船体结构承受较高垂向剪力,设计采取加厚船侧外板方法予以解决。其次由于第三舱舱长较短,在隔舱装载时采用适当增加装载,避免按舱容大小分配载重量而产生的较大静水弯矩,以满足规范中对最小舯剖面模数要求。

该型船首制船"长城"号由大连造船厂建造。大连造船厂是一家具有悠久历史的老厂。为了啃下这块硬骨头,大连造船厂周密筹划。全厂职工集思广益认真研究,对照新规范提出问题 380 多项,并针对每个问题制定出具体的应对措施。为了确保按合同期限交船,计划部门编制了详细的安全生产技术准备进度日程表。工厂制造了 15 种重大工艺装备,确定并攻克了 26 项技术难关,组织万余人参加全面重量管理学习班,安排 600 多名焊工重新学习考试,拿到由国际船级社颁发的操作证书。

"长城"号于 1981 年 2 月开工,当年 9 月命名下水。1982 年,"长城"号建成,船体的长、宽、高等五项指标中仅一项误差为零,其他四项也都没有超出允许的范围,圆满完成合同任务。该船获国家科技进步一等奖,中国十大名船之一。

该型船第二艘船由江南造船厂建造。当时,江南造船厂面临与世界造船技术差距较大的现实。为提高建造工艺水平,1980 年 8 月,江南造船厂与三菱重工集团有限公司签订技术合作协议,涵盖涂装、焊接、切割、质量检验、管理、机舱单元舾装等 10 个方面。在焊接方面,日方的 34 种焊接方法中 33 种得到了英国劳氏船级社的认可,而江南造船厂能够提请英国劳氏船级社认可的只有 4 种焊接方法。而且中方尚未形成科学的焊接施工管理规范,焊接质量难以保证。江南造船厂工人经过数月的突击学习,掌握了日方的焊接方法,并将焊接质量提高到与日方旗鼓相当的程度。涂装方面也重新编制了工艺要求,系统改造了钢板流水线,从钢板预处理到分段涂漆、完工涂漆,全面与国际标准接轨。

三、34 000 吨大湖型散货船

该船由加拿大 FEDNAV 公司订造,江南造船厂自行设计并制造,共计 6 艘。首制船于 1996 年交船。该船是一种载运货种复杂,尺度受限制的船型,兼有五大湖区域内和远洋双重航行性能,能将船舶营运经济效益最大化。

该船总长 200 米,型宽 23.5 米,型深 14.9 米,设计吃水 10.68 米,结构吃水 10.72 米,五大湖吃水 7.924 米,载重量 21 850 吨(大湖吃水)/34 000 吨(结构吃水),服务航速 14 节,续航力 16 000 海里。

该船采用超大方形系数线型,对船的操纵性、耐波性、船舶阻力影响大,经过线型和主尺度优化,获得较佳的快速性、推进性能和操纵性。

对于长/宽比(L/B)为 7.9～8.2 之间的细长型船体结构,为满足船体总纵强度和刚度的要求,进行全船有限元分析计算。五大湖区域货种较杂,积载因数 14～65,设计充分考虑了各类货物对舱壁结构强度及应力分布影响,集中载荷对船舶内底结构的变形和强度影响。

该船设置 6 个货舱,其中一舱兼作压载水舱。在进出圣·劳伦斯航道过程中不允许有纵倾。为达到最大载货量,该船通过货舱装载工况来调整浮态。从设计上减少货舱倾侧力矩,实现均一长度舱与长短舱的合理分舱。

通过超大方形系数的主船体和上层建筑的振动和噪声研究,对主要节点进行疲劳分析。对螺旋桨叶频进行有限元法分析,实现机桨完美配合。

由于主要航行于五大湖区域和加拿大东海岸,该船环境设计温度为
−25 摄氏度,需满足 ICE‐IC① 要求,确保液压系统在低温时的工作状态和室外
舾装设备的选用和防冻措施,同时满足高冰级超大方形系数破冰船线型要求。

该船选用特殊的肥大型球鼻艏。由于五大湖区域船闸前的引道驳岸结构
具有特殊性,要求船首线型配合。球鼻艏增大会使艏侧推装置效率大大降低,
因此专门设计了通道,以提高艏侧推进装置的艏流能量的利用,增加侧推效率。

该船经济技术指标先进,总体性能优异,船体结构可靠,航速、油耗、载重量
等主要技术经济指标达到 20 世纪 90 年代初国际先进水平。

四、50 000 吨级灵便型散货船

20 世纪末,为了能在国际竞争中占据优势,扩大出口创汇,沪东中华造船
(集团)有限公司顺应灵便型散货船大型化的趋势,开发了沪东型 50 000 吨级
灵便型散货船。形成了系列化、标准化产品之一的沪东型 50 000 吨级灵便型
散货船,受到船东的青睐,是当时市场上成交量较大的船型。

该船总长 189.90 米,船宽 32.26 米,型深 17.00 米,设计吃水 10.70 米,最大载
重量 50 400 吨,货舱容积 66 000 立方米,主机型号 B&W6S 50MC,航速 14.5 节。

该船为单螺旋桨、柴油机驱动的灵便型散装货船,可装载谷物、矿砂、钢制
品等,该船设单层连续甲板,前倾艏柱带球鼻艏,方艉及流线型悬挂舵。全船设
置 5 个货舱,双层底带上下底边水舱,不设艏楼。甲板后部设置居住舱室和驾
驶室,共 5 层。

该船主要技术指标达到 20 世纪 90 年代末国际先进水平。

该船为经济型低速肥大型船,其船宽为 32.26 米,可通过巴拿马运河,吃水
浅,结构吃水不大于 12 米,设计航速提高到 14.5 节。傅汝德数小于 0.2,兴波
阻力很小,因此在线型设计时力求降低摩擦阻力与黏性阻力。

---

① 冰区符号。

结合船型的艉部特征及螺旋桨、舵的布置等特点,采用了艉部水动力节能装置中的前置导管和舵球,节能效果较好,提高推进效率5%～6%,并改善艉部伴流场,对控制艉部振动有利。

沪东灵便型 50 000 吨级散货船设计是在该集团多年散货船设计的基础上,吸取国际上最新技术,并进行深入细致的船型优化和船模试验研究,加装艉部节能装置等,使得该船型快速性指标先进,载重量大。与 20 世纪 90 年代末国内、外同类船相比,该船是经济高效节能型船舶。

五、45 000/50 000 吨级浅吃水肥大型散货船

该型船由上海船舶研究设计院设计,上海船厂建造。总长 189.90 米,型宽 32.20 米,型深 16.80 米,设计吃水 11.10 米,结构吃水 12.148 米,载重量 44 746 吨(设计吃水)/50 458 吨(结构吃水),货舱容积 59 768 立方米,服务航速 14.53 节,续航力 15 000 海里,主机为 MAN B & W 6S50MC,功率 8 580 千瓦,转速 127 转/分。

该船为艉机型常规单壳散货船,适合远洋航行,可以载运煤炭、矿石、谷物、钢材及低失火危险散货等多种散货。船舶主尺度适中,可以适应世界上多数中型以上港口码头的要求。

全船设置 5 个货舱,在各舱口之间甲板上设有 4 台起重能力为 30 吨的起重机,装卸货非常方便。货舱结构进行重货加强,在装载重货时第二货舱和第四货舱可以是空舱。在重压载工况时第三货舱可以作为风暴压载舱。艏部装有艏侧推装置,具有良好的操纵性。

该船型为国际上需求量较大的灵便最大型,在研制过程中采用遗传算法和正交法相结合对船舶主尺度进行经济分析,合理选择了经济性好的船舶主尺度等参数。该船的载重量在当时达到了灵便最大型的最大量级,具有良好的经济性。

在该船研制过程中,对 3 种线型方案进行了试验分析,并优选了快速性优秀的船体线型。通过对多种线型进行船模阻力试验、自航试验、艉部伴流场测试、操纵性试验,对其耐波性进行了计算分析。同时改进了螺旋桨的设计方

法,由以往的图谱设计方法提高到利用升力面理论与经验资料相结合的半经验法。这些研究保证了开发的船型具有良好的快速性和适用的操纵性、耐波性。

该船在船体结构设计中满足了国际船级社协会 1997 年实施的对单壳散货船的各项强度统一要求,使船舶安全性较以往的散货船有了明显的提高。

在研制过程中对船体梁自振频率、在主机二阶不平衡力矩作用下的强迫振动及上层建筑强迫振动响应进行了分析预报,保证了船舶不出现有害振动。

该船获国防科学技术工业委员会科学技术奖三等奖。

六、52 300/53 800 吨双舷侧散货船

该船是上海船舶研究设计院为英国船东"VICTORIA steamship"开发设计的新一代灵便最大型双壳散货船,首批船 8 艘由江苏新世纪船厂建造,首制船"APOLLON"号于 2002 年 4 月交船。

该船总长 189.99 米,型宽 32.26 米,型深 17.20 米,设计吃水 10.70 米,结构吃水 12.49 米,载重量 52 300 吨(设计吃水)/53 800 吨(结构吃水),航速为 14.85 节,续航为 18 000 海里,主机为 MAN - B&W 6S50MC - C 一台。该船采用单螺旋桨、单层连续甲板、前倾艏柱、球鼻艏、方艉、流线型悬挂舵;船首设艏楼。全船设 5 个货舱,4 台 40 吨起重机,可装运谷物、煤炭、铁矿石、卷筒钢板等散货。装重货时第二舱和第四舱可为空舱,第三舱可作为风暴压载舱。该船可在航行中进行压载水置换。

(1)该船经济性良好。首制船载重量 52 300 吨,从第二艘"APEX"号起载重量提高到 53 800 吨。通过加高部分空气管,增加水密门等措施,提高船体的密闭程度,将干舷等级由原来要求较高的 B 型降低为 B - 60 型,干舷减低 290 毫米,从而将结构吃水从 12.20 米增加到 12.49 米。

空船重量控制好,双舷侧船仅比同一尺度单壳散货船空船重量增加不到 10 吨。该船设计主尺度紧凑、布置合理。船长、船宽为标准值,为保证载重量和航速,对空船重量进行了详细计算。根据已建造的 48 000 吨级散货船及

50 000吨级散货船的资料,该船空船重量在使用约60%高强度钢的情况下控制在9 900吨左右。这样方形系数在结构吃水时为0.842。

(2) 该船的服务航速14.70节,其快速性指标超过了原型船。该船线型设计是与中国船舶科学研究中心进行合作,委托该中心进行船模试验和线型优化并达到技术规格书要求的航速指标,线型优秀,试航速度使船东感到满意。

(3) 在国际上率先研制的舷侧双壳散货船,满足国际有关散货船的各项最新规定。

考虑船体的总纵强度,上甲板,货舱区域的顶边舱、底边舱、内底板、船底,双壳均采用纵骨架式。纵向结构贯穿整个货舱区域,并且,在船中0.4L区域,船体横剖面保持不变。

同时,考虑在间隔装载工况时,相邻的货舱间往往会产生静水弯矩及剪力的峰值,因此适当地增厚该货舱区域的船体外板,从而达到增加该区域的剖面模数和剪切面积。

因为该船为双壳散货船,无须满足IMO对单壳散货船的结构总纵强度的加强要求(对单壳散货船在一舱破损下的保持总纵强度要求引起结构重量较大的增加),双壳散货船可被认为在船体破损时,海水不会进入货舱,所以不会额外增加对总纵强度的要求。舯横剖面构件尺寸比单壳散货船小。

该船使用劳氏船级社的SDA软件[①]对货舱舱段进行了三维有限元分析,选取了平行中体的三个货舱段为分析对象,根据均质装载,隔舱装载,重压载等工况进行计算。根据计算结果对船底板,肋板,靠近舱壁的旁桁材进行了加厚。根据规范的要求,对总纵弯矩及剪力进行了校核。由于是双壳散货船,不需要对每种工况的各舱破舱后的弯矩及剪力进行校核,仅要考虑均质装载,隔舱装载,重压载等工况。计算结果显示最大弯矩出现在压载,隔舱装载工况。通过对船体结构的优化设计,有效地保证了船体结构强度。使该船在保证船体结构

---

① 三维有限元分析软件。

强度的基础上,有效地节约了船体钢料,有降低了造船成本,提高船体结构的经济性、合理性。

该船获国防科学技术工业委员会科学技术进步奖二等奖。

七、48 185/56 965 吨散货船

该船为上海船舶研究设计院设计。2008 年 6 月,首制船"MANDARIN EAGLE"号(见图 4-13)在江苏韩通船舶重工有限公司交付。

图 4-13 "MANDARIN EAGLE"号

该船总长 189.99 米、型宽 32.26 米、型深 18 米,设计吃水 11.3 米,结构吃水 12.8 米,载重量 48 185 吨(设计吃水)/56 965 吨(结构吃水),货舱容积 71 500 立方米,续航力 18 000 海里,主机为 MAN B&W 6S 50MC-C(Mk7),安装有 4 台甲板吊。满足所有当时生效的新规范,包括散货船结构共同规范、燃油舱保护规则、检验通道规则、新破舱稳性规则等,并已获得 BV、ABS、LR、

GL、NK、CCS 等多家船级社的入级认可。

针对肥大型船体流场分布不均匀、推进效率低、舵效差、风浪中易失速等难题,创造性地开发了超大方形系数大灵便型散货船船型,使该船较同等尺度船型载重量增加约 4 000 吨,且具有良好的快速性、经济性、操纵性和耐波性等。

应用结构直接计算和有限元分析等方法,对该船结构进行系统的优化,在满足散货船结构共同规范要求的前提下,有效地控制了空船重量,且该船高强度钢的使用比例仅为 43%,延长了船舶的使用寿命。

通过优化总体布置,合理地整合了机舱及舾装设备布置空间,使该船货舱利用率高于同类型船,同时解决了货舱容积大使破舱稳性难以满足要求的技术难题。

该船贯彻了"绿色环保"的设计理念,除满足现行公约有关环保要求外,将货舱区域燃油舱布置在顶边压载舱的位置上,同时采用宽度为 1.4 米的双壳结构进行隔离。设置了船舶港口排污收集系统、控制舱室噪声等措施,在技术上有所突破和创新。

在建造技术上,通过精度管理、单元组装、壳舾涂一体化、分段焊缝密性试验等新工艺应用研究,促使批量船的建造周期和工艺达到国际先进水平。

该船型能够适应我国国内绝大多数港口,成为我国"北煤南运"工程的主力船型。至 2008 年,该船型累计交付约 460 艘,是国际上单型设计获得订单数量最多的船型。该船型的设计建造成功,为我国造船工业在世界上赢得了良好声誉,证明了我国散货船设计和建造水平是世界一流的,经济效益和社会效益十分明显。

八、38 800 吨级散货船

2015 年,上海船舶研究设计院设计的"绿色海豚"概念 38 800 吨级散货船,由中船澄西船舶修造有限公司承建,2015 年 5 月首制船向美国船东 Marine Capital Corporation 交船,命名为"TRUE LOVE"号。该船总长 180 米,垂线间长 177 米,船宽 32 米,型深 15 米,设计吃水 9.5 米,结构吃水 10.5 米,载重量 38 800 吨(结构吃水),货舱舱容 50 500 立方米,服务航速 14 节,设计航速时燃油消耗17.7吨/天,EEDI值比基准值降低约25%。该船设置5个货舱,可进出世界上主要的可停靠灵便型散货船的港口。

为满足航速要求,上海船舶研究设计院和挪威船级社联合完成了船体线型设计,采用CFD技术和先进的优化程序进行了线型优化。在设计优化中兼顾了不同装载状态和10～14节航速范围内的船舶阻力和推进性能;通过对烟囱和上层建筑迎风面的导圆减少船舶风阻;综合采用低转速大直径的螺旋桨、桨前设伴流平衡导管、桨后加装舵球和舵鳍等节能装置来提高船舶整体推进效率。经过在中船重工第七〇二研究所水池的初步试验后,该船又在世界知名的汉堡水池进行了共4轮的船模试验。根据该水池评价,已经达到了类似主尺度和线型中的最高水平。

为满足载重量要求,结构设计之初即把重量控制及结构优化放在了首位,在结构设计中主要采取了以下措施:

(1) 货舱区域纵向构件及横向实肋板的材料采用AH36钢。

(2) 根据艏部线型特点,艏部区域外板骨架采用纵骨架形式,在满足规范要求的前提下,可以尽量减少平台甲板的数量。

(3) 根据散货船的特性、局部载荷与总纵强度要求,合理布置纵骨间距。例如在舷侧纵骨布置中,靠近内底3米范围内适当减小纵骨间距以减小板厚,在中和轴处可适当加大纵骨间距,用足最小板厚余量。

(4) 因该船无兼作重压载舱的货舱,货舱区域所有的压载舱均布置在舷侧和双层底内,故舷侧边舱较宽。为减轻舷侧强框架重量,舷侧强框架采用了较大的减轻孔,并对其进行细网格有限元分析,以优化结构重量。

为便利装卸货作业,货舱区域第二、第三、第四货舱为大开口形式,提高货物装卸效率;为满足CSR对于散货船的要求,第一货舱设置底边舱及顶边舱;第五货舱设置底边舱,所有燃油舱均布置在机舱内并加以保护,增加了可装运的货物种类。

创新性地将双层底压载舱作为风暴压载舱,避免了重压载货舱的配置,在压载水量降低20%的前提下,轻压载和风暴压载工况的航行性能仍然达到同类型船舶水平;也降低了对货舱的强度要求,减少了压载舱沉积压缩空气、电源和冲洗水供应系统,可大大缩短洗舱时间和减轻船员洗舱的劳动强度;布置了专用的洗舱水舱和洗舱污水舱,满足码头排放控制要求;采用综合舱底水处理系统的设计理念,控制含油污水的产生并降低滤油设备的工作负荷;甲板和舱盖设计负荷为载运集装箱、板材、原木等甲板货提供了可能性。

在环保设计方面,为满足 2015 年 1 月 1 日后硫排放控制区内硫含量 0.10% 的要求,提供了三种方案供船东选择:① 燃料油、低硫燃料油和低硫轻柴油的燃料切换系统;② 安装针对使用普通燃料油的废气清洗系统;③ 采用液化天然气作为燃料。对于 2016 年 1 月 1 日后排放控制区内氮氧化物 TierⅢ 的排放控制要求,也可以通过安装选择性催化还原系统或使用液化天然气来实现。

为满足《2004 年国际船舶压载水及沉积物控制和管理公约》,该船配备了两台 600 立方米/时的压载水处理装置。

该船配备的电动起重机、电动锚机和电动系泊绞车等全电动甲板机械,均无液压油要求,因此无液压油污染;具有节能、低噪声和维护方便等优点。采用水润滑的艉管轴承具有零污染、无须设置取样装置及艉管滑油的处理、无须考虑海水侵入和易于安装与维护等优点。

在船舶建造过程中,突破了大型总段吊装、浮船坞内总段合拢定位、浮船坞内轴舵系安装精度控制、大开口箱型货舱总段变形和精度控制等技术,缩短了建造周期,提高了建造质量。

九、38 800 吨级智能散货船

该船设计建造于 2015 年启动,由上海船舶研究设计院、中国船舶工业系统工程研究院、中船黄埔文冲船舶有限公司、中船动力研究院有限公司、沪东重机有限公司,联合英国劳氏船级社和中国船级社共同研制,于 2017 年 11 月交付,命名为"大智"号(见图 4 - 14)。

图 4 - 14　38 800 吨级智能散货船"大智"号

该船是全球首艘获得英国劳氏船级社智能船符号（LR Cyber AL2 SAFE,
Cyber AL2 MAINTAIN,Cyber AL2 PERFORM）和中国船级社 i-ship（N,M,
E,I）智能船符号的船舶。

该船总长约 180.0 米,型宽 32.0 米,设计吃水 9.5 米,载重量约 38 800 吨,
航速 14.0 节。该船设计特点如下：

（1）智能能效：对船舶总体性能、状态进行监测与评估。实现船舶能效监
测、分析、评估与优化辅助决策。

（2）智能机舱：对主机、辅机、轴系、锅炉的运行状态监测与评估,预测主
机、辅机、轴系、锅炉的健康衰退程度,并进行维修辅助决策。

（3）智能航行和船岸一体化通信：开发了拥有完全自主知识产权并通过
实船验证的智能运行与维护系统,实现对船舶关键系统和设备的健康状态评
估、分析、预警;综合船舶推进效率、设备状态、航行姿态、燃油成本、排放管理等

因素,实现基于水文和气象信息的航线规划、航行环境影响分析,对船舶能效进行管理与优化决策。

该船量化指标包括:全船油耗相比于母型船降低约 3.6%;主机因故障意外停机次数降低 50% 以上;机舱设备故障降低 50% 以上;设备维护时间缩短 20% 以上;设备故障停机维护成本降低 40% 以上。

该船首次提出"平台＋应用"的智能船舶设计方案,形成智能航行、智能机舱、智能能效管理三大智能应用的船基数据与应用的集成平台,实现数据统一采集、处理、分析、共享、融合及应用。该船设计理念新颖,技术先进,智能系统功能能强,应用效果好,创新点突出,经济效益和社会效益显著,达到了国际领先水平。该设计项目入选了"2017 中国智能制造十大科技进展",申请发明专利 11 项(已授权 8 项),技术完全自主可控。

十、64 000 吨散货船

该船为"绿色海豚"概念 64 000 吨散货船。由上海船舶研究设计院设计,2013 年 3 月,首制船"琥珀冠军"号在中船澄西船舶修造有限公司交付。

该船为单机、单桨、低速柴油机驱动的超灵便型散货船,适合无限航区航行。该船设单层连续甲板、前倾带球鼻艏的艏柱、方艉,5 个干散货货舱,货舱采用满足检验通道要求的单壳结构,可装运谷物、煤炭、铁矿砂、卷筒钢板等散装货物,并适合装载部分危险品货物。

该船总长 199.9 米,型宽 32.3 米,型深 18.5 米,在设计吃水 11.3 米时航速为 14.48 节。该船的稳性、操纵性、振动、噪声和主要设备等测试指标均满足规范要求和设计要求。该船设计特点如下。

1. 线型优化设计

依据船、机、桨一体化设计理念,应用参数化设计方法,以及 CFD 与船模试验紧密结合的先进设计手段,对船、桨、舵三者之间进行了优化设计,其快速性、操纵性、耐波性均达到欧洲著名船模试验池数据库中相似船型的较高水平。该船推进效率比母型船提高了 15%，相同吃水、相同航速下的油耗降低 24%；EEDI 指数比 IMO 参考线低 20.6%。

为确保确定主尺度下的载重量尽可能大，该船采用超大方形系数。艏部优化时以船体兴波阻力系数为目标并尝试浮心尽量前移以减少艉部过于肥大造成的风险，艉部优化时以总阻力系数及综合考虑影响推进效率和激振力的伴流为优化目标，进行相应的线型修改和数值计算。对计算得到的自由表面波形、船体阻力值及伴流场等开展比较研究确定船模试验方案。该船先后在世界知名的三大水池进行了共 6 轮的船模试验，通过修改球鼻艏剖面，优化其高度；并大幅度减小艏部兴波阻力峰值。通过修改艉框和优化艉部伴流，较好地解决了超大方型系数散货船的艉部来流不畅影响螺旋桨效率、应舵不好和风浪中失速过大的问题。在优化中充分考虑适合特大桨径螺旋桨的艉部线型，充分体现大直径螺旋桨的高推进效率。通过系列优化，航速提高 0.4 节。

大灵便型散货船根据船舶推进原理，降低螺旋桨的转速，增加螺旋桨的直径，缩小盘面比可以有效提升螺旋桨的推进效率。该船主机选用的 5S60 机型的功率覆盖范围与 7S50 机型相近，但其转速却降低了很多。

2. 空船重量控制

该船设置 5 个货舱，货舱区采用常规单壳结构，设有底边舱斜板、双层底和顶边舱。在设计中尽可能压缩机舱和艏部的长度，从而增加货舱区域长度，提高货舱容积(见图 4 - 15)。

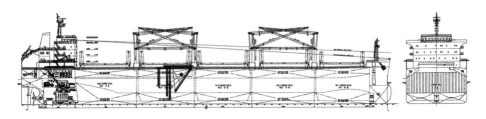

图 4 - 15　64 000 吨"绿色海豚"散货船总布置侧面图

　　该船货舱长度较长、货舱舱容较大,经过反复的调整分舱长度、压载系统的布置以及空气管位置,并充分考虑国际船级社协会 UR S11、S17 规则对货舱进水时的强度要求,计算满足稳性和强度要求的最佳搭配,最终确定了货舱布置方案,即尽可能缩小第三货舱舱容,减小由单个货舱进水引起的总纵弯矩。该方案有效地控制了船舶总纵弯矩,实现了对空船结构重量的初步控制。

　　3. 节能装置选型

　　由于该船为大方形系数散货船,艉部伴流场分布较均匀,因此选取米维斯导管和消涡鳍(hub vortex absorbed fins,HVAF)为研究对象,经过知名水池试验验证,HVAF 的节能效果为 2%,米维斯导管的节能效果为 3%。

　　该船型是一型国内完全自主研发的具有节能减排、绿色环保、安全可靠、操作灵活及便于维护等特点的优秀船型。该船型在国内 20 多家船厂建造,累计交付 230 多艘。

第四节　典型巴拿马型、超巴拿马型、卡姆萨尔型散货船

　　我国自行设计建造的巴拿马型(含超巴拿马型)散货船的主要技术参数、设计/建造/交付情况如表 4-4 所示。

表 4-4　我国自行设计建造的巴拿马型(含超巴拿马型)散货船的主要技术参数、设计/建造/交付情况

序号	船　名	主要技术参数	设计/建造/交付情况
1	61 200/65 000 吨巴拿马型散货船	总长 225 米;型宽 32.2 米;型深 18 米;设计吃水 12.5 米;结构吃水 13.1 米;载重量 61 200 吨(设计吃水)/65 000 吨(结构吃水);航速 14.4 节;主机型号为 B&W5L70MCE	江南造船厂设计、建造;首制船"祥瑞"号于 1987 年交付

序号	船　名	主要技术参数	设计/建造/交付情况
2	62 800/70 000 吨巴拿马型散货船	总长 225 米；型宽 32.2 米；型深 18.7 米；设计吃水 12.5 米；结构吃水 13.6 米；载重量 62 802 吨（设计吃水）/70 000 吨（结构吃水）；航速 14.4 节；主机为 B&W6S60MC 一台	江南造船厂设计、建造；首制船"中国精神"号于 1993 年交付
3	63 100/73 000 吨巴拿马散货船	总长 225 米；型宽 32.26 米；型深 19.2 米；设计吃水 12.5 米；结构吃水 14 米；载重量 63 100 吨（设计吃水）/74 000 吨（结构吃水）；航速 14.4 节；主机型号为 B&W6S60MC	江南造船厂设计、建造
4	64 000/74 000 吨巴拿马散货船	总长 225 米；型宽 32.26 米；型深 19.2 米；设计吃水 12.5 米；结构吃水 14 米；载重量 64 000 吨（设计吃水）/74 000 吨（结构吃水）；航速 14.4 节，主机型号为 B&W6S60MC	江南造船厂设计、建造
5	62 700/76 000 吨巴拿马型散货船	总长 225 米；型宽 32.26 米；型深 19.6 米；吃水 14.2 米；载重量 62 700 吨（设计吃水）/ 76 000 吨（结构吃水）；服务航速14.5 节；主机型号为 MAN B&W 5S60MC；续航力 23 000 海里	江南造船厂设计、建造
6	78 000 吨巴拿马型散货船	总长 225.0 米；型宽 32.26 米；型深 19.80 米；设计吃水 12.20 米；结构吃水 14.35 米；载重吨 78 000 吨；主机为 MANB&W 5S60MC‑C8.2；服务航速 14.0 节	江南造船厂设计、建造；首制船"INFINITY 9"号于 2013 年交付
7	74 500 吨巴拿马型散货船	总长 225 米；垂线间长 217 米；型宽 32.26 米；型深 19.6 米；设计吃水 12.50 米；结构吃水 14.25 米；载重量 74 500 吨	希腊沪东海事友谊公司订造；沪东造船厂 1997 年建造
8	92 500 吨后巴拿马散货船	总长 229.20 米；型宽 38.00 米；型深 20.70 米；设计吃水 12.50 米；结构吃水 14.90 米；载重量 92 500 吨（结构吃水）；服务航速 14.1 节	长航凤凰股份有限公司订造；上海船舶研究设计院设计；江苏金陵造船厂建造；"长航吉海"号于 2009 年交付
9	82 000 吨卡姆萨尔型散货船	总长 229.0 米；型宽 32.26 米；型深 20.05 米；设计吃水 12.20 米；服务航速 14.1 节；主机为 MAN 5S60MC‑C8‑TⅡ 一台	中国船舶及海洋工程研究设计院设计；江苏东方重工责任有限公司建造；首制船"THERESA SHANDONG"号于 2012 年交付

一、61 200/65 000 吨巴拿马型散货船

该船由江南造船厂自行设计建造,为第一代"中国江南"巴拿马型散货船。1987 年 10 月,首制船"祥瑞"号建成。该船总长 225 米,型宽 32.2 米,型深 18 米,设计吃水 12.5 米,结构吃水 13.1 米,载重量 61 200 吨(设计吃水)/65 000 吨(结构吃水);航速 14.4 节,主机型号为 B&W5L70MCE。该船为无限航区,可在世界各主要港口间装载散货,以运煤炭、谷物、矿砂为主。

该船总体布置设 7 个货舱。第二、四、六货舱可以隔舱空舱;可以装重货;当散装谷物不平舱的情况下,仍具有合格的散装谷物稳性。在任何一舱破损情况下稳性仍能满足规范和 SOLAS 的要求。该船入级法国船级社,并满足英国运输部(Department for Transport,DFT)对舱室、航行安全、防污染等方面的严格要求。

为增加货舱容积,型深从 17.8 米调整到 18 米,双层底从高度 1.78 米降至 1.67 米,使货舱容积增加 1 300 立方米。1 号货舱前的深油舱经合理分舱及缩短机舱长度,使货舱总长度从 168.8 米增加到 169.42 米。舱口围板做成倾斜形,改善谷物装载时的稳性。压载水舱分布:艏尖舱、艉尖舱、货舱的双层底部和顶边舱,第四货舱可兼作压载航行时的压载水舱。燃油舱除艏部外,在机舱前端左、右舷均设深油舱,柴油舱分布在第七号货舱双层底内和机舱双层底内。

艉甲板室共 6 层,分别布置居住舱室及驾驶室。

(1)结构设计。为降低空船重量以有效降低船舶建造成本,提高载重量,在结构设计中对舯剖面进行优化设计,使得舯剖面构架合理分布,材料合理分配和利用,在满足总纵强度和局部强度的前提下获得重量较轻的船体结构。在散货船设计中,由于双层底考虑重货加强而加厚内底板,就需要采用等强度设计原则优化舯剖面设计。总计主船体重量减轻为 1 000 余吨。

上甲板和底板均选用纵骨架式,使承担总纵弯矩的纵向构件增加而减轻结构重量。合理选取骨材跨距,减少强框架数量,用足规范允许跨距,有效降低结构重量。

（2）节能设计。为提高节能水平，该船采用球鼻艏、球艉优化线型，并进行多个船模试验，摸索最低的船舶阻力线型；选用当时世界上燃油消耗率最低的B&W 5L70MCE 型柴油机作为主机，即自动化程度较高的无人机舱。

该船采用大直径低转速螺旋桨，以提高螺旋桨推进效率。设计节能补偿导管，并通过自航试验选出对满载和压载效果最好的位置和角度，后续加装舵球，舵球与导管的综合节能效果达到 8%。

该船配备有 500 千瓦的轴带发电机组。除进出港外，全船电站由此发电机组供电，既可以间接利用主机燃烧劣质燃油的特性，又可以简化机舱管理工作。该船配备自适应舵，除了有跟踪特性外，还能自动根据设定航线进行修正，将无效航程缩至最小；同时将转舵力矩减至最小，以节约主机功率。

该船采用淡水集中冷却系统，配备有两个板式冷却器，扩大淡水冷却范围，并为机舱管理带来方便，延长了设备使用寿命。此外，该船主机和辅锅炉可以直接燃烧 6 000 秒的重燃料油，发电机配有专门的混油装置，使燃料成本下降。

（3）建造技术。江南造船厂采用首创的船台建造、船坞合拢的"两段建造法"。创新点还包括：采用单面焊双面成型和双丝单面焊双面焊双面成型的高效焊接新工艺，不仅确保了焊接重量，而且提高工效两倍以上；采用上层建筑整体吊装、精度造船、单元组装、分段预舾装、计算机应用等综合新工艺和新技术，为船舶建造、缩短周期、节省工时、降低成本、提高重量取得了明显效果；采用"下水阻尼措施"，避免了船下水后可能撞到黄浦江对岸的风险。

二、62 800/70 000 吨巴拿马型散货船

该船为第二代"中国江南"巴拿马型散货船。该船总长 225 米，型宽 32.2 米，型深 18.7 米，设计吃水 12.5 米，结构吃水 13.6 米，载重量 62 802 吨（设计吃水）/70 000 吨（结构吃水），航速 14.4 节，主机 B&W6S60MC 一台。

该船各项技术经济指标与 65 000 吨级散货船相比，又有了进一步提高，达到当时的国际水平。

为缩短机舱长度,调整总布置,增大了货舱长度,增大了舱容。在主尺度、航速等相同的情况下,载重量增加 1 600 吨,而日耗油量下降 0.58 吨。

该船选用当时最新的超长冲程"S"型柴油机,进一步降低油耗,并由于转速低,推进效率高,使主机功率 MCE 降低了 1 120 马力,节省了初投资;在艉部装有舵球节能装置。

三、63 100/73 000,64 000/74 000 吨巴拿马型散货船

该型船为第三代、第四代"中国江南"巴拿马型散货船。

该船型第三代和第四代的主尺度相同,总长 225 米,型宽 32.26 米,型深 19.2 米,设计吃水 12.5 米,结构吃水 14 米,航速 14.4 节,主机型号为 B&W6S60MC。该船型第三代载重量为 63 100 吨(设计吃水)/73 000 吨(结构吃水),第四代载重量为 64 000 吨(设计吃水)/74 000 吨(结构吃水)。

为了提高载重量指标,重新确定船舶的主尺度与船型系数。载重量、航速与主机功率的综合指标海军常数又有进一步提高,其中该型的第三代从 70 000 吨级的 478.8 提高到 492。

改进总布置,在选用同样 6S60MC 型主机情况下,机舱长度由 24 米缩短到 20.8 米,货舱舱容得到进一步增加。

通过取消艉楼、上层建筑减少一层等措施,空船重量得到了降低。

按当时最新要求,重新设计计算了船体结构构件,使结构布局更趋合理。

四、74 500 吨巴拿马型散货船

20 世纪末,沪东中华造船(集团)有限公司结合市场需求,瞄准国际造船先进水平,进行船型优化设计,以新型的"中国沪东"型 74 500 吨巴拿马型散货船推向市场。首制船 1997 年建成。

该船总长 225 米,垂线间长 217 米,型宽 32.26 米,型深 19.6 米,设计吃水 12.50 米,结构吃水 14.25 米,结构吃水时载重量 74 500 吨。

该船为钢质、单甲板、单桨、柴油机驱动的散货船,能装载煤炭、矿砂和谷物等散装货。船上共设置 7 个货舱,第一、三、五、七货舱可装重货,第四货舱兼作风暴压载水舱。满足 B－60 干舷的破舱稳性要求。压载水舱设有液位遥测和阀门遥控系统。机舱满足 24 小时无人机舱要求。主机采用由沪东重机股份有限公司生产的专利机 MAN－B&W 5S60MC 机。设有 28 个船员舱室。

该船经济性良好,快速性、稳性、油耗等综合性能指标优良。通过增加船体结构吃水,压缩机舱长度,船舶载重量和航运效益得到了提高。

该船船体结构按照美国船级社规范设计,并应用有限元法对局部舱段进行强度分析,货舱底部考虑抗抓斗加强。在制造工艺上,扩大平面分段流水线应用范围,扩大预舾装比例;在船台建造过程中采用了全船无余量装配,攻克了套轴式轴带发电机,载人电梯的安装,分段上安装柴油发电机等难题。在船台上实现舱口盖液压系统投油等多项新技术、新工艺,极大地缩短了船舶建造周期,实现了船台建造周期两个月、码头建造周期两个月的国内造船业新纪录。

五、62 700/76 500 吨巴拿马型散货船

20 世纪 90 年代末期,江南造船厂企业技术中心并结合最新的 IACS 关于散货船安全性的要求,推出第五代"中国江南"巴拿马型散货船。该船总长 225 米,型宽 32.26 米,型深 19.6 米,设计吃水 12.2 米,结构吃水 14.2 米,载重量 62 700 吨(设计吃水)/76 000 吨(结构吃水),服务航速14.5 节,主机型号为 MAN B&W 5S60MC,续航力 23 000 海里。

该船应用了 CFD 作为线型设计的辅助手段,对线型设计进行优化,并采用艉部节能装置,提高了船舶推进效率。

在确保船舶技术性能和船体强度的情况下,突破了原有的散货船结构设计惯例,对船体结构、机电设备、管系及舾装等几大系统采用先进手段进行设计优化、结构强度分析与重量控制,使得船舶的各项主要技术指标和营运经济性得到了大幅度提高;在型深、排水量增加的情况下,该船的空船重量,比 74 000 吨

散货船的空船重量还轻,在同类船中竞争优势十分明显。

该船建立了全船三维有限元模型,进行了自由振动和强迫振动分析,采取了相应的措施,使振动符合要求,效果良好。制订出一套行之有效的压载水管理方法和燃油舱保护措施,保证船舶稳性和航行安全,使该船更加环保。

通过对主机选型优化、扭振性能分析比较和采用组合锅炉设计,达到了动力系统的整体优化,降低了制造和维护保养成本。准确地预估全船用电负荷,为电力系统优化提供了技术支持,保证船舶电力系统在航行处于安全、经济、高效状态。

在该船设计过程中率先全面实现船舶设计信息一体化技术和协同平台设计。同时我国首次建立了适应于船舶产品一体化并行协同设计的设计流程、设计组织机构设置规范。这缩短设计周期,加强成本控制,提高产品重量,增强了企业竞争力。

以区域造船为总体目标,以中间产品为导向组织生产,消化吸收新的造船理念,大胆优化建造技术。这提高了建造精度,大幅度提高了生产率和产品重量,并创新了一项发明专利和两项实用新型专利。

六、78 000 吨巴拿马型散货船

该船为第七代"中国江南"巴拿马型散货船,由江南造船集团设计建造,首制船为"INFINITY 9"号于 2013 年交付(见图 4 - 16)。

该船总长 225.0 米,型宽 32.26 米,型深 19.80 米,设计吃水 12.20 米,结构吃水 14.35 米,载重量 78 000 吨,主机为 MANB&W 5S60MC - C8.2,服务航速 14.0 节。该船采用舵球节能技术,提高了船舶推进效率,在结构吃水下的航速达到 14 节,载重量提高至 78 000 吨;EEDI 降低至 3.52,较第六代"中国江南"巴拿马型散货船降低 5%,从而较好地控制了温室气体排放;油耗、航速及载重量等主要技术指标优于国内、外同类船型,航运经济性优秀,具有很强的市场竞争力。

图 4-16 "INFINITY 9"号

氮氧化物、硫氧化物和大气颗粒物等危害环境物质的排放标准达到了 IMO 最新要求,提供了压载水管理和燃油舱保护的解决方案,明显地降低了船舶对环境的不利影响。

通过对主机选型优化、轴系扭振性能分析和采用组合锅炉设计,动力系统达到了整体优化,制造和维护保养成本降低了。

准确地估算全船电力负荷,为电力系统优化提供了技术支持,保证在船舶电站容量不增大的前提下,系统处于安全、经济、高效的状态。

消化吸收新的造船理念,以区域造船为总体目标,以中间产品为导向组织生产,大幅度提高高效自动焊率,优化建造技术,对提高建造精度、生产效率和产品重量有较大的提升作用。

七、92 500 吨超巴拿马型散货船

该船型为长航凤凰股份有限公司订造,上海船舶研究设计院设计,江苏金陵造船厂建造。2009 年首制船建成,命名"长航吉海"号,总长 229.20 米,型宽 38.00 米,型深 20.70 米,设计吃水 12.50 米,结构吃水 14.90 米,货舱容积

110.300 立方米,载重量 92 500 吨(结构吃水),服务航速 14.1 节,续航力 22 000 海里。

该船在总布置优化、线型优化、结构分析优化、分舱及破舱稳性优化、艏艉部线型优化等技术中取得优异成绩。该船采用了 CFD 计算、有限元分析、三维建模仿真、壳舾涂一体化和模块化造船理念,并通过合理的舱室、压载水舱的布置进一步优化了船型各项性能。实船载重量达到 93 200 吨,航速可达 14.3 节,超出原计划指标,成为同吨位船舶最优船型代表之一。

该船满足 MARPOL 公约的各项防污染要求,IMO"压载舱和空舱的保护涂层性能标准",以及硫氧化物和氮氧化物排放、压载水管理、造船绿色材料等的最新要求。

已顺利交船的产品,各项性能指标均达到或超过合同要求,各船东对此十分满意。据不完全统计,有 20 余家国内、外船东分别在我国 8 家船厂订造该型散货船约 90 艘,合同金额高达约 45 亿美元,取得了良好的经济效益。

八、82 000 吨卡姆萨尔型散货船

该船型是能够进入非洲西海岸几内亚的卡姆萨尔港的最大型散货船,主要用于运输北非和几内亚的矾土矿。该船属于超巴拿马型船。首制船船东为新加坡船东。该船为中国船舶及海洋工程设计研究院 2010 年开始研发设计,江苏东方重工责任有限公司建造,2012 年 5 月首制船"THERESA SHANDONG"号交船。

该船总长 229.0 米,型宽 32.26 米,型深 20.05 米,设计吃水 12.20 米,服务航速 14.1 节,续航力 22 000 海里,主机为 MAN 5S60MC - C8 - T II 一台。

该船为中国船舶及海洋工程设计研究院首次设计的满足 CSR 船型。首次尝试有限元软件,并主要依靠船级社的经验进行设计。

该船属超大方形系数船型,航速要求高,通过国外水池及本单位自有水池进行线型优化船模试验。

该船旨在通过增加货舱和油舱容积来提高经济性。采用直立艏柱,增加艏

楼长度,减小干舷,使夏季吃水增加。机舱内增设第三燃油舱。

空船重量指标要求高,通过 NAPA Steel[①] 控制高强度钢重量和使用比例。

该船满足澳大利亚海事安全局(AMSA)海运规则要求和永久性检验通道(PMA)。根据 PMA,该船舭部斜边舱中结构检验利用便携梯来完成,后续船艉尖舱中增加水平检验平台。

为满足欧洲联盟和美国水域超低硫柴油机要求,设置专门的低硫柴油储存舱和低硫柴油日用舱,并设置低硫柴油冷却器。

该船经济性好,一经推出广受好评,成为散货船市场的明星船型。

第五节　典型好望角型、纽卡斯尔型、极地型散货船

我国自行设计建造的好望角型散货船的主要技术参数、设计/建造/交付情况如表 4-5 所示。

表 4-5　我国自行设计建造的好望角型散货船的
主要技术参数、设计/建造/交付情况

序号	船　名	主要技术参数	设计/建造/交付情况
1	150 000 吨好望角型散货船	总长 270.25 米;型宽 44.0 米;型深 24.0 米;吃水 16.3 米;航速 14 节	比利时考贝尔弗莱特公司订造;大连船舶重工集团船研所设计;大连造船新厂建造;首制船"萨玛·琳达"号于 1994 年交付
2	156 000/175 000 吨好望角型散货船	总长 289 米;型宽 45 米;型深 24.5 米;设计吃水 16.5 米/结构吃水 18.10 米;载重量 156 093 吨(设计吃水)/175 080 吨(结构吃水);航速 15 节;主机型号为 MAN - B&W 6S70MC	泰昌祥轮船(香港)有限公司订造;上海船舶研究设计院设计;外高桥造船有限公司建造;首制船"瑞祥"号于 2003 年交付

---

① 一款新型的三维设计软件,在船舶结构设计中应用。

续　表

序号	船　名	主要技术参数	设计/建造/交付情况
3	18万吨散货船	总长295米;型宽46米;结构吃水18.1米;载重量18万吨。	河北远洋运输集团订造;中船重工民船研发中心①设计;大连船舶重工集团有限公司建造;首制船"河北领先"号于2009年交付
4	18万吨散货船	总长292.00米;型宽45.00米;型深24.8米;结构吃水18.4米;主机为6S70ME-C8.2	Louis Dreyfus Armateurs S.A.S.订造;中船重工民船研发中心设计;天津新港船舶重工有限责任公司建造;首制船2014年交付
5	11.5万迷你海岬型散货船	总长249.8米;型宽43米;型深20.8米;设计吃水12.2米;结构吃水14.5米;航速15节	上海时代航运有限公司订造;上海江南长兴重工有限责任公司设计、建造;首制船"时代20"号于2010年交付
6	12万吨迷你海岬型散货船	总长255米;型宽43米;型深20.5米;结构吃水14.6米;设计航速14节;载重量120 000吨	上海船舶研究设计院设计;中船黄埔文冲船舶有限公司建造;首制船"CSSC CAPE TOWN"号于2020年交付
7	20.8万吨绿色纽卡斯尔型散货船	总长约300米;型宽50米;型深24.90米;设计吃水16.10米;结构吃水18.40米;载重量(结构吃水)约208 000吨;服务航速14.5节;主机型号为MAN B&W 6G70ME-C9.2-TII一台。	中国船舶及海洋工程研究设计院设计;江苏扬子江船业(控股)有限公司建造;首制船"Helaga Oldendorff"号于2016年交付
8	17 700/21 000吨纽卡斯尔型散货船	总长299.95米;型宽50.00米;型深25.20米;设计吃水为16.10米;结构吃水18.50米;载重量177 000吨(设计吃水)/211 000吨(结构吃水)	中远海运散货运输有限公司订造;上海船舶研究设计院设计;扬州中远海重工有限公司建造;首制船"慧智海"号于2020年交付
9	108 000吨极地散货船	总长250.00米;型宽43.00米;型深21.80米;结构吃水14.50米;载重量104 553吨(结构吃水);服务航速14.08节;主机为WINGD 7X62-B Tier Ⅲ一台	上海船舶研究设计院设计;上海船厂建造;首制船"AUMIRAL SCHMIDT"号2018年交付

———————————

① 中船重工船的设计研究中心有限公司。

一、150 000 吨好望角型散货船

20 世纪 80 年代末,国际航运界对好望角型散货船结构安全提出更加严格的要求。比利时船东向我国订造满足相关新规的船型,该船由大连造船新厂和大连船舶重工集团船研所联合设计,大连造船新厂建造。1994 年,首制船"萨玛·琳达"号交船。

该船总长 270.25 米,型宽 44.0 米,型深 24.0 米,设计吃水 16.3 米,航速 14 节,续航力 20 000 海里,主机功率 14 300 千瓦。

为提高航速和改变艉部流场,艉部设置了补偿导管节能装置,在满载状态下可降低主机功率 7.5%,压载状态下可降低主机所需功率 5.4%。

该船借鉴国际经验,引进、消化和吸收了世界先进水平的设计手段,优化船体结构设计。在货舱区结构设计中,利用挪威船级社(DNV)的 Pilot 软件直接计算法进行三维结构分析。针对易损的薄弱构件,如舷侧主肋骨、水密横舱壁、舱口角隅区域和围板结构等处,进行了特殊设计,优化了合金钢的使用部位,不仅使船体结构具有新颖性,而且大大增强了结构强度。

该船引进了挪威先进的检测报警系统,提高了船舶的自动化水平,机舱自动化符合 DNV 的 E0 级无人机舱要求。该船还引进了最新的全球海事遇险及安全系统,提高了船舶营运的安全性。

肥大型船舶以低速航行于浅水状态或狭窄航道(如运河),如何提高舵效是一个难题。经过大量计算,该船设计优选出满足低速、狭窄航道要求的舵面积,既具有良好的舵效,也具有良好的经济性。

该船首次成功制造并安装了我国当时最大型的舱口盖,其中 4 号舱盖上可降落直升机,设有直升机降落标志。船东评价其为世界一流的大型舱口盖。

1996 年该船获得了国家科技进步奖二等奖。

二、175 000 吨好望角型散货船

该船型是为满足我国巨量煤炭进口需求而开发的。由上海船舶研究设计

院设计,上海外高桥造船有限公司建造,首制船"瑞祥"号于 2003 年 6 月建成,交付泰昌祥轮船(香港)有限公司。该型船总长 289 米,型宽 45 米,型深 24.5 米,设计吃水 16.5 米,结构吃水 18.10 米,载重量 156 093 吨(设计吃水)/175 080 吨(结构吃水),航速 15 节,主机型号为 MAN‐B&W 6S70MC。该型船被称为"中国外高桥"型。

该船具有良好的经济性、载重量大,可以载运煤炭、铁矿石、谷物等大宗干散货。

该船为艉机型常规单壳散货船,适合远洋航行的敦刻尔克型散货船。全船设置 9 个货舱,货舱结构进行重货加强,装载重货时,允许第二、四、六、八货舱为空舱。在重压载工况时第六货舱可以作为风暴压载舱。

该船具有优秀的船体线型。在船舶研制中,经国外著名船模试验池对船体线型进行优化,使该船的线型具有优秀的阻力和推进性能。而且在风浪中的阻力增加不大。服务航速的选择也比较合理。

该船为绿色环保设计,燃油舱设于第八、九顶边舱,并与外板之间设隔离空舱以减少破损的可能性。该船设计满足 IMO A868 号决议对压载水控制和管理的规定,满足国际防污染公约的规定。

燃油舱布置如图 4‐18 所示,机舱内设置两个小的深舱,一个用来存放 500 多吨燃油,另一个则用作滑油舱,其他四个燃油舱则布置在第八、九货舱范围内的顶边水舱内,各装载约 1 000 吨的燃油,并在燃油舱外侧设置局部的双壳结构。与常规船型(见图 4‐17)相比,这样的布置方案对总体设计、节能和环保均十分有利。

该船在环境保护方面具有前瞻性。在当时设计中就对燃油舱进行了保护,燃油舱设于水线以上的顶边舱,并与舷侧外板之间设置隔离空舱。对船舶压载水的置换满足 IMO 要求,对压载水的置换采用顺序置换法,仅艏尖舱和第六货舱兼压载舱,采用滋流法进行压载水置换。

由于散货船,特别是大型散货船事故不断,引起国际社会的严重关注。IACS 针对现有的规范规则,提出了许多新要求,以提高散货船的航行安全。该

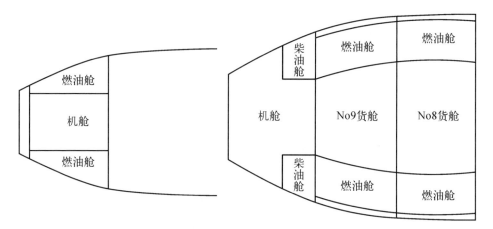

图 4-17　常规 17.5 万吨散货船的　　图 4-18　外高桥造船公司 17.5 万吨
　　　　　 燃油舱布置方案　　　　　　　　　　　 散货船的燃油舱布置方案

船为了提高船舶航行的安全性,解除船东的后顾之忧,先期实施了如下的 IACS
新要求,设置水雾喷淋系统、货舱进水报警系统等。

　　船厂建造该船时研究采用了一些先进的建造工艺,如机电设备、内舾装模块
单元建造技术、精度造船、壳舾涂一体化生产组织、高效焊接、坞内半串联造船技
术等,提高了造船生产效率,降低了生产成本,缩短了造船周期,提高了经济效益。

　　该型船获得 2003 年第五届上海国际工业博览会铜奖,上海市高新技术成果转
化项目 A 级。2004 年又获得中国船舶工业集团公司科学技术进步奖一等奖等。

三、180 000 吨散货船

(一)第一代 180 000 吨好望角型散货船

该船由河北远洋运输集团订造,中船重工民船研发中心和大连船舶重工集
团有限公司联合设计,分别由大连船舶重工集团有限公司和青岛北海船舶重工
有限公司承接建造。2009 年 10 月,首制船"河北领先"号(见图 4-19)交船,主
要营运范围为澳大利亚、中国和欧洲联盟等国家和地区,主要为满足我国从澳
大利亚进口铁矿石所需。

图 4 - 19　18 万吨级好望角型散货船"伟大河北"号

该船总长 295 米,型宽 46 米,结构吃水 18.1 米,载重量 18 万吨。货舱容积 200 000 立方米,日油耗量 63 吨。

(二)第二代 180 000 吨级好望角型散货船

该船由 Louis Dreyfus Armateurs S.A.S.订造,中船重工船舶设计研究中心有限公司设计,天津新港船舶重工有限责任公司建造,2014 年 3 月,首制船建成。该船为第二代好望角散货船。

该船总长 292.00 米,型宽 45.00 米,型深 24.8 米,结构吃水 18.4 米,续航力 29 000 海里,主机为 6S70ME - C8.2。

(1)多种节能手段。经过反复论证和试验,该船具有了优良的线型,船舶推进效率提高了大约 4%。同时通过机舱布置的优化,消除了由于线型优化带来的机舱可用空间减少的问题。通过采用米维斯导管或类似的节能装置来改善艉部伴流场,使更加稳定的水流持续地作用在螺旋桨的桨叶上,大大提高螺旋桨的效率,从而减小船舶所需的推进功率,降低主机油耗,达到节能减排目的。安装米维斯导管或类似的节能装置,在船舶设计吃水状态下,可以节能约5%。

航行状态的优选。为减少船舶的航行阻力,降低油耗并保持良好的快速性能,该船具有纵倾优化,优选航行浮态的功能。

可变频海水冷却泵系统。为使海水冷却系统更好地适应船舶在不同工况下的使用要求,该船配备了可变频海水冷却系统。该系统通过监测低温淡水冷却系统温度来调节海水冷却系统流量,从而达到船舶在不同环境温度、不同主机负荷条件下的节能效果。

(2)安全性高。除了按CSR规范和船级社规范进行船体结构优化设计以外,该船对进坞时艉部强度进行了深入研究。通过采用有限元计算方法,对坐坞状态下的船体结构强度和变形进行分析,从而对合理布置坞墩及船体结构设计提供数据支持。建造或维修时,船体坐落在船坞中的坞墩上,坞墩摆放的数量和位置应保证在进坞船的重力作用下,船体不产生超载应力。

船舶设备。除了配备满足国际公约、船级社规范和相关国际规则的各种设备外,该船还提前配置了当时尚未生效的国际公约所要求的电子海图和驾驶室值班监测报警等设备或系统,进一步提高了船舶的安全性能。

该船通过采用建立"艉部-机舱-货舱"结构三维立体舱段有限元模型,并计入各种主要装载工况的重力和浮力分布载荷进行有限元分析计算的方法,对船体"艉部-机舱-货舱"变形和轴系中心线的垂向相对变形态势预报,以此变形预报作为轴系校中的一个输入参数,进行轴承载荷和位移的优化计算,使船舶在设计阶段就消除轴系运行时的振动风险,确保了船舶营运过程的安全。

(3)环保。燃油快速回收系统(fast oil recovery system,FORS),作为被动的安全系统,通过优化船上的系统布置,可以在事故发生后,利用打捞船上的设备直接从失事船舶中快速回收舱内的燃油,避免燃油外泄,从而减少甚至避免燃油泄漏对海洋环境的污染,降低回收海面漏油的费用。该船是国内首次采用该系统的项目,开创了国内此项新技术应用的先河。

该船根据综合舱底水处理系统(IBTS)要求设置了新型的舱底水收集、沉淀、处理和排放系统,最大限度地减少了机舱舱底污水油类物质的排放。将主机空冷器等设备泄漏到舱底的清洁凝水用于甲板冲洗等用途,节约了宝贵的淡水资源。艉轴管滑油泄漏是船舶油类污染的来源之一,为尽可能防止艉轴管滑油泄漏造成的污染和经济损失,该船配有带空气密封的艉轴管密封系统,从而实现艉轴管滑油"零泄漏"。

该船具有良好的温室气体排放控制性能,不仅满足 MARPOL 公约当时即将生效的关于新船能效设计指数的要求,而且满足 MARPOL 公约关于温室气体排放到 2025 年的第二阶段的减排要求。

该船具有均质装载、隔舱装载、多港装卸等多种灵活的装载模式,可满足船东的各种个性化需求。为适应更高的货物装载速率,该船配有两台3 000 立方米/时的压载泵,以配合高效装货的需要。该船配有优选的装卸货程序,提高装卸货效率,节省停港时间。

四、115 000 吨迷你好望角型散货船

该船是江南造船(集团)有限责任公司针对巴拿马运河拓宽后的新规而研发设计,由上海江南长兴重工有限公司建造。首制船"时代 20"号于 2010 年成功交付上海时代航运有限公司。该船总长 249.8 米,型宽 43 米,型深 20.8 米,设计吃水 12.2 米,结构吃水 14.5 米,结构吃水时载重量 115 000 吨,航速 15 节。

该型船在设计模式和建造流程上,都取得了多项核心技术突破。吃水浅,具有良好的适航性和高效低耗特点。

该船应用 CFD 计算与船模试验相结合的先进设计方法,在国内率先创新开发了"VS‐bow"艏部线型,提高了快速性,降低了船舶在波浪中的失速,在实船的应用中,取得了优良的效果,并获得国家发明专利。油耗、航速及载重量等主要船型指标优于国内外同类船型,处于领先地位,航运经济性优秀,具有很强的市场竞争力;船舶能效设计指数(EEDI)满足规定要求,并有一定裕度,从而很好地控制了温室气体排放。

该船针对 CSR 对船舶结构重量的影响进行了详细的分析,并通过详细的

计算、合理的改进和系统的优化措施,控制了空船重量,使得该船型的载重量、航速、油耗等主要指标不但在国内遥遥领先,而且达到日本同类船的国际先进水平,一举扭转了我国散货船技术指标普遍落后于日本同类船的局面。

该船的氮氧化物、硫氧化物和大气颗粒物等危害环境物质的排放标准达到了 IMO 最新要求,提供了压载水管理和燃油舱保护的解决方案,明显地降低了船舶对环境的不利影响。

攻克了焊接精细化的设计及工艺、总段搭载、上层建筑总体吊装和规范化、标准化、快速化造船等建造关键技术,降低了造船成本,提高了建造工效和精度,缩短了造船周期。

首制船各项性能指标优异,营运状态良好。随着后续船舶陆续交付,形成了一条规模化的产品生产线,建立起一支设计、建造的技术队伍,并带动了钢铁、机电配套和相关船用材料等方面产业化建设与发展。

五、20.8 万吨纽卡斯尔型散货船

该船由中国船舶及海洋工程设计研究院设计,两型首制船分别在江苏扬子江船业集团公司和泰州中航船舶重工有限公司建造,2016 年交船,分别命名"Helaga Oldendorff"号和"Hermann Oldendorff"号。该船也是第一代"M.Whale"纽卡斯尔最大型散货船。

该船总长 299.95 米,型宽 50.00 米,型深 24.90 米,设计吃水 16.10 米,结构吃水 18.40 米,载重量 170 000 吨(设计吃水)/208 000 吨(结构吃水),货舱容积约 223 000 立方米,服务航速 14.5 节,续航力 30 000 海里,主机型号为 MAN B&W 6G70ME - C9.2 - TII 一台。

1. 节能设计

线型经过多轮 CFD 优化,并经模型试验验证,具有优秀的油耗指标。同时,采用高效螺旋桨配合艉部节能装置,可进一步降低油耗。经实船测速,航速和油耗达到预期指标,综合能效满足 EEDI 第二阶段要求。

图 4 - 20　20.8 吨散货船"征服者"号

　　该船实际载重量达到 20.9 万吨。空船重量较国内同型船轻 5%,为船厂节约了建造成本,为船东带来了更大的载重量收益。

　　该船为直立船首,与传统的球鼻艏线型相比,该船首不仅可有效增加船舶载重量,同时在满载吃水航行时有良好的耐波性,有效降低在波浪中航行的阻力,降低了燃油消耗。

　　主机选择 MAN B&W 公司的绿色超长冲程的 G 型主机,采取降功率/降转速使用,匹配更大直径螺旋桨,提高推进效率。另外主机进行低负荷油耗优化,虽然在一定程度上牺牲了最大功率下的油耗表现,但在经济航速段的油耗得到了较大幅度的降低。

　　充分优化了结构分舱,合理设置压载舱容积,控制完整工况下的弯矩;通过调整货舱舱长的方法,降低货舱进水状态下的中垂弯矩,并且在分舱优化时同时兼顾施工工艺的要求。降低设计弯矩为空船结构重量控制提供了较好的基础,保证了在相同吃水下拥有更大的载重量。

采用燃油加热转换系统对燃油进行处理,该系统利用沉淀柜和日用柜的热燃油来局部加热燃油储存舱吸口处的燃油,使其达到适宜驳运的温度,供主、辅机使用。仅安装少量加热盘管作为应急使用。其主要优点是,降低了加热盘管的热交换损失,节省锅炉燃油消耗;同时减少了加热盘管用量和泄漏风险,降低船东修船成本和营运风险。

在辅机节能方面,对机舱大功率设备采用变频技术,如冷却水泵和风机等,并且设置节能管理系统。通过该系统对变频设备进行功率管理,在不同航行工况、不同主机负荷及环境条件下可实现功率的最佳匹配,达到节能的效果。同时,使机舱风机在低负荷运行时噪声降低,减少了对船员的影响。该船设计时进行了振动和噪声评估,并根据评估结果对设计进行修改,实船测量振动、噪声指标均满足规范要求,得到船东和船厂一致认可。

在废热利用方面,除主机废气经济器外,组合锅炉中增加发电机废气经济器,在航行工况及港内停泊状态都可以有效利用废热资源。

2. 环保设计

该船燃油舱、滑油舱均采用双壳保护,降低了意外泄油引起污染的风险。设置新型的舱底水沉淀、收集、处理和排放系统,最大限度地减少了机舱舱底污油类物质的排放。艉管滑油使用对环境无污染的生物油,避免了艉管滑油的泄漏污染。安装的压载水处理系统可满足 IMO D-2 标准的要求,同时为满足部分压载水管理公约非缔约国对压载水管理的特殊要求,可采取顺序法置换压载水。

主机硫氧化物、氮氧化物、大气颗粒物等的排放满足 MARPOL 公约最新要求,设置低硫油舱,可满足排放控制区对硫化物排放的要求。经过线型优化,并选择高效螺旋桨和低油耗主机后,该船满足 IMO 对 2020 年以后交付的船舶的二氧化碳限排指标要求,二氧化碳排放降低 20% 以上。

该船根据《2009 年香港国际安全与环境无害化拆船公约》的要求,提供船上有害物质清单,从设计建造阶段控制有害物质使用,减少对环境的影响,可以实现船舶"绿色拆解"。

3. 操作便利

该船配置两台 3 000 立方米/时的压载泵,可以满足大型矿砂码头装货速度的要求。考虑到船东的日常营运需要,顶边舱设置排舷外阀,方便压载水重力式排放。而且设置大排量扫舱泵,避免了由于扫舱不及时造成的货损。

该船在货舱底墩设置洗舱管系接口,而且相邻货舱之间底墩两侧设置人孔盖,方便船员洗舱作业。在顶边舱设置独立的洗舱水舱和污水舱,避免洗舱水对环境敏感地区的影响。

通常重压载货舱在压载/排压载操作时通过舱盖上的百叶窗进行透气,压载操作完成后需关闭百叶窗以避免压载水从其中晃荡溢出。在压载作业时船员忘记打开百叶窗,将导致货舱承压过大而导致结构损坏。为此,该船重压载货舱增设透气帽,压载/排压载作业不需要开启百叶窗,避免了由于操作失误而导致货舱损坏的风险。

4. 营运安全

在相对隐蔽的位置设置防海盗安全舱室,并对进出通道、通风、饮水等方面采取一系列措施。安装船舶保安报警系统,在遭遇海盗劫持或武装攻击时可通过该系统,向主管当局发送船对岸保安警报,最大限度地保证船舶和船员的安全。

六、120 000 吨散货船

该船为中国船舶集团旗下中国船舶(香港)航运租赁有限公司订造,由上海船舶研究设计院设计,中船黄埔文冲船舶有限公司承担生产设计和建造。2020 年 5 月,首制船"CSSC CAPE TOWN"号(见图 4 - 21)交付。

该船总长 255 米、型宽 43 米、型深 20.5 米,结构吃水 14.6 米,航速14 节,载重量 120 000 吨,货舱容积135 000 立方米,续航力 22 000 海里,用于装载煤炭、谷物等散货。该船是全球第一艘满足 HCSR 的标准好望角迷你型散货船。

图 4-21 "CSSC CAPE TOWN"号

1. 线型设计

该船快速性指标非常先进,艏部采取直立球鼻艏设计,阻力性能优秀,艉部拥有上佳的伴流分布,有助于提高螺旋桨推进效率。

除了快速性能以外,在线型设计时还兼顾船舶的操纵性能和耐波性能。利用上海船舶研究设计院自研软件计算操纵性能,保证满足操纵性规范要求。艏部水线进流处平缓,相对其他同类船型拥有更瘦的水线面,可以在恶劣海况时更容易切开波浪,明显降低波浪增阻。采用降低风阻的上层建筑布置。

2. 总布置

该船共有 7 个货舱,货舱区采用常规的单壳结构。为尽可能提高货舱利用率,已尽可能压缩机舱和艏部长度,从而增加货舱区长度,提高货舱容积。对燃油舱、柴油舱采取了双壳保护措施,满足最新的燃油舱保护规范的要求。将货舱区燃油舱布置在顶边压载舱的位置上,同时采用双壳结构进行隔离。左、右两舷的隔离舱分别用于淡水洗舱水和洗舱污水的存放,淡水可以通过航行中的造水机制造,既节能又可以节约港口的淡水使用费用;同时船舶自身对污水的收集减少了船舶停靠时对港口环境的排污污染,更加经济、方便、环保。

3. 全周期三维结构设计

该船是上海船舶研究设计院首个全面应用实现图纸设绘,三维设计平台进行详细设计的项目。采用 NAPA DESIGNER 和 SPD 软件进行全周期三维结构设计,实现有限元计算,生产设计建模三者并行式的设计流程,从而缩短整船设计周期。

该船在设计初期就有了 NAPA DESIGNER 三维模型。在此模型的基础上,完成全船的有限元模型,建模周期缩短至原周期的 1/3 左右。通过优化布置,结构,节点形式,通过规范和有限元直接计算优化构件尺寸,进行全面的优化设计。全船结构重量得到了有效控制,与建造合同相比,增加了额外的近 500 吨载重量,成果可观。

同时,通过 SPD 软件完成详细设计和生产设计的出图,充分考虑厂里施工工艺,提高的详细设计的施工可行性,也能提高对细节的把控,避免一些结构和布置的冲突,进一步提升详细设计重量,提高整体结构的设计效率。

4. 节能环保

该船的设计已满足 DNV 环保入级符号 CLEAN 的要求。EEDI 超出两阶段要求,可满足未来一系列节能、减排、环保等海事新规的要求。

该船满足对燃油舱保护,氮氧化物、硫氧化物等有害物质的排放、空调制冷剂的选用,焚烧炉排烟及废水、垃圾、压载水的相关处理和排放要求。为此,该船根据 MARPOL 和船级社的要求,采取一系列措施包括,燃油舱保护、舱底水系统的优化,空调、冷藏设备的选型等。并设置了低硫燃油和低硫柴油储存舱以满足船舶在 ECA 区域航行时对硫化物排放的要求。

该船安装了多种节能控制系统,如中央冷却变频系统、机舱风机节能变频系统及脱硫变频系统,配置了多达十三套变频器.在网变频负荷占到电站负荷的 50% 以上.设计团队完成了多源变频负载对电力系统干扰谐波计算及抑制的研究,采取了 AFE 前端滤波、有源滤波等手段有效抑制谐波,最终实现了节能

70%以上的极佳效果。

试航验证该船各项性能指标均达设计要求,操纵性良好,噪声振动控制优异,载重量、航速及油耗均优于合同指标,得到了船东的认可。

七、108 000 吨极地散货船

北极航道的巨大价值已为国际社会所认知,其能大大缩短欧洲、北美和东北亚之间的海上航线,改变世界贸易格局,促成俄罗斯、北美、西欧为主体的环北极经济圈,进而影响整个世界的经济和地缘政治格局。率先开发出完全自主知识产权且国产化设备配套率高的极地航行商船对我国开发北极具有战略意义。

然而,由于极地的低温环境,与普通船舶相比,极地船舶无论是在钢板等船体材料,还是动力装置、导航系统、系泊设备、甲板机械、电器等配套设备方面,都具有特殊性。加之极地是一个生态环境十分脆弱的区域,极地船舶在环保方面的性能至关重要。针对这些特点,海安会 MSC.385(94)决议制定《国际极地水域营运船舶规则(极地规则)》①作为现有 IMO 文件的补充,并在 2017 年 1 月 1 日起对在极地水域营运的船舶强制执行。

为了顺应船舶航运市场的要求,在上海船舶研究设计院积极研究并推出 108 000 吨极地散货船船型。该船由拉脱维亚船东订造,首制船"ADMIRAL SCHMIDT"号(见图 4 - 22)由上海船厂建造,于 2019 年 9 月交付。

该船总长 250.00 米,型宽 43.00 米,型深 21.80 米,结构吃水 14.50 米,结构吃水载重量 104 553 吨,主机为 WINGD 7X62 - B Tier Ⅲ 一台,服务航速 14.08 节。

受多种条件的限制,极地船舶的设计具有挑战性,需要在极区环境保护和极区有效开发、冰区航行和无冰航行等方面保持合理的平衡,获得有效的解决方案。该船设计特点如下:

---

① 《极地规则》

图 4 - 22 "ADMIRAL SCHMIDT"号

（1）极地规范研究与应用。该船满足《极地规则》，为 B 类船，极地服务温度−25℃，集大载重量、低能耗、环保于一体的新一代节能环保型散货船，在线型、主机、螺旋桨、空船重量、总体布置、节能装置等各个方面进行了大量的研究优化。

（2）线型设计。为了尽可能提高船舶操作的灵活度且能破层冰的要求，艏部采用了适应破冰需求的新型斜直艏设计，艏柱与水线面的夹角经优化设计为60 度，最大吃水水线与中纵剖线夹角 59 度，兼顾了船舶在冰区航行的安全性、快速性和破冰性能，敞水快速性好，耐波性能好，波浪增阻小。

适风浪的船尾和螺旋桨设计，采用可调距螺旋桨，保持风浪中螺旋桨的高效能和冰区航行安全性，并最大限度地保证排水量。

该设计的快速性较为优秀，不亚于传统有球鼻艏的艏部线型设计，设计航速的剩余阻力系数为 0.536，阻力性能在相同主尺度非破冰船中处于优秀水平。

最大吃水下设计航速时的波形,表明艏部波形较平稳,兴波阻力较小。

(3) 结构重量控制及安全可靠性分析。控制初始设计值,合理优化货舱划分,以最大限度降低静水弯矩及剪力值。优化肋距,纵骨间距及强框间距,多种分析比较,强框布置更均匀,确定对构件尺寸最有利的间距。采用横骨架式两平台的方案,并大量采用了等间距纵骨布置和肋骨垂直于外板布置。这样能较好地控制了板格和板架,进而降低了结构重量及建造难度。

通过有限元法(finite elements analysis,FEA)细模分析,对比各种加强方案,优化关键节点形式。与船厂工艺及其他专业有效结合。例如,与船厂生产工艺相结合,使分段线,板缝线,与构件尺寸最优化达到最佳平衡。

根据 HCSR[①] 的特性,和 POLAR CLASS[②] 对于钢级的要求,合理设计高等级钢,B级钢的分布范围。保证满足规范要求的同时,尽量控制钢材成本。为满足 HCSR、POLAR CLASS 要求,进行多方案的直接计算分析,以达到结构重量的最优化,其中 POLAR CLASS 的 FEA 直接计算是首次在 HSCR 船舶上实施。

(4) 满足极地航行的露天甲板、机舱、生活区的防冻化设计。

(5) 环保设计。该船 EEDI 指数约为 2.92,比第二阶段基线值低了约 5.8%,能效指数表现十分优异。

该船采用脱硫塔控制硫排放,通过机舱布置,在上层建筑机舱和机舱棚内预留出可安装混合式脱硫塔及其设备舱柜等的区域,方便船东根据实际营运情况进行改装。此外,为满足氮排放要求,将主机高压选择性催化还原系统布置在下平台右舷,辅机低压选择性催化还氧系统布置在上甲板机舱棚内,从而满足了氮排放 Tier-Ⅲ 的要求。

该船型对《极地规则》的深入研究和应用,积累实践经验,为我国自主研发适应北极航道要求的高性能极地船舶奠定了基础。

---

① 协调共同结构规范,harmonized common structural rules。
② 破冰船的等级。

八、210 000 吨纽卡斯尔型散货船

该船由上海船舶研究设计院为中远海运散货运输有限公司设计,由扬州中远海重工有限公司建造。2020 年 12 月,首制船"惠智海"号(见图 4 - 23)成功完成试航。该船总长 299.95 米,型宽 50.00 米,型深 25.20 米,设计吃水 16.10 米,结构吃水 18.50 米,载重量 177 000 吨(设计吃水)/211 000 吨(结构吃水),货舱容积 226 000 立方米。

图 4 - 23 　"惠智海"号

该船可装载卷筒钢板和甲板货,不仅适应西非港口的特殊条件,还可在多个港口分批进行货物装卸,同时兼顾了装载卷筒钢板和甲板货的要求,进一步提高了经济效益。

该船入级中国船级社和英国劳氏船级社,满足最新的协调共同结构规范和EEDI 标准,同时满足中国船级社智能船舶规范,具有安全、环保、绿色、节能、智能等特点,是技术领先的新一代纽卡斯尔型散货船。该船以 205 000 吨级散货船为母型船,对各项指标和绿色经济性进行优化,设计特点如下:

(1) 总布置优化:结合最新的 HCSR 规范,对舱壁顶墩和底墩以及槽型舱

壁的结构进行合理的调整,综合考虑货舱双层底及甲板的结构强框,并保证货舱开口的最大以方便船东装卸货。双层底的高度除了考虑 SOLAS 破舱稳性的要求,还初步考虑了压载管系控制阀及电缆的布置;线型在之前优秀母型船的基础上综合考虑主机的变化及载重量指标进行优化,安装节能导管和消涡鳍,进一步降低阻力。调整货舱内壳,调整机舱段油舱的布置,调整压载舱舱容及分布,在尾尖舱仍为空舱的前提下,不增加结构总纵应力,且满足螺旋桨浸没及视线等稳性横准,使得出港浮态最优。

(2)空船重量优化:由于该船是 205 000 吨级散货船的船型升级版,并满足协调共同结构规范,总纵弯矩、剪力增加较多的情况下,进行了结构过优化设计,严格控制结构重量及余量,最终结构重量约为 25 800 吨,比母型船重约 500 吨,占结构重量的 2% 左右。针对大型散货船结构零件数多、碎板多、钢板种类数多的情况,采取有效措施,使结构零件数降低了 6%,大幅降低了空船重量,既降低了建造成本,又便于后期维护。经适航验证,该船服务航速超过技术规格书中的要求,油耗、载重量及舱容等性能指标均达国际先进水平。

(3)严格环保设计标准:中央冷却水系统、机舱风机、脱硫洗涤塔配置变频控制系统,降低船舶燃油消耗;具有绿色、洁净、燃油舱保护、灰水控制等多种环保附加符号。

(4)智能船舶:配备船体应力监测、智能航行、智能机舱、智能能效管理、智能集成平台等功能和配置。

第六节 典型矿砂船

我国自行设计建造的大型矿砂船的主要技术参数、设计/建造/交付情况如表 4-6 所示。

表 4-6 我国自行设计建造的大型矿砂船的
主要技术参数、设计/建造/交付情况

序号	船 名	主要技术参数	设计/建造/交付情况
1	23万吨矿砂船	总长324.99米;型宽52.5米;型深24.3米;吃水18.1米;货舱容积153 000立方米;载重量230 000吨(结构吃水);服务航速15.14节;主机为MAN B&W6S80MC-C7一台	中国船舶及海洋工程研究设计院设计;中船广州龙穴造船有限公司建造;首制船"中海兴旺"号于2010年交付
2	30万吨矿砂船	总长330米;型宽57.00米;型深28.60米;载重量315 000吨(结构吃水);服务航速15节	中国海运集团订造;中国船舶及海洋工程研究设计院设计;大连船舶重工集团有限公司建造;首制船"中海荣华"号于2011年交付
3	第一代40万吨级矿砂船	总长360.6米;型宽65米;型深30.5米;设计吃水22米;载重量37 800吨(设计吃水)/400 000吨(结构吃水);航速14.8节	巴西淡水河谷矿业有限公司订造;上海船舶研究设计院设计;江苏熔盛重工有限公司建造;首船"Vale Brasil"号于2011年交付
4	25万载重吨超大型矿砂船	总长325.00米;型宽57.00米;型深25.00米;设计吃水18.00米;结构吃水18.70米;主机为WARTSILA 6RT-FLEX82T一台	山东海运股份有限公司订造;中船重工船舶设计研究中心设计;青岛北海船舶重工有限责任公司建造;首制船"山东和谐"号于2014年交付
5	第二代40万吨矿砂船	总长362米;型宽65.00米;型深30.4米;结构吃水23米;航速14.5节;主机为MANB&W 7G80ME-C9.5LOW LOADEGB一台	招商轮船①订造;上海船舶研究设计院设计;上海外高桥造船有限公司建造;首制船"远河海"号于2018年交付
6	26.2万吨矿砂船	总长325.00米;型宽57.00米;型深25.00米;设计吃水18.00米;载重量262 213吨;服务航速15.1节	山东海运股份有限公司订造;上海船舶研究设计院设计;青岛北海船舶重工有限责任公司建造

① 招商局轮船股份有限公司。

序号	船　名	主要技术参数	设计/建造/交付情况
7	40 万吨级智能化矿砂船	总长 362 米；型宽 65 米；型深 30.4 米；结构吃水 23 米；航速 14.5 节	招商轮船订造；上海船舶研究设计院设计；上海外高桥造船有限公司建造；首制船"明远"号于 2018 年交付
8	32.5 万吨矿砂船	总长 340 米；型宽 62 米；型深 29.5 米；结构吃水 21.4 米；载重量 325 000 吨（结构吃水）；入级韩国船级社	韩国泛洋海运订造；上海船舶研究设计院设计；江苏新时代船厂建造；首制船"Sea Guaiba"2019 年 11 月交付；同批共 6 艘。

一、230 000 吨矿砂船

2010 年初，由上海船舶研究设计院研发设计，中船广州龙穴造船有限公司建造的 230 000 吨大型矿砂船首制船"中海兴旺"号交船，该船是"超大型矿砂船船型开发项目"中开发的船型之一。

该船总长 324.99 米，型宽 52.5 米，型深 24.3 米，吃水 18.1 米，货舱容积 153 000 立方米，载重量 230 000 吨（结构吃水），服务航速 15.14 节，续航力约 30 000 海里，主机为 MAN B&W6S80MC - C7 一台。

该船的设计建造满足 IACS 对新造矿砂船的要求，主要设计特点如下：

（1）线型优化。为了提高船舶的经济性，在主尺度限制条件下加大载重量。特别是 IMO 对散货船安全要求的提高（如要求设置艏楼、船舶疲劳寿命按 25 年计算等）将使矿砂船的空船重量增加，所以需要选取更大的方形系数。为了达到上述目标，该船的线型设计中，在原有优秀超大散货船线型的基础上，适当加大艏部线型丰满度，选择最佳的浮心纵向位置，对艉部线型则保持流线的平顺以提高推进效率，从而达到良好的快速性。

（2）货舱布置。全船分为 5 个货舱，纵舱壁距离船侧板超过 B/5（10.5 米），第一货舱为小舱，设 1 个货舱口；第二～第五货舱为大舱，每舱设两个货舱口，减少货舱数量可使货舱间的水密横舱壁数量减少,从而减轻船体重量,而且货舱加大后结构强度也可满足相关要求。230 000吨级矿砂船总布置如图4-24所示。

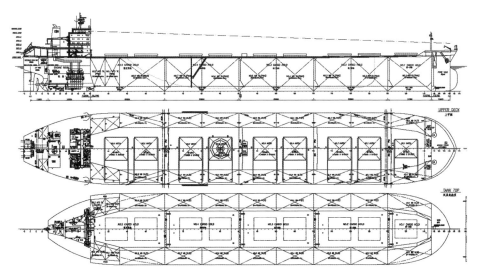

图4-24   230 000吨级矿砂船总布置

(3)结构设计。对船体货舱段结构进行三维有限元计算研究。对货舱区域结构进行校核,凡不满足屈服强度和屈曲强度要求的部位均进行了加强。由于结构承受的载荷大,对高应力区域可能产生应力集中的重要结构节点进行疲劳强度计算分析。对货舱区域结构进行了疲劳强度校核,确保满足疲劳寿命25年的疲劳强度标准。

(4)环保方面。该船的布置符合IMO海洋环境保护委员会的各项环保要求。

通过选择合格的主机和辅机,以及冷冻机和空调机组等的制冷剂的使用和管理,满足MARPOL公约附则Ⅵ有关船用柴油机氮氧化物排放等要求;通过设置低硫油舱及相应的系统,在硫氧化物排放控制区使用合格的低硫油,满足硫氧化物排放控制;两对燃油舱位于机舱前的第五货舱的边舱内,设置隔离空舱进行保护,并设置了低硫燃油舱。全船布置8对压载舱,艏尖舱和艉尖舱为空舱,采用排空法进行压载水置换。甲板室的后部设置符合要求的垃圾站等。

该船经过近一年时间,不停往返航行于国内与澳大利亚的矿砂港口的营运证明,该系列船的设计和建造是优秀的,具有节能环保、经济性好、适应性强、操纵灵活、自动化程度高等优点。该船型投入运营,为航运公司增加了的新运能,提高竞争力,同时也创造了良好的经济效益。

230 000 吨矿砂船开发、设计和建造的经验,已经运用到以后开发的 30 万吨矿砂船及 40 万矿砂船的开发、设计和建造中,为其他船型的设计打下了很好的基础。

二、30 万吨矿砂船

2007 年,中国海运集团订造了 6 艘 30 万吨矿砂船,由中国船舶及海洋工程设计研究院设计,大连船舶重工集团有限公司建造、自 2011 年起陆续交船,首制船命名"中海荣华"号。

该船总长 330 米,型宽 57.00 米,型深 28.60 米,载重量 315 000 吨(结构吃水),5 个货舱,舱口盖数量 8 个,货舱容积 182 000 立方米,服务航速 15 节,续航力 25 000 海里,定员 30 人。

(1)在满足主尺度要求的前提下,需尽量增大方形系数以达到载重量指标,这也成为线型设计的难点。选择低速肥大型船常规球鼻艏、球艉设计,以达到最佳阻力和推进性能,其平行舯体长度接近垂线间长 1/3。受总长限制,尽量缩短球鼻艏的长度,并优化形状,使前端呈竖直状。

(2)在全船基本结构布置中,对全船内壳折角、双底高度、双壳宽度、纵舱壁折角线、横舱壁位置、强框间距等进行优化,根据拓扑优化原理,选择最佳结构布置方式(见图 4 - 25)。

大型矿砂船在满载工况时出现最大静水中垂弯矩。该船力求货舱长度尽可能大,以分散货物重量,降低中垂弯矩。货舱设计为 4 道槽形横舱壁,将货舱区域划分为 5 个货舱,舯部 3 个货舱长度相同,艏、艉货舱稍短。中间 3 个货舱

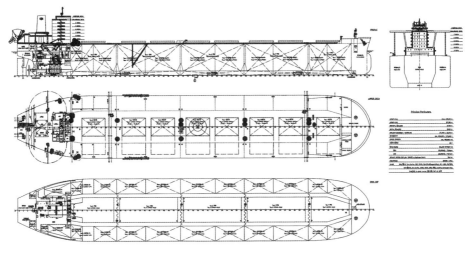

图 4-25 30 万吨矿砂船总布置图

各设两个舱口,艏、艉货舱各设 1 个舱口,共 8 个舱口。每个舱口设 1 个舱口盖,尺度相同,电动液压单边开启。

由于铁矿石密度大,压载水舱的边舱空间富余。通过大量组合计算,确定合适的压载水舱数量及分布,尽量降低总纵弯矩。货舱区域边舱共有 10 对,其中 8 对为压载水舱,其余两对为空舱。压载水舱分布确保所有压载工况最多出现 1 对不满舱。该船设置了 3 种压载工况供船东实际应用:轻压载工况、正常压载工况和风暴压载工况。根据海况及航行情况,该船只需注入一对或两对舱即可实现不同压载工况之间转化。

通过自主开发软件进行全船有限元和舱段有限元计算、疲劳强度计算以及振动、噪声预报,并进行结构节点优化和相关计算,以及轴系营运安全性技术服务。对于矿砂船船体结构中最为复杂的机舱结构,常规规范校核方法不能保证足够的结构强度,船级社从建模准则及边界条件、载荷及载荷组合、船体梁目标载荷调整方法以及强度评估标准等方面制定了超大型矿砂船机舱有限元直接技术方法,并开发专用软件。另外具有更高技术分析精度的高级屈曲评估软件COMPASS-ABA 对 30 万吨超大型矿砂船的关键区域结构设计安全起到重要保障作用。

该船首创了与结构一体化的永久性检验通道,极大提高了进行船体结构检查时的安全性、便利性,节省了建造工时和成本。

(3) 空船重量是船舶设计水平的重要体现之一,与船厂和船东经济效益紧密相关。该船在设计中,从货舱及舱口数量选取、压载水舱合理分布、总纵强度控制和高强度钢应用比例等方面入手,进行综合考虑,并对全船范围内30多个典型横剖面局部强度和总纵强度进行设计,包括所有结构的分区域舱段有限元分析,全船结构的强度校核、结构形状优化和尺寸优化,最终空船结构重量比国内同等吨位矿砂船平均重量轻10%。

(4) 该船装/卸货程序简便、易操作,营运经济性高。提高装/卸货效率是大型矿砂船设计需要突破的难题之一,尤其是达到单舱装载要求。除了对货舱数量和舱口数量进行论证优选外,还要考虑舱口面积和舱底面积以及纵舱壁倾斜角度等方面的设计,尽量减小卸货死角。在满足总纵强度基础上进行结构加强,大大简化装卸货布置,提高装货效率。控制整个装载过程中船舶浮态,避免大纵倾产生,重点关注装载过程中的码头净空限制;满足载重量曲线对货舱装货量与吃水的限制条件;确保压载水排空速率与装载速率相匹配,避免出现装货等待压载水排空的情况,造成延迟装载。该船装/卸货时压载水自艏向艉依次排空,并将整个纵倾控制在垂线间长的1%内,有效降低装料臂移动次数。

该型船首制船交付后实际营运情况表明,与同类船相比,其航速较高,油耗较低,空船重量轻,经济性良好。该船获2013年中船重工科技进步奖二等奖。

三、40万吨级矿砂船

(一) 第一代40万吨级矿砂船

为满足巴西到中国的铁矿石进口运输需求,2008年8月,巴西淡水河谷矿业有限公司与江苏熔盛重工有限公司签订"12艘40万吨级超大型矿砂船建造合同"。该船型由上海船舶研究设计院设计。

2011 年 5 月,首制船建造完成,交付巴西淡水河谷矿业有限公司,并命名为"Vale Brasil"号。该船型是第一代 40 万吨矿砂船。该船总长 360.6 米,型宽 65 米,型深 30.5 米,设计吃水 22 米。设计吃水下的航速 14.8 节,续航力 25 000 海里。其设计特点如下:

(1) 该船型能满足现有巴西 PDM 港、Turbrao 港泊位码头,以及中国天津曹妃甸港区吃水限制最大尺度的矿砂船,载重量 37 800 吨(设计吃水)/400 000 吨(结构吃水)。

(2) 优良的船舶线型。为了达到预定的载重量和航速,在原有优秀超大散货船线型的基础上,采用了垂直型船首,适当加大了艏部线型丰满度;对艉部线型则保持流线的平顺以提高推进效率,从而达到良好的快速性。同时利用 CFD 程序进行了多方案线型设计优化,选取最优的方案进行船模试验,在挪威 MARINTEK 水池的试验表明,快速性较好,航速达到了预期目标,在设计吃水时服务航速达到 14.87 节。

该船属于典型的肥大粗短的超大船型,其操纵性特征表现为"回转性尚可,但航向稳定性与应舵性差"。该船的操纵性必须满足 IMO MSC137(76)决议——"船舶操纵性标准"。经过尝试不同的艏、艉部线型组合及不同的舵叶线型,最终确定以不改变船体线型为前提,通过在船尾加装稳定鳍、增加舵面积、结合高效舵线型、在底部安装止流板等方法,来改善操纵性,并最终通过试验得到了很好的验证。

(3) 总体布置与结构设计。为减轻空船重量,该船采用 B-100 型干舷,型深可减少 0.2 米,艏楼高度可降低 1 米。按 B-100 型干舷要求校核破损稳性,满足要求。为满足船东节能减排、绿色环保的要求,在保证船舶压载及航行状态安全的前提下,该船使用尽量少的压载水。这样能减少压载水的灌注和排放时间,达到减少能耗的目的。该船压载舱容积为 19 万立方米,约占全部边舱总容积的 65%。同时,在压载工况和压载水置换工况下,船体静水弯矩能得到有效控制。

该船型纵舱壁倾斜角度接近77度,货舱底部面积较小,造成内底板单位面积上载荷较高。因此为了确保双层底结构的强度和刚度,采用较高的双层底高度设置(达到4.8米)。

船东对该船型非常满意。第一代40万吨级矿砂船开发设计成功,为船厂获得了批量建造16艘订单。

(二)第二代40万吨级矿砂船

在2008年完成第一代40万吨级矿砂船的设计后,通过5年的不断优化,2013年上海船舶研究设计院推出第二代40万吨级矿砂船设计,在节能减排、绿色环保、结构安全、营运便利性等方面有了较大提升。2016年,开工建造,2018年初首制船"远河海"号建成并首航。

该船船长362米,型宽65.00米,型深30.4米,结构吃水23米,航速14.5节,主机为MANB&W 7G80ME - C9.5LOW LOADEGB一台。其设计建造特点如下:

(1)性能指标提升:该船日油耗降低20吨,比上一代产品油耗降低了18.8%,单位重量铁矿石运输成本较20万吨级矿砂船降低30%;配置了将来可满足全航程的可改装LNG Ready方案,以满足未来使用LNG作为燃料的环保需求,未来在提高该船型经济性的基础上又满足了硫化物排放方面的公约要求。机舱和最后第七货舱之间预留LNG①燃料罐空间可满足25 500海里续航力,LNG燃料舱整体结构舱容为17 778立方米,装载LNG独立舱,舱容13 368立方米,在可改装LNG助力未改装前,LNG燃料舱为空舱(见图4-26)。

(2)结构提升。第一代40万吨级矿砂船投入营运后积累了很多的宝贵经验,也进行了一些结构上的修改和加强,经过分析,新一代船型结构安全进一步提升:边舱强框架结构升级为双横撑;载货舱的横舱壁采用槽型横舱壁,并设置顶墩和底墩;船底结构采用双层底结构,并于横舱壁处设置局部短纵桁;边舱的横舱壁采用平面横舱壁,设置垂直扶强材、纵向水平桁;边舱强框架设置两根

---

① 液化天然气,liquefied natural gas。

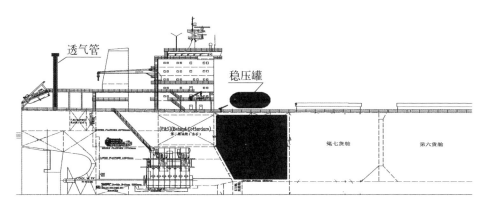

图 4-26　LNG 燃料罐布置图

横撑材；甲板设侧移式舱口盖，舱口角隅设置局部插入板。

　　该船采用最新应力监控系统，随时对船体安全进行预报预警，装卸货过程实时监控。

　　（3）快速装载。为提高装卸效率，新船型满足单舱一次性装载的快速装载需求，可满足最大 1.6 万吨/时的装卸速率要求，提升装卸效率，减少装卸时间。

　　（4）载运易流态矿砂。国际上对载运易流态矿砂有一定的市场需求，国际海事组织也相应修订了国际海运固体散货规则（International Maritime Solid Bulk Cargoes，IMSBC CODE）［MSC.393(95)］，对精细矿砂纳入 A 类货品管理，载运超出可流态化货物的适运水分极限货品的需求也由此产生，为满足该需求，在新船型上引入新的计算方法和措施确保安全，并增设了水分收集和排除系统。

　　（5）技术手段升级。矿砂船型技术审核手段更丰富，在新一代船型设计审核中，运用多种结构高级计算校核方法，如高级屈曲、波激颤振对船体梁疲劳强度评估、颤振对船体梁极限强度评估、艏艉货舱及机舱有限元计算、全船疲劳谱分析、振动及噪声评估等，全面提升了结构安全性。

　　（6）推广高效焊接技术和无损检测新技术使用。40 万吨超大型矿砂船船型上大量使用超厚钢板，为此，船厂普遍选用了双丝埋弧焊的高效焊接方式，新技术的应用在重量控制上起到了保证作用。相控阵超声检测和衍射时差检测作为目前最为先进的无损探伤技术,对厚板焊接及铸钢件缺陷的检出率及可靠性上都有着传统探伤无法比拟的优势。

(7)智能化船舶。新一代船型创新催生了智能化船舶,通过构建服务智能系统的网络平台和信息平台,实现辅助自动驾驶、能效管理、设备运维、船岸一体化通信、货物液化监测等五大智能模块功能,并探索船岸大数据管理,将成为引领未来发展的有益尝试。

(8)绿色节能。设计团队依靠强大的线型开发水平和大方型系数船型数据库,在优化线型的基础上,配备新一代长冲程电喷主机,装设了消涡鳍和非对称前置导流罩,均为我国自主设计和制造,其中节能导流罩最大直径达 7.8 米,重达40 余吨,是目前世界上最大的前置水动力节能装置,螺旋桨效率提升了约 4.4%。

四、25 万吨级矿砂船

为运输从澳大利亚到中国的铁矿石,山东海运股份有限公司订造了25 万吨级超大型矿砂船,中船重工船舶设计研究中心开发、设计,青岛北海船舶重工有限责任公司建造。2014 年 11 月,首制船"山东和谐"号交付。该船总长 325.00 米,型宽 57.00 米,型深 25.00 米,设计吃水 18.00 米,结构吃水18.70 米,货舱容积 160 000 立方米,载重量 250 000 吨(设计吃水),主机为WARTSILA 6RT - FLEX82T 一台。

(1)优良的线型设计。在船线型设计过程中对艉封板的高度进行了调整,CFD 计算结果显示艉封板高度影响该船的阻力性能,抬高艉封板能够降低该船的兴波阻力和黏性阻力。

为了改善艉部伴流,在不增加船体阻力的前提下将球艉布置更加突出,借此实现提高船体推进效率的目的。该船选用低转速主机,螺旋桨直径约 10 米,在艉部轮廓设计时确保满足与桨叶梢间隙的要求。最终在德国汉堡水池完成了船模试验,试验结果显示快速性指标在裸船体不带节能装置的情况下就能达到 15.00 节的合同指标,且得到汉堡水池的高度评价:该船的快速性能在其数据库中是最优的。

（2）分舱布置与压载水配置。该船货舱区域仅中央部分为货舱，共设置 9 个货舱，相比于常规船型 5 个货舱的分舱形式，9 个货舱的布置在装卸货的灵活性以及结构的安全性上更为优越。

在对压载水舱的数量、分舱和布置位置上，综合考虑了弯矩、剪力、装卸货顺序与多港口工况协调一致。最终把第二、第六和第九货舱段的边舱设置成空舱，而并未采用全部设置为压载舱，有效地把该船的压载水总量控制在 115 500 立方米左右，远远低于同类船的压载水量。压载水量的减少，一方面可以缩短排放和灌注压载水的时间以减少能耗；另一方面也可满足澳大利亚港口装矿高速率的要求（装矿速率为 16 000 吨/时）。该船满足 CCS 单舱装载要求（EL100），即在货舱装载过程中，100％完成了某个舱的装载之后再进行其他舱的装载，直到全部货舱装满。

（3）节能环保设计。该船配有高压岸电系统和压载水处理装置，并可选配脱硫/脱氮装置，LNG 双燃料方案。与现有船型相比，每吨货物减排二氧化碳 28％，硫氧化物 55％，氮氧化物 38％。

为确保航速和更加节能，该船加装艉部水动力节能装置——消涡鳍。模型试验结果表明该装置可使螺旋桨推进效率提高近 2.2％，航速提高 0.12 节，效果明显。实船试航航速 15.07 节，略高于合同指标。实船 EEDI 验证满足第二阶段要求。

为了能够达到尽可能低的油耗的目的，线型设计历时两年，经过三次优化、四次船模试验，加装节能装置，优化主机工况点等，最终油耗水平与传统的好望角型散货船相差无几，日油耗约 61.6 吨，而比 230 000 吨矿砂船单位油耗下降 15％以上。

该船型建成后，首航装载 253 535 吨矿石完成澳大利亚到中国的航程，船东反映良好，非常满意。

五、262 000 吨矿砂船

该船由山东海运股份有限公司订造，上海船舶研究设计院设计，青岛北海船舶重工有限责任公司建造,首制船于 2015 年 3 月交付使用。

该船总长 325.00 米,型宽 57.00 米,型深 25.00 米,设计吃水 18.00 米,结构吃水 18.7 米,载重量 262 213 吨(结构吃水),货舱容积 160 040 立方米,服务航速 15.1 节,续航力 30 000 海里。

该船是一型具有完全自主知识产权的节能环保、安全经济、装卸高效的优秀船型,贯彻了"绿色环保"的设计理念,体现"以人为本"的设计思路。该船取得 CCS Green ship Ⅱ 附加标志,振动、噪声指标优秀,被英国皇家造船师学会评为"2015 年度全球优秀船型"之一。该船设计特点如下。

(1) 采用 CFD 程序与模型试验研究一体化的现代先进技术,对船体线型、螺旋桨、舵和水动力节能装置进行了优化设计,获得了一型综合航行性能和节能减排性能均佳的优秀船型。其 EEDI 比 IMO 参考线低 20.6%,提前达到了 IMO 第二阶段的要求。

(2) 采用了 9 个货舱的设计,相比于常规 5 个货舱的分舱形式,9 个货舱的布置更适合船东对装卸货灵活性以及结构安全性的要求。

(3) 通过结构优化设计,在确保结构强度的基础上有效地控制了船体结构重量,与国内同类船舶比较降低了 1 600 吨。编制了《大型船舶机舱有限元直接计算方法》作为中国船级社的机舱结构强度评估依据,促进了规范的发展。提出了新颖桥翼结构设计,减振降噪效果优良。

(4) 通过压载系统整体优化技术及扫舱模拟计算,使压载水总量显著减少,扫舱效率提高,避免了压载扫舱频繁吸空。

(5) 创造性地利用船舶已配置的信号灯及照明灯具兼作直升机夜降信号灯,既优化了系统设计,又降低了建造成本。

(6) 采用分段、总组大型化措施,推行分段预总组、大型平面组立等新工艺工法,研发了"用于压制槽型舱壁的下模具及设备"等高效工装,提高了工作效率和建造重量。

六、40 万吨级智能化矿砂船

2018 年 11 月 28 日,由上海船舶研究设计院设计,上海外高桥造船有限公司为招商轮船建造的 40 万吨级超大型智能矿砂船首制船"明远"号交付。该船是"智能船舶 1.0 研发专项"的重要成果。

该船为第二代 40 万吨级矿砂船,是中国船级社 40 万吨级矿砂船项目中的首艘智能船,具有 CCS 智能船附加标志"i-Ship(N,M,E,I)"。设计满足 CSA2、LNG - Ready、货物液化、一人桥楼、环境友好等规范和标准要求,使用高效螺旋桨并加装前置导轮等节能装置,具有智能、经济、绿色、环保、节能、安全等特点。

该船的智能化体现在以下几个方面:

(1)该船是中国—巴西航线铁矿石运输的主流船型,航线跨越了三大洋—大西洋、印度洋和太平洋,经过数十个海况复杂多变的海区。首先需要满足的目标是降低船舶控制和管理难度,减少人为操作失误,提高船舶营运安全性,实现视情维护,制订预防性维护计划方案,降低设备故障率,提升船舶可用时间,降低船舶全寿命周期营运和维护成本。

(2)该船装载的是巴西出产的铁矿砂,属于可液化的货物。因此,在航运过程中实时自动监控矿物液化状态,实现对矿物液化程度的安全预报及辅助决策,能大幅提高船舶矿物运输的安全性。

(3)船舶的燃油消耗受航速、装载、气象等多种因素影响,节能减排、降低成本的关键是主、辅机等核心设备保持良好运行状况。考虑风、浪与装载对船舶性能的影响,科学地进行船舶能效管理,在提高经济效益的同时减少温室气体排放,实现绿色航运。

(4)该船的网络通信手段主要采用卫星通信。船东迫切地需要从传输稳定、数据安全、资费经济等角度优化现有的通信方式。针对这些需求,确定船舶辅助自动驾驶、矿物液化监控、综合能效智能管理、设备运行与维护、船岸一体化通信等智能化功能在 40 万吨级超大型矿砂船上示范应用(见表 4 - 7)。

表 4-7　40 万吨级智能矿砂船智能系统一览表

智能应用	功　能　描　述
船舶综合能效	实现船舶能耗监测、实时分析与评估,并提出纵倾优化和航速优化的辅助决策
设备运行与维护	实现设备健康状态监测与评估、设备运行辅助决策(包括主机、轴系、辅机、锅炉、冷却海水泵、冷却淡水泵、主机滑油泵、机舱风机等)
船舶辅助自动驾驶	在船基和岸基都能实现基于确定到达时间、最短航行时间、最小燃油消耗等情况下航线与航速综合优化;以及开阔水域的避碰辅助决策
船岸一体化通信	支持 FBB[①]、VSAT[②]、3G/4G 以及 Wi-Fi 等通信信道接入,支持手动切换信道功能;在自动路由功能模式下,具备"负载均衡模式"和"信道自动切换模式"两种路由模式选择;实现船岸、船船等数据交互应用,其中趋势航线通过船舶通信系统实现双向实时传输
矿物液化监控	实现矿物货物的物态监测、液化程度分级、液化影响分析等功能

　　(5) 智能系统架构。40 万吨级超大型矿砂船的智能系统架构分为感知层、平台层和应用层,如图 4-27 所示。通过感知层实现全船信息感知,经过平台层的数据传输、处理、存储和分发,智能应用模块获得所需要的信息数据,并实现各自功能。

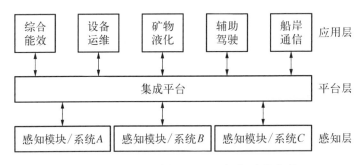

图 4-27　40 万吨级 VLOC 智能系统架构

　　40 万吨级超大型矿砂船在艏部锚机控制室、机舱上平台、机舱下平台、两个数据中心布置了 5 个采集单元,用于将感知信息采集并传输至平台层。结合

---

①　海事卫星通信系统。

②　20 世纪 80 年代初发展起来的一种卫星通信系统。

实船情况优化了布置设计。例如,由于该船船长较长,配置了两套运动传感器,分别安装于艏部储藏室和艉部上层建筑区域的中心线上,可以更好地测量到船舶的运动姿态。根据矿物液化监控系统的开发需求,需要选择在晃荡较大、矿物液化可能性较高的货舱加装传感器,以便获得较为有效的监测结果。因此选择第二货舱的矿砂作为监控对象。

集成平台通过硬件及软件的配置可以实现数据集成、界面集成和应用集成。由于平台的存在,全船的感知信息汇集成数据池,不同的智能应用都可以从数据库中获取需要的信息。同时,无论是界面还是功能,在同一处所只需一套计算和显示终端即可实现多个智能应用的运行和切换。

由于各智能应用的业务信息并未主动汇总到平台层,因此智能应用除了独立开发与测试外,更重要的是与其他应用之间的数据交互测试。在实际应用过程中,船舶航线和航速的优化分别由船舶辅助自动驾驶系统和船舶综合能效系统完成。例如,本着优先确保航行安全、避开台风等恶劣天气的原则,船舶辅助自动驾驶系统将优化后的航线数据传递给船舶综合能效系统才能完成航速优化,此两系统之间数据交互是船舶能效优化的关键。

由于集成平台汇总了全船不同类型的数据,各智能应用在调用相关数据时的方式也是不同的。例如,通过数据库可以实现模拟量调用,而调用文件类型的数据,如海图文件、气象文件等,则需通过连接文件传输协议的方式并配置不同的接口参数。

七、32.5 万吨矿砂船

该船由韩国泛洋海运订造,上海船舶研究设计院设计,江苏新时代船厂建造,首制船"Sea Guaiba"号于 2019 年 11 月交船,同批共 6 艘。

该船总长 340 米,型宽 62 米,型深 29.5 米,结构吃水 21.4 米,载重量 325 000 吨(结构吃水),入级韩国船级社。

该船为单机、单桨、双燃料柴油机驱动矿砂船。该船的设计考虑了操作的经济性、安全性和环境的友好性,满足氮氧化物排放控制、硫氧化物排放要求。该船货舱区域由两道纵向舱壁划分成舯部的货舱和边上的压载舱,整个货舱区域设置双层底,分成前后 2 个空舱,由 6 道槽型舱壁和 1 道平面舱壁,纵向布置 7 个货舱和 1 个 LNG 预留舱。

通过一系列高标准的全船有限元分析及部分重点区域的不同设计方案的比较结果,在有效地保证全船结构强度和疲劳寿命的基础上,对船体结构进行了优化设计,从而降低了船体结构的重量,实现了船体强度和空船重量的合理平衡。

为了保证结构的安全性和耐久性,该船进行了最为全面的结构强度和疲劳计算分析,结构计算要求达到了船舶行业目前的顶级水平。结构安全评估中评估了整个主船体所有构件的屈服强度和屈曲强度,对舱段中发现的几乎所有高应力区域作了局部细化模型分析,从而优化了节点形式。

全船有限元强度计算的结果覆盖到了货舱前体,货舱中体,货舱后体的屈服强度和屈曲强度结果。对这中间应力最大的一处舱口围板结构做了细化有限元分析。

使用水动力分析和谱疲劳方法,评估了所有纵骨节点的谱疲劳强度。通过横向强度直接分析减小横向框架的腹板高度及面板的尺寸,同时也减小了防倾肘板的尺寸,从而用更轻巧但更有效的结构保证了横向框架的刚度。

在保证了纵骨和板架的疲劳强度,以及船体主要节点的疲劳强度,在船中位置得到疲劳结果后,使用疲劳扫描技术预测整个货舱类似节点的疲劳强度,从而保证全船的疲劳安全。

该船的气体燃料预留方案取得韩国船级社 LNG Ready I(SR,ME‑C,AE‑C,B‑C)符号。LNG 改装方案同时兼顾 B 型舱和薄膜舱,所有图纸均做成双套,供船东送审。此外保留了新造船的主要改装配套设备,无论最终船东在改装时选择何种形式的舱,都可以从容应对。

船东表示该船的建造速度和重量均令人非常满意。

第七节　典型运木船与自卸船

我国自行设计建造的自卸船、运木船的主要技术参数、设计/建造/交付情况如表 4-8 所示。

表 4-8　我国自行设计建造的自卸船、运木船的
主要技术参数、设计/建造/交付情况

序号	船　名	主要技术参数	设计/建造/交付情况
1	7 000 立方米运木船	总长 135.35 米;型宽 20.4 米;型深 11.1 米;设计吃水 7.7 米;设计载重量 10 247 吨;舱内散装容积为 15 244 立方米;航速 14 节	上海海运局订造;上海船舶运输科学研究所;大连船厂建造;首制船"森海 1"号于 1980 年交付
2	27 000 吨运木船	总长 172.0 米;型宽 26.0 米;型深 13.4 米;设计吃水 9.52 米;结构吃水 9.55 米;木材舱容 34 984 立方米(舱内)/17 756 立方米(甲板);服务航速 14.2 节;主机型号为 HD-MAN-B&W 5L50MC(MARKV)	中国船舶及海洋工程研究设计院设计;天津新港船厂建造;首制船于 1997 年交付
3	24 000 吨运木船	总长 160.4 米;型宽 25.8 米;型深 13.7 米;木材夏季吃水 10 米;甲板木材堆容 13 747 立方米;舱内木材堆容 31 958 立方米。载重量 24 111 吨(夏季吃水)/25 706 吨(木材夏季吃水);航速 14.37 节	中国船舶及海洋工程研究设计院设计;上海船厂建造;首制船于 1998 年交付
4	1 500 吨自卸煤船	总长 88.5 米;型宽 13.6 米;型深 6 米;设计吃水 3.3 米;设计载煤量 1 800 吨;设计航速 8.8 节	黄岛电厂订造;上海船舶研究设计院设计;青岛市东风船厂建造;首制船"黄电煤 1"号于 1981 年交付
5	59 600/70 800 吨自卸式散货船	总长 225.0 米;型宽 32.2 米;型深 19.5 米;设计吃水 12.5 米;货舱容积 65 000 立方米;载重量 70 038 吨。	加拿大航运公司订造;江南造船厂建造;首船于 1998 年交付
6	9 000 吨远洋散装水泥运输船	总长 130 米、型宽 18.4 米、型深 9.2 米;设计吃水 6.9 米;水泥载重量 8 500 吨;舱容 72 000 立方米;航速 15 节;主机为 MAK 6M32 一台	中华造船厂建造;首制船于 1998 年交付

序号	船　名	主要技术参数	设计/建造/交付情况
7	45 500/55 000 吨自卸散货船	总长 193.99 米；型宽 32.26 米；型深 18.00 米；设计吃水 11.30 米，结构吃水 12.80 米；载重量 45 500 吨（设计吃水）/55 000 吨（结构吃水）；货舱容积 71 630 立方米；服务航速 14.1 节；主机为 MAN B&W 6S50MC－C 一台	意大利 COECLERICI 公司订造；上海船舶研究设计院设计；江苏韩通船舶重工有限公司建造；首制船 "BILK ZAMBESI" 号于 2011 年交付
8	35 500 吨大湖型自卸散货船	总长 225.50 米；型宽 23.76 米；型深 14.75 米；结构吃水 34 500 吨（结构吃水）；货舱容积 41 708 立方米；主机为 MAN B&W 6S50 ME－B9；服务航速 13.0 节	CSL① 订造；上海船舶研究设计院设计；中船澄西船舶修造有限公司建造；首制船于 2010 年交付

一、7 000 立方米运木船

该船由上海海运局订造，交通部上海船舶运输科学研究所与大连船厂联合设计，大连船厂建造，首制船"森海 1"号于 1980 年 10 月投入营运。

该船总长 135.35 米，型宽 20.4 米，型深 11.1 米，设计吃水 7.7 米，设计载重量 10 247 吨，舱内散装容积为 15 244 立方米，包装容积为 14 333 立方米。甲板上堆木包装容积：堆高 4 米时为 4 116 立方米，堆高 5 米时为 5 440 立方米。航速 14 节，续航力 7 000 海里。

该船采用线型剥离的方法，前体用 V 型剖面母型，后体用 U 型剖面母型设计，既有利于船舶稳性及适航性，又能提高推进效率，减少艉部振动。

船体结构按我国《钢质海船入级与建造规范》（1973 年）设计，并有 Ⅳ 级冰区加强，考虑载运部分有生铁等重货，在货舱底部也作了适当加强。

该船设有 4 个长度基本相同的货舱，第二和第三货舱设有斜升底边舱。每个货舱配置 13.5 吨单杆吊各一根，有效长度为 19.5 米，舷外跨距 6 米，共设

---

① 加拿大航运公司。

3～5 吨电动绞车 12 台,每根吊杆 3 台。在货舱区舷侧设可倒式档木立柱及必要的索具以固定甲板木材,舷墙顶宽 0.5 米并设可倒式栏杆以便作为甲板堆木时的前后通道。这种布置和结构是我国设计人员和船员的创造,既不损失甲板面积,又提供了船员通道,且对档木立柱起了支撑作用。"森海 1"号总布置图如图 4-28 所示。

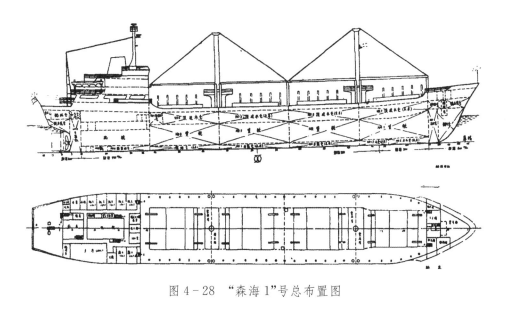

图 4-28 "森海 1"号总布置图

为了便于木材装卸,该船舱口宽度达 59% 船宽,货船区顶部两舷设顶边水舱,其压载量为 1 726.6 吨,大大改善了压载航行性能。4 个舱口均为电动液压折叠式舱口盖,每个舱口分两组共四块舱盖,舱盖负荷为 2 吨/立方米,启闭时间为 1～2 分钟。

二、27 000 吨级运木船

该船由中国船舶及海洋工程设计研究院设计,天津新港船厂建造,是当时该院设计的最大的运木船。该船 1994 年开始设计,首制船 1997 年交船。

该船总长 172.0 米,型宽 26.0 米,型深 13.4 米,设计吃水 9.52 米,结构吃水

9.55 米,木材舱容 34 984 立方米(舱内)/17 756 立方米(甲板)。服务航速 14.2 节,主机型号为 HD - MAN - B&W 5L50MC(MARKV)。

该船设计完全满足 SOLAS 对货船的有关规定、ISO 标准①以及国际引水员协会规定、巴拿马运河法规、苏伊士运河航运规则,以及 IMO 有关规则。

船东提出的配货情况要求极限重心高度较低,对各种吃水工况均需考虑。在破舱计算方面充分计入分舱情况,满足 SOLAS 要求及各种工况下的破舱稳性。

快速性的高要求决定要取用较小方形系数,而该船型深比同类船(如沪东中华造船(集团)有限公司的 27 000 吨运木船型深 13.8 米)小很多,采用大舱口,开口比率大于 0.7,故结构设计难度较大。

采用低速大直径螺旋桨,配以伴流均匀的艉部流场和节能装置后,总推进效率较理想。

该船木材运输绑扎系统根据 IMO resolution A.716(17),英国劳氏船级社木材装载等要求,特别是主柱强度设计,绑扎收藏尚属首次,获英国劳氏船级社认可。

为满足船东对操纵性要求,进行了模型回转性试验,为操纵性设计提供了依据。

三、24 000 吨级运木船

该船由中国船舶及海洋工程设计研究院设计,上海船厂建造。1997 年首制船试航一次成功。1998 年首批 4 艘全部交付船东,如图 4 - 29 所示。

该船总长 160.4 米,型宽 25.8 米,型深 13.7 米,夏季吃水 9.55 米,木材夏季吃水 10 米,甲板木材堆容 13 747 立方米,舱内木材堆容 31 958 立方米。载重量 24 111 吨(在夏季吃水)/25 706 吨(木材夏季吃水)。该船在主机发出 4 489 千瓦时,设计吃水下的试航速度为 14.37 节。续航力 16 000 海里。主机

---

① 国际标准化组织,International Organization for Standardization。

图 4-29 24 000 吨级运木船

常用功率 5 162 千瓦。

该船为一艘运送原木、谷物、煤炭、矿石、钢轧制品、卷筒钢板等多种货物的经济型运输船。该船适用于铲车进舱、抓斗作业,以及在满载下单个空舱、间隔空舱、半舱装载、混装、重货加强等复杂工况,空舱下双层底内不允许有压载水,满载下双层底装压载水,还要满足澳大利亚水域置换压载水的各种要求,总共有 512 种装载工况,均需满足强度和稳性。依靠该院计算机辅助设计优势,实现上述复杂而又恶劣装载工况下的稳性和强度要求。

该船优化线型设计和机桨匹配,采用组合式水动力节能装置。

通过优化球鼻艏形状改善阻力。后体线型消瘦后,伴流均匀,螺旋桨进水充足,以提高推进总效率,然后再采用艉球、舵球和节能环等组合装置,大大提高螺旋桨推进效率,船模试验航速达到 14.22 节,实船试航达到 14.37 节。

货舱结构新颖,下口采用方形结构,扩大了内底板上装货面积。经过优化设计,采用独特的"边墩"结构。得到挪威船级社釜山审图中心的认可。

甲板木材绑扎系统设计先进,使用可靠,操作方便。

该船上甲板两舷边设置钢质方柱，并为固定立柱和可倒立柱两种。经改进设计，在靠近固定立柱处的两根可倒立柱设计为可折叠式，当不装木材时，可倒立柱沿甲板边一字倒下，折叠收藏在立柱边线内，这种形式具有快速一次连续倒立，不占甲板堆木面积，甲板显得整齐宽畅，无阻挡，管理方便等优点，被命名为可倒折叠式立柱。

针对上层建筑前端壁上、下间断的特点，在结构设计中采取了有效防振措施，取得良好的效果。

通过一年多的使用，船东十分满意，在船东意见书中明确提到“你们为我们设计了一艘好船。”

该船技术经济指标先进，达到20世纪90年代中期同型船国际先进水平，获中国船舶工业总公司科技进步奖二等奖。

四、1 500吨自卸煤船

该船是为解决青岛市黄岛电厂海上煤炭运输而开发的项目。黄岛电厂一期工程发电日需煤量约3 000吨，二期工程发电日需煤量约6 000吨。电厂与青岛大港供煤码头一海之隔，往返航程18千米，海上供煤是一条捷径。当时大港煤码头配备有装船效率达每小时几千吨的皮带运输机，黄岛电厂亦设有输煤设施。在该煤炭水运系统最薄弱的环节是卸船作业。若采用传统抓斗卸船方式，不仅效率低，还需要清舱，劳动强度大，环境污染严重。自卸船利用船上自带皮带输送机完成煤炭货物卸货，操作可靠，维修方便，效率极高，不需繁重的清舱作业，大大简化码头设施。

该船由上海船舶研究设计院和西北电力设计院联合设计。首制船“黄电煤1”号由青岛市东风船厂建造，经相关使用单位联合调试、完善，于1981年10月正式投入营运。

该船总长88.5米，型宽13.6米，型深6米，设计吃水3.3米，方形系数0.77，设计载煤量1 800吨，设计航速8.8节，为艉机型、双桨、钢质、全皮带传送重力式喂料自卸船,艉部设甲板室,舯部为斗状重力式煤舱,舱底设有可控制的斗门,煤舱下设有两台水平皮带输送机,大倾角皮带提升机;艏部甲板室后设有悬臂皮带投料机,全部采用国产配套设备。满足我国海船规范对Ⅲ类航区要求。

该船设计从系统工程观点出发,把黄岛电厂水上煤炭运输的装、运、卸作为一个完整的系统考虑。在设计建造过程中成功解决了自卸船的总体布置,货舱舱容损失,短航程散货船压载,长大型舱口的强度,自卸系统选型,大倾角皮带提升,货舱料斗尺度、倾角与物料自流的关系,以及物料破拱自流等关键技术。

卸货效率高,为岸卸的2~3倍,运行周转迅速。该船综合经济效益显著,与普通自航煤驳相比效率提升了60%,单位成本降低了40%,初投资大为减少。营运之初3年里,单船运费节省近400万,船舶投资2年8个月即可收回成本。

投料输送机可将煤炭直接投入岸上皮带机受料槽中,解决了抓斗卸煤时的货损和扬尘问题。

1984年,该船在中国船舶工业总公司鉴定会上通过部级鉴定。

五、59 600/70 800 吨级自卸散货船

1995年9月江南造船厂与CSL和德国沃顿道夫公司签订了3艘7万吨自卸船建造合同,计划于1998年3月交付第一艘,其余两艘在随后的一年中交付。

该船为单螺旋桨、柴油机驱动的大型自卸船,主要装运谷物、煤炭、铁矿石、岩盐、钾碱、铝矾土、碎石、石膏和磷酸盐岩等块粒状货物。该船设单层连续甲板,前倾艏柱带球鼻艏,方艉,流线型悬挂舵和艏侧推器。

该船以江南造船厂建造的70 000吨级巴拿马型散货船为母型,优化后,该船总长225.0米,垂线间长215.0米,型宽32.2米,型深19.5米,设计吃水12.5米,结构吃水14.2米,货舱容积65 000立方米,载重量59 600吨(设计吃水)/70 800吨(结构吃水)。

该船的亮点是实现自卸船设计的飞跃:满足SOLAS 90修正案规定的破

舱稳性新要求,即 1992 年 2 月以后建造的、船长 100 米以上货舱都必须满足按概率论方法计算的破舱稳性要求。通过在第二货舱区域顶边水舱两端各设置一个长度等于 3 米的空舱,以降低破损时的不平衡力矩。

由于增加了艏侧推装置,艏部开设了侧推孔和导流槽,线型作了局部修改,阻力、自航和伴流场测量等补充试验结果表明,该线型能达到合同规定的重压载航速 16.1 节,满载航速 15 节的指标。

全船设置 7 个货舱,总布置如图 4-30 所示。船首部设有艏楼,船尾甲板室为 6 层,布置居住舱室和驾驶室。机舱棚和烟囱部分与艉甲板室分列。在货舱底部,从 F41 肋位到 F241 肋位,设置两列纵向输送皮带弄。货舱区为双壳结构,上、下边水舱相通,纵向皮带弄底部为双底结构,而中央拱形底舱为单底。压载管、电缆等均布置在纵向输送皮带弄内;压载水舱布置在货舱区的上、下边水舱,双底、中央拱形底舱及艏尖舱、艉尖舱。第七顶边舱为货舱区舱底水沉淀舱,第三中央拱形底舱为柴油舱,第六中央拱形舱为淡水舱。燃油舱全部设在机舱内。

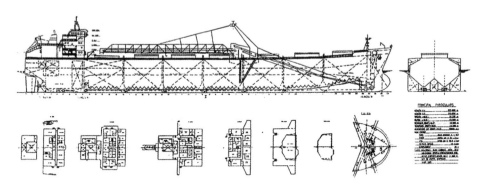

图 4-30 70 800 吨自卸散货船总布置图

该船自卸系统采用重力喂料、皮带输送方式。货舱内物料由货舱底部料斗经可控喂料斗门(controlled flow gate,CFG)喂料于两条纵向舱底输送带上,此输送带将物料送至船首两条横向输送带上,然后由斜皮带输送机将物料提升到上甲板上的悬臂输送带,最后卸出船外。

该船首创 CFG 自卸装置,解决了喂料均匀性和可控性。在以往建造的自卸船上,当物料靠重力由货舱料斗通过斗门向舱底输送带喂料时,一直存在着物料易于结块、堵塞、流动不畅的弊端。而该船货舱的新型料斗取消了传统料斗中的马鞍背,在每个货舱底部形成两条宽 1.2 米,长 21 米的开口,CFG 则是一个覆盖在舱底开口下的可进行前后往复移动的长方形钢质结构板架(21 米×1.8 米×0.23 米)。板架上面开有 8 个长方形开口(1.25 米×0.35 米),开口中心间距为 2.34 米,每个开口下都有一块门板,平常将开口封住,卸货时此 8 块门板随 CFG 一起作前后移动,以调节开口的大小。CFG 板架侧边有 16 个滚轮搁置在舱底支柱的轨道上,由固定在板架两端支柱上的两对液压缸控制其往复运动,液压缸行程为 2.34 米,另外在板架两端还有两对较小的液压缸控制上述 8 块门板的移动,视物料大小和卸货速度的需要调节开口的大小。

这些液压系统由计算机遥控操作,计算机系统根据物料特性以及岸上接受设备的能力,自动调节门板开口的大小、CFG 板架往复移动的速度和皮带机的速度,最终得到稳定、连续的喂料和物料流动。

成功设计气锁室,使机舱与货舱相通并有效分隔,该船船东坚持要求机舱与货舱底皮带弄之间设有通道,以便利轮机人员的操作、设备的维护。为此该船在机舱和货舱皮带弄之间专设一气锁室,在结构上专设一个由底部至上甲板的管弄,在管弄顶即上甲板上有逃口及风雨密门,管弄内,设置应急直梯。在管弄下部内底处,首先有一道横移式水密门,把机舱和货舱皮带弄进行水密分隔(即保持舱壁的水密性)。然后进入一空间,此空间设两扇气密门,一扇气密门通机舱,一扇水密门通货舱皮带弄,在这空间顶部设置一台 0.4 千瓦防爆送风机一直向空间送风,使空间始终保持 500 帕(约50 毫米水柱)的正压,依靠此正压的隔离,使货舱皮带弄的危险气体不能通过此空间进入机舱,从而达到隔离的目的。风机及水密门的开闭均在驾驶室有显示及报警。

六、9 000 吨级远洋散装水泥运输船

为满足国内、外水泥运输船市场需求,中华造船厂为挪威船东设计建造了

2艘9 000吨远洋散装水泥船。首制船1997年开工,1998年1月交船(见图4-31)。

图4-31 9 000吨远洋散装水泥运输船

该船为单甲板、方艉、球鼻艏、单桨、单舵、艉机型船。该船总长130米、型宽18.4米、型深9.2米,设计吃水6.9米,水泥载重量8 500吨,货舱容积72 000立方米,服务航速15节,主机为MAK 6M32一台。

该船总体设计通过建立高精计算技术(神经网络方法)和经济指标的数学模型,优化了该船主尺度和线型。并结合该船的装卸方式、装卸装置合理划分舱室,从而对分舱指数多做贡献以补偿货舱的损失,提高了载重量,同时满足IMO的要求。在引进的基础上研究高效舵并消化吸收,提高我国出口船舶的配套能力。

该船在结构上采用20世纪90年代国际上推广应用的局部强度分析方法,建立4种船体结构的有限元模型进行系列计算、分析该船型货舱区别于常规船体的一些特殊结构,以及其与主船体的联接构件的变形和应力规律,使得船体结构达到合理的优化,确保结构在获得强度、刚度安全性评价前提下的最佳重量。采用全船模型对船体总振动频率特性、模态作出预报,根据预报结果,指出了相应减振措施和局部加强建议。

该船在货舱区设有非水密纵中舱壁,将每个货舱分为左、右两个货舱,底部设有从机舱到艏部的隧道。货舱区域上甲板设有水泥装卸设备及软管吊,水泥机械设备室位于上甲板中部水泥装卸装置的料斗布置在艏部,水泥装卸通过螺旋输送机及压缩空气气力输送。货舱底部设置纵向 8 度、横向 10 度的斜坡内底板,上设帆布两相气流床,便于水泥向中间料口流动汇拢。

该船的水泥装卸系统采用机械与气力相结合的方式,在上甲板设有两台输送能力分别为 1 000 吨/时的水平螺杆输送机,从货舱至甲板,有 4 台输送能力分别为 210 吨/时的垂直螺杆输送机,在货泵舱设有 4 套舱式泵。该船能同时装卸两种不同货品的水泥。

考虑到从岸基水泥储库进入货舱的水泥温度可高达 80～100 摄氏度,由此产生常规船舶很少出现的结构热应力问题,通过对三维立体舱段船体温度应力的有限元计算和分析,对该船型的温度应力作出评价和论述,供今后设计所借鉴。

作为货舱水泥集料的二相气流床和气流槽的斜度对货舱舱容、水泥的装卸效率和水泥的残留量影响很大,该船通过对气流床、气流槽风压、风量、安装倾角、水泥流量的研究设计,获得合理的倾斜角和其对结构强度、材料消耗以及操作维护最有利的气流系统的典型结构。

推进装置与装卸系统的供电系统匹配,采用双机并车单轴输出驱动可调螺距螺旋桨推进,通过齿轮箱的功率输出驱动两台分别为 160 千瓦的轴带发电机为装卸设备供电。该船动力装置和配电网络的设计和建造水平达到 20 世纪 90 年代国际先进水平。该船获国防科学技术工业委员会科学技术进步奖二等奖。

七、45 500/55 000 吨甲板自卸散货船

该船船东为意大利 COECLERICI 公司,上海船舶研究设计院设计,江苏韩通船舶重工有限公司建造,首制船"BILK ZAMBESI"号 2011 年交船(见图 4 - 32)。

该船是国内第一艘全甲板自卸设备高效自卸散货船,主要用于港口与锚地船舶之间穿梭转运煤炭,满足无限航区散货船的入级要求。

图 4-32 "BILK ZAMBESI"号

该船总长 193.99 米,型宽 32.26 米,型深 18.00 米,设计吃水 11.30 米,结构吃水 12.80 米,载重量 45 500 吨(设计吃水)/55 000 吨(结构吃水),货舱容积 71 630 立方米,服务航速 14.1 节,续航力 18 000 海里,主机为 MAN B&W 6S50MC-C 一台。其设计特点如下:

(1)该船是一型以大灵便型散货船为依托的高效自卸散货船,将全部自卸设备布置于主甲板以上,货舱内结构为典型单壳散货船结构,施工方便,克服了传统自卸船的种种不足,具有货舱结构简单、自卸效率高、故障率低、维修方便、无粉尘污染。

该船设置 5 个货舱,配备五对液压折叠式舱盖及 5 台甲板起重机,设有艏楼。货舱均采用常规的单壳结构,在设计中尽可能压缩机舱和艏部长度,从而增加货舱区长度、提高货舱容积,取得了比国内、外同类型船更高的货舱利用率。

(2)本船在主甲板上布置了全套的自卸设备,包括 5 台甲板料斗、皮带进料器、纵向输送机、横向输送机、斜式输送机、龙门架桁车、卸货臂、伸缩式卸料口。

该船卸货能力为 5 500 吨/时或 6 470 立方米/时,可以全天 24 小时连续运作,提高了港口的利用率。适合运输包括矿砂、煤炭、谷物、大米、水泥等各种散货。

（3）该船配有 5 台 40 吨×26 米特种起重机,该吊车具有性能高、可连续工作的特点。

（4）本船燃油储存舱、柴油储存舱以及容积大于 30 立方米的油舱全部采用双壳形式保护,以避免船体破损时造成环境污染,设置洗舱淡水舱和洗舱污水存放舱,主、辅柴油机排气中的氮氧化物排放量满足 MARPOL73/78 附则 Ⅵ 的有关要求,顺应了国际上日益提高的环保要求。

八、35 500 吨级大湖型自卸散货船

航行于北美五大湖区域和圣·劳伦斯运河航道的纯大湖型自卸散货船大多建造于 20 世纪 70~80 年代。随着北美地区的环保要求日益严苛,这些船舶养护成本逐年增加。在这一背景下,五大湖区域三大主力船船东之一的 CSL 委托上海船舶研究设计院设计了新一代 35 500 吨大湖型自卸散货船,对其船队中日益老化的自卸散货船进行升级换代。

2008 年 8 月,上海船舶研究设计院开始设计。由中船澄西船舶修造有限公司建造,于 2010 年 10 月建成,命名为"巴伊·圣保罗"号。该船总长 225.50 米,型宽 23.76 米,型深 14.75 米,结构吃水时载重量 34 500 吨,货舱容积 41 708 立方米,主机为 MAN B&W 6S50 ME - B9,服务航速 13.0 节,入级英国劳氏船级社。单机、单桨、柴油机驱动、重力式自卸的散货船,适用于北美五大湖区域及圣·劳伦斯运河航行,用于装运散装煤炭、矿石及谷物等货物。

该船为垂直船首、方艉,机舱和起居处所位于艉部,设有完整的艏楼和艉楼的自卸散货船。该船设有 5 个货舱,货舱内底下方为皮带弄,货舱与皮带弄之间为非水密。货舱形式为 W 型料斗结构,通过料斗下方的传输皮带将货物转运至设在机舱前端壁处的卸货臂并卸往码头或其他船舶,最大卸货速率为 5 400 吨/时,总布置如图 4 - 33 所示。

由于该船大湖航行的特殊性以及重力式自卸的方式,在设计上有很多独特之处。

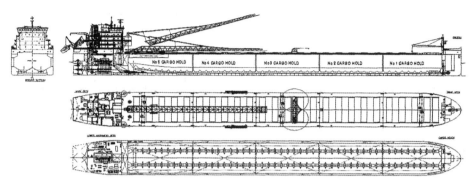

图 4-33　35 500 吨大湖型自卸散货船总布置

（1）载重量大。综合考虑载重量、航速、经济性等因素,载重量做最大化考虑,所以该船的主尺度取允许通航的最大尺度。在主尺度既定的情况下,为了使载重量最大化,重点考虑增加船舶的方形系数。该船的方形系数极大,货舱段都是设在船的平行中体。

（2）航速提高。因该船方形系数大,为确保技术规格书的快速性要求,采取了降低阻力和提高推进效率两方面的措施。优化线型方面,对于方形系数大的船舶,纵向流线型无法充分保证该船艉部的来流,所以采用斜剖线型,使来流尽可能地向导管集中。为了提高螺旋桨的效率,采用了大直径导管螺旋桨来提高推进效率和优化船舶的操纵性,提高了航速。

（3）操纵性好。该船总长为225.5米,在无舵的情况下,船东还提出了超前的操纵性要求:在拥挤的圣·劳伦斯航道中具有悬停能力。因此,为该船配备了导管可调螺距螺旋桨、襟翼舵、变频艉、艉侧推装置,由动力定位系统统一调度。该船的动力定位系统具备7种动力定位模式,确保优良的操纵性。

（4）货舱及燃油舱布置。该船无破舱稳性要求,为了降低空船重量,仅设5个货舱,每个货舱的长度达到了36米。作为自卸散货船,装卸货过程中不需使用抓斗,大开口货舱会引起横向强度的不足,因此不设置大开口货舱。该船舱口设计为1个货舱5个舱口,既可以使装载货物死角尽可能减小,舱口之间的甲板条也可以提高横向强度。该船的皮带弄占用了货舱底部大量的空间。为了扩大货舱舱容以满足装货容积要求,同时尽量降低货舱的形心,以满足装载谷物稳性的要求,所以该船货舱双层底部高度被压缩至 1.29 米,货舱区域双层底空间已不能满足压载管系布置要求,因此将压载管设置在皮带弄里。

该船油舱布置在 C 型皮带提升装置附近,并对燃油舱采取了双壳保护措施。考虑到结构的连续性和燃油舱安全性,双壳之间的最小距离取为 1.3 米,超过了最新的燃油舱保护的要求。货舱双层底和边舱作为压载舱。

该船货舱开口达到 17 米,相当于船宽的 72%,每个舷侧只有 3.38 米的宽度布置走道、甲板门式起重机的轨道、舷梯、空气管、系泊等,甲板布置非常紧凑。

(5) 自卸系统。该船自卸系统由加拿大 EMS 公司负责设计,采用重力喂料、C 型提升、皮带输送的方式。技术规格书要求的自卸设备的性能为 5 400 吨/时或者 5 400 立方米/时,取大者。该船共设置 5 个货舱,每个货舱采用 W 型舱底,每个 V 型舱底采用马鞍式结构,每两个马鞍之间配有中心分离式篮门。每个 V 型舱底下各有一条纵向舱底输送带,由艏向艉布置,称为舱底皮带输送系统。悬臂输送带可以回转变幅,以适应不同港口堆场或其他船舶的卸货要求。

该船的研发、设计和建造顺应了航运市场和北美地区的环保要求,是航运、设计和建造三方共同合作的产物。该船在试航及投入营运后,性能表现卓越,获得船东的认可和青睐,获得国内、外造船界的认可,还入选英国皇家造船工程师学会评选的"2012 年度全球优秀船型"之一。

第八节　典型多用途货船

我国自行设计建造的多用途货船的主要技术参数、设计/建造/交付情况如表 4-9 所示。

表 4－9 我国自行设计建造的多用途货船的主要技术参数、设计/建造/交付情况

序号	船 名	主要技术参数	设计/建造/交付情况
1	17 500 吨多用途货船	总长 164.3 米；型宽 22.86 米；型深 13.2 米、吃水 9.28 米；载重量 17 588 吨(设计吃水)/18 762 吨(结构吃水)；航速 16.11 节；主机为 B&W6L67GFC 一台	香港海洋服务公司订造；中国船舶及海洋工程设计研究院设计；中华造船厂建造；首制船"SEA ARCHITECT"号于 1981 年交付
2	15 800/18 200 吨多用途货船	总长 159.00 米；型宽 23 米；型深 13.6 米；设计吃水 9 米；结构吃水 9.8 米；载重量约 15 700 吨(设计吃水)/18 100 吨(结构吃水)；集装箱载重量 723 TEU①；航速 16 节；主机型号为 B&W5L60MCE 一台	中波轮船股份公司订造；中国船舶及海洋工程研究设计院设计；江南造船厂建造；首制船"李白"号于 1988 年交付
3	7 000 吨江海直达货船	总长 129.56 米；型宽 20.4 米；型深 10.5 米；满载吃水 6.8 米；载重量 7 000 吨(设计吃水)/8 000 吨(结构吃水)；服务航速 12.8 节	长江轮船总公司订造；中国船舶及海洋工程研究设计院设计；武汉青山船厂建造；首制船于 1995 年 7 月交付
4	2 500 吨风帆助航综合节能多用途货船	总长 85.80 米；型宽 15.00 米；型深 7.30 米；设计吃水 4.70 米；结构吃水 5.30 米；载重量 2 500 吨(设计吃水)/3 130 吨(结构吃水)；集装箱载重量 146 TEU；服务航速 11.6 节；主机型号为 MAN - B&W 8L23/30 一台	宁波海运股份有限公司订造；中国船舶及海洋工程研究设计院设计；江苏江扬造船厂建造；首制船"明州 22"号于 1996 年交付
5	50 000 吨级大舱口多用途散货船	总长 196.3 米；型宽 32.25 米；型深 19.5 米；设计吃水 12.00 米；载重量 46 000 吨(设计吃水)/49 370 吨(结构吃水)；载集装箱数 1 865 TEU；主机为 SULZER 7RTA 52U 一台	挪威 B.Skaugen 航运公司订造；中国船舶及海洋工程研究设计院设计；江南造船厂建造；首制船于 1996 年交付
6	28 000 吨多用途货船	总长 181 米；型宽 26 米；型深 14.4 米；设计吃水 9.65 米；载重量 28 100 吨(设计吃水)/29 500 吨(结构吃水)；设计航速 14 节；主机为 B&W 5S50M C 一台	上海船舶运输科学研究所设计；大连造船厂建造；首制船"Clipper Fantasy"于 1996 年交付
7	14 000 吨级多用途货船	总长 143.15 米；型宽 22.80 米；型深 13.3 米；设计吃水 8.3 米；结构吃水 8.4 米；载重量约 14 000 吨；集装箱载重量 979 TEU；服务航速 15 节；主机型号为 MAN B&W 7L42MC 一台	塞浦路斯船东订造；中国船舶及海洋工程研究设计院设计；江苏靖江造船厂建造；首制船于 1998 年交付

① 计算集装箱数的换算单位。

序号	船　名	主要技术参数	设计/建造/交付情况
8	8 000 吨级多用途货船	总长 126.42 米；型宽 19.4 米；型深 9.5 米；设计吃水 6.3 米；结构吃水 7.22 米；载重量 8 400 吨；集装箱载重量 646 标准箱；服务航速 16.46 节；主机型号为 MAN B&W 5L42MC 一台	麦基佳公司订造；中国船舶及海洋工程研究设计院设计；江苏靖江船厂建造
9	20 000 载重吨多用途货船	总长 169 米；型宽 25.20 米；型深 14.1 米；设计吃水 9.5 米；载重量 20 000 吨（设计吃水）/21 400 吨（结构吃水）	中国远洋运输总公司订造；大连造船厂建造；首制船"乐鼎"号于 1998 年交付
10	30 000 吨重吊多用途货船Ⅰ型	总长 192.9 米；型宽 27.8 米；型深 15.5 米；吃水 10 米/11.2 米；载重量 24 250/30 538 吨；服务航速19.4 节；主机为 MAN B&W 7S60MC‑C 一台	上海船舶研究设计院设计；厦门造船厂建造；首制船"Cape Darby"号于 2001 年交付
11	30 000 吨重吊多用途货船Ⅱ型	总长 192.9 米；型宽 27.8 米；型深 15.5 米；设计 10 米，结构吃水 11.2 米；载重量 24 496 吨（设计吃水）/30 019 吨（结构吃水）；服务航速 19.4 节；主机为 MAN B&W 7S61MC‑C 一台	上海船舶研究设计院设计；江苏金陵造船厂建造；首制船"Rickmers Hanburg"号于 2002 年交付
12	12 000 吨多用途散货船	总长 138.07 米、型宽 21 米；型深 11 米；设计吃水 7.5 米；载重量 11 583 吨（设计吃水）/12 840 吨（结构吃水）；航速 15 节；主机为 MAK 6M43 一台	船东为德国克莱航运公司；上海船舶研究设计院设计；江州造船厂建造；首制船"爱德泽伯爵"号于 2004 年交付
13	27 000 吨多用途散货船	总长 179.5 米；型宽 27.2 米；型深 14.5 米；吃水 10.2 米；载重量 26 126 吨	船东为中远航运；上海船舶研究设计院设计；泰州口岸船舶有限公司建造；首制船"凤凰松"号于 2009 年交付
14	28 000 吨多用途重吊船	总长 179.67 米；型宽 28 米；型深 14.8 米；结构吃水 10.5 米	船东为中远航运；上海船舶研究设计院设计；上海船厂建造；首制船于 2014 年交付

一、17 500 吨多用途货船

1978 年，香港地区船东司徒锟先生通过中国机械进出口公司，向内地订造一艘 17 500 吨级多用途货船,成为改革开放初期第一艘出口船。六机部指定该船由中国船舶及海洋工程设计研究院设计,中华造船厂沪南分厂建造。

对于刚刚实行改革开放的中国来说,多用途货船不仅在我国从来没有设计和建造过,就是在国际上,也是刚刚开始兴起。这类船舶不仅技术要求高,而且进口设备多,可供参考的资料少之又少,困难极大。为了支持国家造船工业发展,船东不仅在建造周期方面提供很大支持,没有在合同中规定出确切的交船日期,还在技术方面鼎力相助,对建造工艺及施工技术提出了很多可行性建议。1981 年该船交船,命名为"SEA ARCHITECT"号,如图 4 - 34 所示。

图 4 - 34 "SEA ARCHITECT"号

该船是一艘适合装运集装箱、杂货、散货和机车车辆等货物的大舱口多用途货船。该船总长 164.3 米,型宽 22.86 米,型深(至上甲板)13.2 米,设计吃水 9.28 米,结构吃水 9.7 米,载重量 17 588 吨(设计吃水)/18 962 吨(结构吃水),

连续最大功率时的最高试航速率 18.18 节,连续使用功率时的满载航海速率 16.11 节,续航力 12 000 海里,主机为日本进口 B&W6L67GFC 一台。

该船设置 4 个货舱,每个货舱分甲板间舱和货舱两部分,2、3、4 甲板间舱 又分为左、右两部分,在 2、3、4 甲板间舱及 2、3 货舱内设舷边压载水舱,第三货 舱的舷边压载水舱作装卸集装箱和重货时的横倾平衡水舱,该船每人设有单独 住舱。高级船员的单独居室附带卫生间,"SEA ARCHITECT"号总布置如 图 4-35 所示。

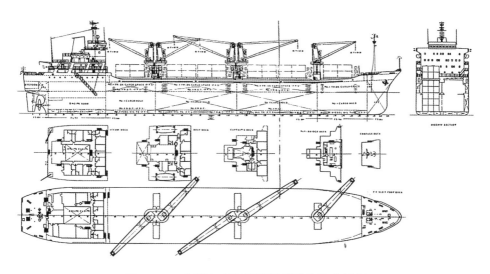

图 4-35 "SEA ARCHITECT"号总布置图

该船结构系按我国 1977 年钢质海船入级和建造规范进行设计的,结构设 计满足装载散货、重货、集装箱等货物对结构强度的要求,并考虑了应用抓斗及 20 英尺集装箱铲车进舱装卸作业的要求。

为了装卸货物的方便及尽可能多地装载集装箱及大件货,采用了无支柱结 构。为了保证各层甲板承受所要求的设计载荷,在第二、三、四甲板间舱设置了 强力的中纵舱壁。在第一货舱中则采用了悬臂梁结构。

考虑到该船货舱开口宽度较大,故构成第二、三、四货舱内顶边水舱的上甲 板舷侧、纵舱壁及下甲板等部分均设计成强力结构,形成一个抗扭箱,以增加船体的抗扭刚度。

货舱的底部采用纵结构,隔挡设置实肋板。考虑到 20 英尺集装箱铲车进舱装卸作业,设置了内底中间纵骨,以减少内底板的厚度。货舱的上甲板及第二、三、四甲板间舱的舷侧结构及顶边水舱的纵舱壁均采用纵结构。其余部分均为横结构。

上甲板舱口盖采用钢质折叠式,由甲板起重机用钢索牵引,设有液压顶开装置,设计负荷为 2.5 吨/立方米。下甲板舱口盖为钢质折叠式,由甲板起重机用钢索牵引,设计负荷为 4 吨/立方米。

该船设 25 吨双吊电动液压起重机 3 台,两端两台,起重机的回转半径为 20 米,中间一台回转半径为 29 米。

二、15 800/18 200 吨多用途货船

该船由中国船舶及海洋工程设计研究院设计,江南造船厂建造。1988 年 5 月,首制船"李白"号(见图 4 - 36)交付。该船总长 159.00 米,型宽 23 米,型深

图 4 - 36　16 000 吨级多用途货船"李白"号

13.6 米,设计吃水 9 米,结构吃水 9.8 米,载重量 15 700 吨(设计吃水)/18 100 吨(结构吃水),集装箱数 723 TEU,满载服务航速 16 节,续航力 12 500 海里,主机型号为 B&W5L60MCE 一台。常用功率 71 000 马力,转速 103 转/分。入级中国船级社和波兰船级社(双船级)。

该船适用于装运集装箱、散装谷物、重货、大件货、各种机械和车辆、包装杂货,以及 SOLAS 规定的 3~6.8 类危险品货物。

采用优化的极 V 线型、球鼻艏和球艉,达到合同规定的航速指标,稳性及其他性能均较优化。

在总布置中,为提高船的经济性,采用了较短的船长,因而导致货舱盖的收藏位置和横向通道之间的矛盾十分突出。通过采用槽型横舱壁、合金钢舱盖等技术措施,使这一问题得到妥善解决。

居住舱室满足波兰卫生部有关医疗、采光、照明、噪声等特殊规定。经实船测试,噪声水平完全合格。

自动化程度达到 24 小时无人机舱;轮机机舱设计采用中央空调冷却系统;机舱设备全部采用西欧产品;主辅机采用同种重质燃油。

该船获中船总公司科技进步奖二等奖。

三、7 000 吨江海直达多用途货船

该船为长江轮船总公司订造,中国船舶及海洋工程设计研究院设计,武汉青山船厂建造,1995 年 7 月交船。总长 129.56 米,型宽 20.4 米,型深 10.5 米,满载吃水 6.8 米,设计载货量 7 000 吨,满载载货量 8 000 吨,服务航速 12.8 节,续航力 6 000 海里。

该船为钢质、双壳、双甲板、短球鼻艏、单机、单舵、艉机型江海直达货船,主要装运杂货、矿砂、袋装水泥、卷筒钢板、大型机械设备,并能兼运集装箱,是一艘揽货能力较强的多用途货船。货舱舱容 11 100 立方米,第二货舱舱长大于 30 米,能装超长、超大型机械设备及结构件。

该船刷新江海联运并可直接驶往国外的吨位纪录。为使船能通过长江诸桥、中洪水期可直接从武汉发船，并满足 7 500～8 500 吨载重量，要求船舶保证江上航行低速稳定性和海上航行良好适航性。

为节省造价、节省油耗，提出降低航速，将方案设计选用的 6L35MC 船用柴油机改为 5L35MC 柴油机，最大持续功率 2 800 千瓦（3 800 转/分）。同时为保持基本航速要求，在主尺度和载重量不变的情况下，对船体结构进行优化，减轻空船重量，增加有效载重量；对船型进行优化，降低阻力以提高航速；增加节能补偿管，提高主机使用效能。综合各项优化措施，节约油耗 20％。

鉴于江海直达型船舶比同吨位吃水较浅，宽度吃水比较大，回转性能较好，航行稳定性较差，特别是低速时的航向稳定性差。设计中通过在小艉球体增加直翼得到优化。为兼顾该船在江上和海上的操纵性，该船的舵设计为半悬挂式，舵面积比取为 2.2％，操纵性效果较好。

第二甲板舱口盖从最初的吊离式改为行车吊送，把中间甲板舱口盖用行车吊移靠到货舱两端，中间舱口盖不出舱，装卸方便，比液压舱口盖的造价节省约一半。

该船需要通过长江大桥，船上雷达桅又必须保证一定高度，因此将雷达桅分为两部分，下方主体部分内设两台雷达，始终保持不变；顶部设置失控灯和桅顶灯等，可通过力的平衡原理人工放倒桅杆。

经实际航行证明，该船在海上抗风能力强，横摇缓和；在长江上航行操纵性和航向稳定性，尤其低速航向稳定性较好，在货物装载、防火隔热、通信导航等方面均达到国际先进水平，是当时国际流行的优秀船型，被船东认为是江海直达货船的良好船型。

四、2 500 吨级风帆助航综合节能多用途货船

1991 年 11 月，宁波海运公司与中国船舶及海洋工程设计研究院签订委托设计合同。合同要求依据 2 500 吨级风帆助航综合节能多用途货船设计任务

书及方案设计布置总图,承担该船的合同设计、技术设计、施工设计及配合
建造。

该船于 1992 年 10 月完成施工设计。1994 年 6 月江苏江扬造船厂开工建
造,并于 1996 年 1 月交船。该船船名为"明州 22"号(见图 4 - 37)。

图 4 - 37　"明州 22"号

该船具有球鼻艏、方艉、艉机型、单螺旋桨、货舱区域设置双舷侧(舷侧纵舱
壁),设两个货舱,每个货舱设前后两个货舱口,开口尺寸为 12.60 米(长)×
10.40 米(宽)。该船适用于装运集装箱及杂货,主要航行于我国沿海港口及日
本和东南亚,入级船舶检验局。

该船总长 85.80 米,垂线间长 79.00 米,型宽 15.00 米,型深 7.30 米,设计吃
水 4.70 米,结构吃水 5.30 米,货舱容积(包装)4 053.7 立方米,载重量 2 500~
3 130 吨,集装箱载重量 146 TEU,服务航速 11.6 节,续航力 4 000 海里,主机型
号为 MAN - B&W 8L23/30,一台,常用功率 972 千瓦。

在船首部的艏楼甲板与前货舱之间设矩形硬质风帆一具,风帆面积 120 平
方米。

风帆控制,即风帆操纵机构采用微处理机自动控制的电-液伺服系统。风帆控制室设在艉楼甲板下。帆旁设有应急收帆装置。

该船装设风帆后,对船舶操纵性、航向稳定性以及离靠码头操作带来一定的影响。设计时进行了船舶操纵性系列模型试验及操纵性计算,采用小鱼艉高升力翼型舵和上下制流板,既提高了船的操纵性,又增加了船舶的综合节能效果。

机舱设集中控制室主机可在驾驶室、机舱集控室和机旁三个位置进行操纵。机舱集控台上设有数字式集中监测报警装置,用于监视主机、辅机、电站及其他设备的参数,当参数越限时,均能发出报警信号。

该船属于试验性的风帆应用研究。从营运一年多的情况看,节能效果超过原定的 10%,达 15% 左右,安全性也有保证。由于从 20 世纪 90 年代以来燃油价格回落,在经济上不一定有多大好处,推广风帆助推船没有基础。但从发展我国风帆船的角度看,该船开创了一个很好的先例,打下了良好的基础。

五、50 000 吨级大舱口多用途货船

1994 年,挪威 B. Skaugen 航运公司向江南造船厂订造 50 000 吨级大舱口多用途货船一艘。江南造船厂委托中国船舶及海洋工程设计研究院设计,1994 年 4—8 月,该院针对船东提出的合同设计版本进行大量修改并补充绘制了总布置图及舯横剖面图等,经船东认可作为合同规格书的附件。1995 年 5 月起完善详细设计阶段。应船厂要求,详细设计图纸深度较深,部分结构专业和舾装专业图纸达到可直接发车间施工的深度。生产设计由江南造船厂造船设计所承担。

1996 年,该船建成交船。该船总长 196.3 米,型宽 32.25 米,型深 19.5 米,设计吃水 12.00 米,载重量 46 600 吨(设计吃水)/49 370 吨(结构吃水),货舱舱容 64 270 立方米,载集装载重量 1 865 TEU,服务航速 15.4 节,续航力 18 000 海里/小时,主机为 SULZER 7RTA 52U 一台,常用功率 9 282 千瓦,转

速 127.9 转/分。

该船线型优化：既要满足稳性要求，又要满足快速性、操纵性和抗沉性的要求。方形系数选择需兼顾快速性和载重量指标。快速性主要依靠线型优化，为此进行了全面的船模试验，包括阻力试验、自航试验、流线试验、三向伴流场测速和操纵性试验等。为验证优化性能，委托 SSPA[①] 船模试验水池进行验证试验和提出改进意见。最后，用经过改进的线型和设计桨进行最终的试验。

总布置和结构设计：该船货舱区域长度 145.3 米，占船长的 77.8%，舱口宽度 27.5 米，占船宽的 85.27%，属于大舱口船型。船体分为 8 个货舱，除第一、第八两舱外，均为箱型货舱，货舱容积利用率高，货物装卸方便，载货品种广泛，适应性强。上述开口尺度与当时的专用集装箱船大致相同，但该船货舱内要求装载最大密度 3.3 的重散货（隔舱装载），结构构件，特别是横舱壁所承受的载荷大大高于一般的集装箱船。同时，船东要求货舱内壁完全光滑，即使在货舱开口角隅处也不能有任何的突出物。50 000 吨级大舱口多用途货船侧视图如图 4-38 所示。

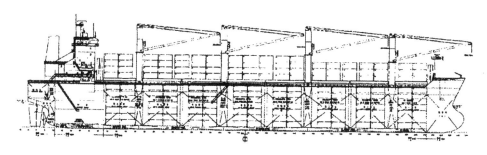

图 4-38　50 000 吨级大舱口多用途货船侧视图

在结构设计时主要考虑船体强度和抗扭刚度，隔舱装载引起的剪力，重货隔舱装载时横舱壁和横向舱口围板的强度和刚度要求，强力甲板和纵向舱

----

① 瑞典船舶研究中心。

口围板等构件的疲劳强度,货舱口角隅处的应力集中等问题。采取的技术措施是:对货舱结构进行有限元分析,同时挪威船级社也做了有限元分析。

第一、第八货舱为折叠式舱口盖,其余货舱为背载式舱口盖。由于货舱舱口大,每个舱口都配有一块尺寸为 16.77 米×27.50 米的舱口盖,重量为 125 吨,是当时世界上单块跨度最大、重量最大的舱口盖之一。由于该船船体刚度相对较差,加上不均匀的隔舱装载使舱口围板变形较大,而大尺寸舱口盖本身受环境温度变化的影响也特别敏感,要在船体变形达 130 毫米时保证舱口盖的密封性,成为大舱口多用途散货船建造的关键。该船选用"O"型充气橡胶密封,特殊高强度低摩阻材料,高精度顶升油缸,大型钢结构件焊接变形控制等技术。

船上的液压系统可以迅速开启、关闭和移动舱口盖。当舱口盖封闭时,其上可装载 6 米高的木材或其他大件货物。

防振设计为:在满足推进功率的前提下,主机选用了二阶不平衡力矩较小的七缸机,使主机的激振力降到相当低的水平。

(1)采用大侧斜螺旋桨,以减少螺旋桨的激振力。

(2)船体艉框设计时尽量加大螺旋桨与船体之间的间隙,以减少螺旋桨对船体的脉动压力。

(3)机舱和甲板室结构的钢质围壁上下尽量对齐,甲板室外围壁板适当加厚。

(4)主发电机组及主空压机等设备安装弹性支座。

(5)改进船体艉部线型设计,以使伴流趋于均匀。

(6)在驾驶室的两翼,设置大的斜肘板予以加强。甲板室前端壁下用板架结构替代原先的强框架结构。

该船为高度自动化船舶,广泛应用电子计算机进行船舶控制、管理与船岸之间的数据通信。主机遥控系统包括:机舱监测、报警和自动电站系统;货舱去湿控制系统;电动机控制中心;自动操舵和舵机报警系统;起重机控制系统;装载和稳性计算(保证了设备运行的可靠性,使船舶营运管理的效率大大提高)。

该船技术难度大,附加值高,当时的市场价是同吨位普通散货船的1.5～2倍。由于达到同类型船舶的国际先进水平,该船受到船东及租船方高度赞扬。

1998年,该船荣获上海市科技进步奖一等奖。

六、28 000 吨级多用途货船

28 000 吨级多用途货船是由美国船东订造,上海船舶运输科学研究所与大连造船厂共同开发研究,并由大连造船厂设计、建造。1996年首制船交船,命名为"Clipper Fantasy"号。

该船设有双壳体、大舱口,可用于装载包括谷物在内的散装货、包装货、集装箱等;船速较高;但由于主机采用5缸机易产生振动。

该船总长181米,型宽26米,型深14.4米,设计吃水9.65米,载重量28 100吨(设计吃水)/29 500吨(结构吃水),设计航速14节,主机为B&W 5S50M C一台。

为了提高技术性能指标,解决设计中的几个技术关键问题,上海船舶运输科学研究所受大连造船厂委托进行开发研究,并采取下列研究措施:

在充分满足各种装载状态稳性要求前提下优化线型设计和船模试验,选取阻力、推进效率较佳,航速较高,艉部伴流场较好的船型。新船型阻力、推进性能优异,艉部伴流场均匀,振动减少。线型优化降低功率8%,航速提高0.3节。

优选艉部节能装置,既提高船速,又改善艉部伴流场。经试验优选的艉部节能装置节能效果可达6%。

合理选择主机功率,进行螺旋桨优化设计,保证船、机、桨三者之间的最佳匹配。从已交付使用的4艘船舶来看,主机功率选取,螺旋桨设计,航速预报是较好的,航速刚好满足合同要求。

该船型是当时国际上首次出现的该吨位的经济型多用途货船,其主要技术指标达到国际先进水平,成为大连造船厂重要的系列名牌产品,并被船东命名为"梦幻型"系列。已交付使用的船证明,该型船性能优异,取得了可观的经济效益,赢得了良好的国际信誉。

七、20 000 吨级多用途货船

20 000 吨级多用途货船是中国远洋运输总公司向国内船厂订造的批量产品。由大连造船厂船研所承担该型船的技术设计。该型船共建造 10 艘,其中大连造船厂建造 4 艘,芜湖船厂和广州文冲船厂各建造 3 艘。1998 年 9 月,大连造船厂建造的首制船交船,命名为"乐鼎"号。

该船总长 169 米,型宽 25.20 米,型深 14.1 米,设计吃水 9.5 米,载重量 20 000 吨(设计吃水)/27 400 吨(结构吃水)。该船可适于全球范围内营运,具有两层甲板、双层底、舷侧、单机、单桨和单舵;机舱、居住舱室和驾驶室均设置在艉部;设有艏楼和艉楼,具有带球鼻艏的前倾艏柱和带球艉的方型艉。

第二、三货舱和第四货舱的一部分设置双舷侧,第四货舱的另一部分和第一货舱为单舷侧。"乐鼎"号总布置图如图 4 - 39 所示。

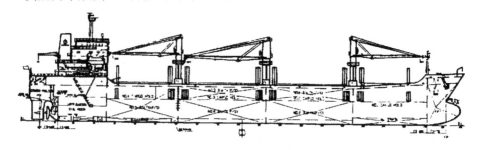

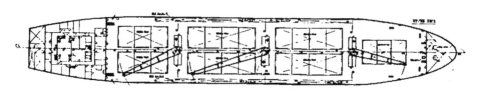

图 4 - 39 "乐鼎"号总布置图

上甲板、双层底和双舷侧采用纵骨架式结构,单舷侧为横骨架式结构,二甲板为纵、横骨架混合式结构。在机舱结构中,除机舱主甲板为纵骨架式结构外,其余机舱结构和艏、艉部结构均采用横骨架式结构。该船的横舱壁采用带垂直扶强材的平面舱壁。

为了改善该船的推进性能,在球艉处设置了节能导管装置,其预报的节能效果约为5%。

大连造船厂建造的4艘同型船已全部交付给广州远洋运输有限公司投入营运。从这4艘船的试航结果来看,这型船的主要性能指标均达到设计要求,特别是在载重量方面,当船舶设计吃水时载重量约20 500吨,而在结构吃水时达到了约22 000吨,均高于设计要求,为船东创造了一定的经济效益。

八、14 000吨级多用途货船

该船由塞浦路斯船东订造,中国船舶及海洋工程设计研究院所设计,江苏靖江造船厂建造。1997年10月开始合同设计,1997年12月签署合同设计技术规格书。1998年2月签订设计合同。1999年6月完成详细设计。1998年10月首艘船交付。

该船总长143.15米,垂线间长133.30米,型宽22.80米,型深13.3米,设计吃水8.3米,结构吃水8.4米,货舱容积21 000立方米,载重量约14 000吨,集装箱载重量979 TEU(其中舱内408/甲板上571),冷藏载重量30 TEU,服务航速15节,续航力15 000海里,主机型号为MAN B&W 7L42MC一台,功率6 269千瓦,入级德国劳氏船级社。

该船设3个大开口的箱形货舱、活动二甲板,机舱位于艉部,柴油机驱动、单桨、设艏侧推装置一套,适用于装运集装箱、谷物、卷筒钢板、卷筒纸及符合SOLAS Ⅱ-2 Reg54的危险品货物。该船具有E3级冰区加强,适用于无限航区航行。

该船要求设置特长货舱,其中第二货舱占垂线间长33%。为满足破舱稳性要求,线型采用比较大的水线面系数,同时合理划分边水舱。经两种不同方法校核,破舱稳性满足 IMO 有关规定。

在船体结构设计方面:船体材料大部分使用低碳钢,部分为高强度钢;在货舱段采用结构重量较轻的纵骨架式结构;按 E3 级冰区加强要求,在舷侧增设冰区加强肋骨;为消除上层建筑端壁与机舱前端壁不在同一平台引起振动的不利影响,在上层建筑端壁上甲板以下设横隔壁。

货舱主要通道要求符合澳大利亚水滨工人联合会(Waterside Workers' Federation of Australia,AWWF)规则,因此在双层舱壁梯道的布置较为复杂,结构设计难度较大,通过横舱壁结构几次返工,最终完成了设计,积累了经验。上甲板配液压折叠式舱口盖。在整个货舱区域形成一个完整平面,易于货物堆放和装卸。中间甲板配箱型舱口盖。

机舱按 GL-AUT24 无人机舱要求设计,集控室布置所有重要单元,轮机系统的操作、控制、监测和报警系统等均为自动化。自动电站按"功率管理系统"要求设置,控制单元位于机舱集控台内。该船具有电网失电备用发电机组自动起动投入,重载功能。驾驶室导航系统的设计满足一人驾驶桥楼的要求。

该船技术先进,受到船东青睐,按合同规定建成 2+2 艘后又追加两艘订单,经济效益显著。

九、8 000 吨级多用途货船

1998 年 1 月,麦基佳公司与江苏靖江造船厂签订建造8 000 吨多用途货船的技术协议,并由中国船舶及海洋工程设计研究院设计。

1999 年 8 月,该船在波兰格但斯克船模试验水池完成模型试验。2000 年 12 月,该船完成全部设计。该船总长 126.42 米,垂线间长 116.6 米,型宽 19.4 米,型深 9.5 米,设计吃水 6.3 米,结构吃水 7.22 米,货舱容积 12 057.7 立方米,载重量 8 400 吨,集装箱载重量 646 TEU(其中舱内 184,甲板上 462),服务航速 16.46 节,续航力 10 000 海里,定员 16 人。主机型号为 MAN B&W

5L42MC 一台,功率 3 888 千瓦,入级德国劳氏船级社。

该船具有球鼻艏、球艉、双层底、双层连续甲板、3 个货舱、柴油机驱动。机舱位于艉部,配 4 叶可调螺距螺旋桨,并设有轴带发电机和艏侧推装置,适用于装运集装箱、谷物、卷筒钢板、卷筒纸等货物,适用于无限航区航行。

该船要求将货舱设计为箱型货舱,航速要求高,线型瘦窄,为了最大限度地提高推进效率,后部还采用 BERGE 线型,因此对总布置提出了较高要求。

船体结构采用结构重量较轻的纵骨架式结构,在舷侧增设冰区加强肋骨、装运卷筒钢板采用底部凹槽结构。船上甲板配液压式舱口盖,中间甲板配多功能箱型舱口盖,货舱段布置非常紧凑,可利用的空间非常小,对货舱通道和操作空间如何满足 AWWF、GL[1] 和 SBG[2] 等规范规则的要求有很大难度。

该船和载货相关的要求复杂,舱口盖和货舱的设计载荷较大,有 E3 级冰区加强,且型深船宽比小,以及机舱段线型对结构设计的负面影响,给空船重量控制造成困难。由于压载水量、型深以及最小吃水等的限制,船舶稳性和浮态的控制极为困难。

该船货舱通风,要求换风次数为 10 次/小时,风量非常大,而舱面又很局促,对风机的布置造成很大困难。经总体、结构及舾装专业协调,最终得以解决。

该船技术先进,受到船东青睐,至 1999 年 8 月共交付 8 艘,经济效益显著。

十、30 000 吨重吊多用途货船

30 000 吨级重吊多用途货船是上海船舶研究设计院自 1999 年起,为德国船东开发设计的船型,分别在江苏金陵造船厂、厦门造船厂建造。

该船总长 192.9 米,型宽 27.8 米,型深 15.5 米,设计吃水 10 米,结构吃水

---

① 德国劳氏船级社。
② 德国海上职业联合会。

11.2 米,服务航速 19.4 节,主机为 MAN B&W 7S60MC-C 一台。Ⅰ型载重量 24 250 吨(设计吃水)/30 538 吨(结构吃水),设有 2 台单起重机和 1 台双起重机;Ⅱ型载重量 24 496 吨(设计吃水)/30 019 吨(结构吃水),设 4 个单起重机。 2001 年,首制船建造完成。Ⅰ型首制船命名为"Cape Darby"号。Ⅱ型首制船命名为"Rickmers Hanburg"号。

该船设计特点如下:

(1) 该船配备了超大型起重设备,联吊能力最高达 640 吨,不仅能应付集装箱、杂货等一般货物,还能适应海洋工程和超大型工业设备的运输,以及危险品货物等。并配备除湿装置,适用于纸制品和钢铁制品等的运输要求;可载近 1 900 个标准集装箱,并设置船舶横倾自动调整装置;舱底和甲板负荷大,适应重货和长大件装载需要。

(2) 通过主尺度优化,船长增加 8 米,减小方形系数,增加结构吃水,使最大载重量达到 30 000 吨,装箱量指标也得以很大提高。船模试验对比的结果表明船长加长方案具有良好的波形和较低的兴波阻力,同样主机功率下航速比限制船长的方案高出近 1 节,航速超过 19.4 节,突破了传统多用途货船 17 节以下的航速,接近现代集装箱船的水平,适应了货运快速化的趋势。

(3) 该船所有油舱均与舷侧外板隔离,减小碰撞事故时造成的油污风险;主、辅机的废气排放满足 MARPOL 公约对氮氧化物的限制;该船满足 SBG 的要求。

(4) 该船设计最大的特点和难点在于货舱区域的布置。除第一货舱外,其余货舱均设中纵舱壁,分为左、右两个舱。同时第二、三和第四舱内设有吊离式二甲板并可在四个高度任意设置,所有货舱均为箱型并满足垂落堆装的快速装卸概念,中纵舱壁和横舱壁均被设计为双层壁形式。货舱内的各种绑扎件、通道门、通风件、固定照明灯具和梯道等均不突出于舱壁外,保证了货舱的平整。中纵舱壁上设有开口,其面积参考规范对客船水舱联通管的要求,保证货舱单侧破损时稳性快速复原。

该船上甲板舱盖为液压折叠式。中纵舱壁的设置,大大缩小了舱盖的横向跨距,减轻了舱盖自身的重量,也避免了大开口船舶因船体变形造成的对舱盖的不利影响。舱盖与舱口围板之间的支撑采用了"Flexipad"支撑垫块,不仅对施工和维护带来了方便,同时按照规范的要求,舱盖横向滑移的摩擦系数可比刚性支撑小,较大减少了对主船体加强的要求。

第二、三和四舱左、右两侧布置了特富龙材料,减少了二甲板吊放时与纵舱壁的摩擦,也保护舱内油漆涂层。

(5)该船的结构类似于集装箱船,具有大开口的特征,但由于该船为多用途货船,货舱结构强度的标准又须满足散货船所具有的要求,如重货、抓斗和卷筒钢板加强等,尤其是该船第二、三和第四舱满载时,允许第一和第五舱为空舱,带来中垂装载工况设计难题。同时,为提高该船的使用寿命,船东要求所有水线下的外板及压载舱范围的板材和构件在满足规范的基础上,增加10％裕度(但不超过2毫米)。因此如何优化船体结构,控制结构重量是该船设计的又一关键。

设计中参考了国内外近年来建造的多用途货船的设计,运用GL的Poseidon软件对各种结构进行了比较,并与GL进行了详细的技术交流,最后选定了类似集装箱船的结构,即船底纵向框架与集装箱箱角对准,舷侧设计为全纵骨架式,有利于减轻结构重量。船底因卷筒钢板和重货装载而每两档设实肋板。在规范计算的基础上,进行了货舱舱段的三维有限元直接计算,结果船底板局部因屈曲强度问题而加厚,船底肋板和桁材的厚度得以减小,总的结构重量有所减轻。

(6)该船机舱位于船中偏后部狭小空间,长度较短,造成机舱布置困难。在设计中将集控室从常规的右舷布置改在左舷,将燃滑油分油和供油设备集中在右舷、中央冷却系统等设备布置在左舷,从而达到管路最短、交叉最少的先进设计理念。

辅机舱与主机舱隔开,降低机舱噪声,满足SBG的要求。主机及辅机燃用同一种燃料油(380 cSt),供油压力均为 10 帕,辅机可直接用燃料油启动。燃油供油系统采用单一供油模块,省去了一台辅机供油单元,在系统中采取措施来保证供油压力衡定及合理的油量分配。

(7) 该船满足一人桥楼的要求,采用了德国 STN ATLAS 船用电子公司研制的世界上最先进的集成桥楼控制系统- NACOS 系统,该系统基于最新的计算机技术,将航行、通信、操纵、监控等功能集成为一体,方便驾驶。

(8) 该船可载 6 名旅客,并配置图书室和酒吧等设施,满足部分欧美旅客希望搭乘货船体验海员生活的需求。该船自动化程度高,环保和安全性好。

该船被英国皇家造船工程师学会选为 2001 年度优秀船型之一,批量建造已达 18 艘,为国家创汇高达 4.5 亿美元。

十一、12 000 吨级多用途散货船

该船为德国船东订造,由上海船舶研究设计院自 2001 年下半年开始设计,江州、江东和青山三家造船厂分别开工建造。首制船于 2004 年 2 月顺利交付船东。该船载重量、航速在内的主要性能指标均达到或高于合同要求,船东对该船型的开发设计表示满意。

该船总长 138.07 米、型宽 21 米,型深 11 米,设计吃水 7.5 米,载重量11 583 吨(设计吃水)/12 840 吨(结构吃水),总吨位 9 611,货舱容积 15 953 立方米。

(1) 该船除了航速较低,符合散货船的特征外,其他方面如载运货物品种、总体分舱布局、货舱结构、甲板舾装设备等,均具有多用途货船的典型特征。因为要兼顾散货船和多用途货船的要求,设计上具有较大难度。

(2) 货舱设计方面,分隔货舱的水密横舱壁采用箱型结构,内部设为燃油舱和货舱通道。货舱采用大开口双壳箱型结构,边舱内设有二甲板,双层底进行重货加强。该船符合现代多用途散货船的发展趋势,同时也充分满足了船东装运多种货物的要求。第一货舱和第三货舱双层底高度适当抬高,同时以适当的线型相配合,避免底部斜角的产生。货舱内的各种绑扎件、通道门、通风件、

固定照明灯具和梯道等均为嵌入式的,不突出于舱壁外,保证了货舱内壁的平整。甲板上设大开口,便于大件货物的吊入。超长的货舱成为其在航运市场上的一大优势。超长货舱对船体性能特别是破舱稳性会带来不利影响,采取了合理有效的补偿措施加以改善。该船设有活动二甲板兼谷物舱壁,便于装载杂货和谷物(见图4-40)。

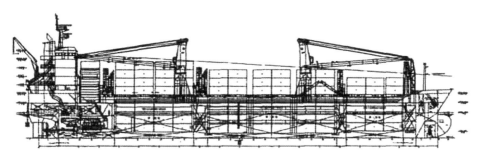

图4-40 12 000 吨多用途散货船侧视图

(3)上甲板舷边设有两台起重能力达120吨的起重机,可以联吊240吨的重货。由于甲板面积的限制,两台起重机均设置在舷边,紧靠左舷设置,中间留有人员通道。由于要满足圣·劳伦斯航道规则对船舶外形尺寸的要求,起重机偏向内侧,并且高度不超出圣·劳伦斯航道限界线。

由于起重机、底座及相应部位的船体结构加强,该船的重量左、右不对称,存在横倾调整的需要,采取了以下措施:

(1)货舱间的箱形燃油舱采用不对称布置,右舷全部用作燃油舱;左舷只保留较小的燃油舱并尽量靠船中,其余作为货舱通道和储藏室。

(2)机舱内的油舱尽量布置在右舷。

(3)航行过程中由于油水的消耗,在右舷的压载水舱内添加压载水来继续保持平衡。用油水舱来平衡原始横倾是该船的设计特色。此外,针对240吨重货起吊时会产生很大的横倾力矩,用两对边压载水舱来进行横倾调整。

该船突出的特点和优越的性能在世界航运市场获得广泛的认同。来自多个船东的大量订单和后续订造计划,以及其他船东的不断询价,表明了该船型在技术上的领先优势和在市场上具有相当的受欢迎程度。

十二、27 000 吨多用途货船

27 000 吨多用途货船是上海船舶研究设计院为中远航运股份有限公司开发设计的现代新型多用途货船,分别在口岸、黄埔两家造船厂建造共 14 艘。该船于 2007 年 7 月开始建造,其首制船"凤凰松"号于 2009 年 5 月交付。

该船总长 179.5 米,型宽 27.2 米,型深 14.5 米,吃水 10.2 米,载重量 26 126 吨(设计吃水)/27 382 吨(结构吃水)。该船型兼备散货船和集装箱船的特征,并申请了集装箱船/散货船双船级符号,设计上满足 CSR 要求。该船的主要特点是设备多、结构复杂,特别是二甲板数量繁多并设有固定的存放位置,能够满足船东的多种装载需求,适合全球航行。该船满足所有当时颁布的新规范,包括结构共同规范、燃油舱保护规则、检验通道规则、新破舱稳性规则等。设计特点如下:

(1) 该船设有单层连续甲板,共设 5 个货舱,第一货舱采用典型单壳散货船横剖面形式,可用于收纳二甲板舱盖;其余 4 个货舱为大开口双壳箱型结构,配备 8 对液压折叠式舱盖,货舱双层底考虑重货加强,主甲板配备 两台单起重机和一台双起重机,联吊能力可达 180 吨。

该船的货舱设计为双壳大开口箱型货舱,第二、三、四、五货舱最大宽度为 23.6 米,开口宽度达到船宽的 86.8%,艏楼延伸至第二货舱后端。货舱内和甲板上可分别装载 8 列 5 层和 11 列 6 层的标准集装箱。

(2) 为了使装运形式更加灵活,该船设计了有两层固定位置的活动式二甲板。该二甲板为吊离式,水平搁置在货舱内可将货舱上、下分割,便于装运各种杂货。对于谷物装载,通过二甲板将大开口的箱型货舱进行分割可以有效地降低谷物倾侧力矩,改善装载谷物时的稳性问题。

出于对二甲板舱盖收藏以及艏部线型对货舱影响的考虑,第一货舱长度仅

为9.8米。将不使用的二甲板收藏在第一货舱,有利于降低船舶的重心提高稳性,第一货舱不装货还可以有效地避免艏倾,而将收藏位置设置在艏部,可以充分利用艏部的狭窄空间,提高舱容利用率,可谓一举多得,同时该货舱设计为典型的单壳散货船剖面形式以满足CSR对散货船货舱形式的要求。该船设有两对燃油储存舱位于第三货舱与第四货舱之间,并采用双舷侧形式,机舱区域的燃料油舱采用单舷侧结构,使得艉部狭小的机舱空间得以充分的利用,满足概率算法的燃油舱保护规则。

(3)为了提高装卸效率以及港口适应性,该船在货舱区艏部、舯部及艉部布置了4台起重机,其中舯部的起重机为由两台45吨起重机组成的双吊。该船4台起重机布置在船中心线位置,避免了布置在一舷所带来的舱室不对称布置、甲板通道狭窄、建造时重心位置控制难度大等问题,同时也有利于减小起吊时的横倾。考虑到起重机布置在中间也会对驾驶室视线带来不利影响,该船将驾控台的布置偏向右舷,以满足有关规范对驾驶盲区的要求。

该船在实际营运中表现出了良好的经济效益,在2009年较低的运费水平下,首制船也实现了3 000万元的盈利,而后续船舶是在船市低谷时订造,有着强大的成本竞争优势,多用途货船运价正在走出低谷,该批船交付时,盈利水平更优于首制船。

十三、28 000吨级重吊多用途货船

28 000吨级重吊多用途货船是上海船舶研究设计院为中远航运股份有限公司开发设计,由上海船厂建造的新型多用途货船。

28 000吨级重吊多用途货船主要装载散装货物、包装货物、卷筒钢板、木材及超长、超大、超重型的特种货物,并适合于装载部分危险品货物,在主甲板以上可装载集装箱。该船总长179.67米,型宽28米,型深14.8米,结构吃水10.5米。

该船设计特点:

（1）该型船的驾驶台设置在船首，以避免货物对驾驶视线的影响。船上设置了3个货舱，第二货舱长54米，以满足大型货物需求。货舱采用大舱口的设计，舱口盖采用折叠式与调离式组合。连续甲板达到150米，充分考虑了大长件货物的摆放空间。该船上还设置了艏侧推装置，28 000吨级重吊多用途货船总布置侧视图如图4-41所示。

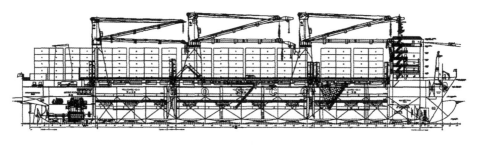

图4-41 28 000吨级重吊多用途货船总布置侧视图

（2）该船货舱内不装载集装箱，设置活动二甲板。二甲板为吊离式。该船可以根据货物的需要水平搁置在这3层中的任意一层，将货舱上、下分隔，便于装运各种杂货。对于谷物装载，通过二甲板将大开口的箱型货舱进行分割，可以有效地降低谷物倾侧力矩，改善装载谷物时的稳性问题；不需要二甲板的时候可以将二甲板收藏在货舱内，也可存放在露天货舱盖上，这样可以充分利用空间，提高舱容利用率和船舶的营运能力。

（3）该船起重机具备较大的自身装卸重货能力，艉部1台为100吨，艏部2台各为350吨，艏部两台起重机联吊可达700吨。

该船起重机均设置在船舶的同一舷侧，可以将顶甲板上的空间腾出，在顶甲板上从艏部到艉部，从左到右均无障碍物，便于装载超长、超大货物。船舶靠港装卸货物时，可以有效利用起重机吊臂的跨距，方便货物的吊运。

（4）该船通过对船体主尺度、线型、高效推进器和水动力节能装置综合优化设计，降低主机油耗；采用了现在成熟的绿色环保理念；采用水润滑轴系设计、辅机废气预热回收利用、独立分油系统等，满足各项新规则、规范要求，达到国际同类船型领先水平。

28 000 吨级多用途货船是在吸收国内外多用途货船先进的设计理念的基础上,结合船东的实际使用需求而开发出的新型多用途货船。该船的整体性能获得了船东的充分肯定,在实际营运中表现出良好的经济效益。

第五章
优秀设计团队

第一节　我国第一艘万吨船"东风"号研发设计团队

　　船舶产品的研发、设计和建造是一个系统工程，一艘船的成功设计建造都是许多专业人员和许多单位团结协作、共同努力的结果。我国第一艘万吨轮"东风"号研发设计团队，第一艘按国际先进标准设计的 27 000 吨散货船设计团队和 40 万吨级超大型矿砂船研发设计团队，是船舶行业众多设计团队中的代表。他们的事迹凝聚着船舶战线广大职工为中国船舶事业发展的智慧和奉献，承载着几代船舶人的强国梦、海洋梦，他们研发设计建造的产品在中国造船史上具有里程碑的意义。

　　"东风"号万吨船（见图 5 - 1）是我国自行设计建造的第一艘万吨级远洋货轮，是一项开拓性的创新工程，她的成功设计建造，结束了我国不能自行设计建造万吨远洋货轮的历史，标志着中国造船工业跨上了一个新台阶，开创了中国造船工业的新纪元。

一、百废待兴　重拾梦想

　　新中国成立后，对外贸易不断增长，远洋运输船队远远不能满足发展的需要，据 1956 年统计，国内远洋运输船队的运输能力仅能承担海外贸易量的

246

图 5-1 "东风"号万吨船

4%,其余均靠租用外籍船。在"一五"期间,租船费用高达 5 亿元,相当于建造 40～50 艘万吨级远洋货船的投资,因此建立中国的远洋船队已成为迫切的政治和经济任务。

20 世纪 50 年代,一个国家能否设计建造万吨货船,是衡量其造船科技和工业水平的重要标志。中国作为文明古国最早发明了舵和水密舱,为世界造船技术作出重要贡献,是世界著名航海家郑和的故乡,重振雄风自行设计建造万吨轮是新中国造船人的梦想。

1958 年,我国将自行设计建造万吨远洋货船列为《国家科学技术发展十年规划》的重点项目。第一机械工业部把设计任务交给了中国船舶及海洋工程设计研究院前身的第九局第二产品设计室。设计团队凭着复兴我国造船工业,一定要把梦想变为现实的骨气、志气和勇气踏上了自行设计建造万吨级远洋货船的征程。

中国船舶科学家和教育家辛一心先生曾提出我国自行建造万吨船的方案,

并为自行设计建造万吨船作了充分的舆论和技术准备。上海造船工程学会组织造船界人士，撰写了 40 多篇学术论文。设计团队发挥聪明才智，提出 6 种船型进行分析比较，为我国第一艘万吨船的设计建造奠定了基础。

万吨船的总设计师许学彦及其他参加预研的主要人员，对远洋货船的总体性能、动力装置等做了大量的研究，上海造船工程学会也为自行设计中国的万吨级远洋货船收集资料，这些资料对研究设计我国第一艘万吨船极具参考价值。为使自行设计的第一艘万吨船赶上世界先进水平，研发设计团队认真向船舶设计建造的先进国家学习，分析了英国、美国、苏联、日本、法国、荷兰、德国 7 个国家的 15 种代表船型，确定了海军常数、钢材消耗率、载重量系数和燃油消耗率等赶超世界水平的 4 个主要指标。研发设计团队进行了草图设计和动力装置论证，并提出修改技术任务书的意见。

二、不惧困难　勇于创新

1958 年 7 月，交通部远洋运输局正式批准了修改后的万吨级远洋货船设计任务书。7 月 24 日，远洋运输局与第二产品设计室签订了委托设计合同。设计团队解放思想，敢想敢干，把初步设计和技术设计两个阶段合并进行，设计周期一再缩短。"东风"号设计之初面临众多困难，国内没有设计过万吨船的专家参与指导，参加设计工作的大都是刚从学校毕业不久的年轻人。参加该项目的专业技术人员约有 60 多人。

设计之初没有完整可供参考的图纸，只有外国杂志上的一些零星资料。首先遇到航速问题，为确保航速达到 17 节，设计团队优化线型以降低船的阻力，并委托上海船舶运输科学研究所对万吨船线型进行优化研究，用多艘船模作了水池拖曳阻力试验，分析了 9 个国家 15 种代表船型，进行了 6 个船模试验，终于在短期内设计出了满足"东风"号任务书航速与载重量要求的主尺度和比较瘦削光滑的流线型。船模试验证实，其阻力小于国外同类船型，获得成功。

优化螺旋桨设计提高推进效率。该轮螺旋桨采用了环流理论设计法，在主机马力不变的情况下,提高推进效率,增加了推力,以达到设计要求;实现优化机、桨、舵的配合;优化轴系设计;为降低船体重量,采用了高强度低碳合金钢;按最小干舷船设计;调整货舱。

总设计师许学彦尊重科学,勇于创新,他提出全船使用高强度低碳合金钢,大大地降低了船的自重,由于船体重量减轻,船舶性能如装载指标、快速性指标、钢料消耗指标等都得到了很大提高。

设计团队尊重科学不盲目迷信国外专家。当时国外专家对于航速问题认为船模试验得到的阻力数据,与实船阻力系数要增加 6‰～7‰,按他们这一说法来计算阻力航速就达不到技术任务书规定的要求。当时主机的设计团队和制造厂商为了稳妥可靠起见,将主机额定功率从原定的 8 820 马力降低到 8 300 马力,这对于航速是雪上加霜。面对这种局面,设计团队一方面从苏联造船杂志上查阅登载的苏联第一艘万吨船"列宁共青团"号的试航结果,另一方面又收集了大连造船厂引进苏联图纸建造的"跃进"号万吨船的试航材料,经过对这两艘船的试航结果分析后,认为实船粗糙度附加应是小于 4‰,而国外专家意见是来自较小型船舶的经验,不适用于万吨级船舶。于是重新设计了螺旋桨,即使主机功率降至 8 300 马力,设计航速仍旧可以达到 17 节,后来在实船试航时,航速达到 17.3 节,证实了这一判断的正确性。

设计团队在经过对空船重量重心和装载工况仔细复核后,认为稳性裕度足够,增加木甲板能够保证稳性和航行安全,果断决定采用增加木甲板方案,避免钢甲板返工。该船建成后,经航行实践,证明这一决定也是正确的。

为使"东风"号万吨船达到国际先进水平,设计团队创新思路,大胆采用新技术、新设备,为了降低舵的阻力,研制了 4 种形式的舵。通过试验选用了流线型平衡反应舵。采用滚动式和铰链式舱口盖,提高装卸效率,主机采用国产重型低速柴油机,并用主机废气强制循环水锅炉,充分利用废热产生蒸汽驱动蒸汽透平发电,用水采用制淡装置。舱底水采用油水分离措施。轴系采用滚珠轴承和液压联轴节,以减少功率传递损失,使主机功率提高 2%～3%。所有这些新项目,均为当时国内先进水平。

连续战斗了 3 个月,完成了初步设计与技术设计。1959 年初,万吨船正式投料开工。第一道工序放样就遇到放样楼场地不够长,无法进行线型放样的难题。放样工人经过研究,采用按比例缩小 3/4 的方法,解决了场地问题,并采用了线型活络多用样板,替代单用样板,既提高工效,又节省材料,结果仅用 12 天时间完成原计划 15 天的放样下料任务。

在进入船体装配之前,建造团队参阅了数百份图纸资料,并研究学习苏联的造船经验,采用三岛建造法代替过去的双岛建造法,使万吨船底板一上船台,即可分三路同时施工,从而大大加快装配速度。此外,全船分为 3 个总段,在车间同时建造,并进行分段和总段焊接,最后 3 个总段同时上船台大合拢,大大缩短了船台周期,创造了万吨轮船台周期 49 天的纪录。

万吨船设有 3 根人字桅杆,每根高 20 余米,重 20 余吨。当时江南造船厂最大的吊运设备是 40 吨高架吊车,高架吊车高度只有 30 米,实际只能吊 28 米,而桅杆和船台以及船体甲板加起来的高度超过 30 米,因此吊装人字桅杆成了重大技术难题。方法总比困难多,经过工人、干部和技术人员三结合找到了解决问题的方法,运用平衡木的原理,把桅杆吊到甲板上,多面手在底脚处烧"马"稳住,再用卷扬机慢慢地拉直竖起来,一次吊装成功。

三、艰苦奋斗　忘我投入

总设计师许学彦在设计阶段,每天工作十五六个小时,下厂设计时又正遇大热天,他和下厂配建的设计团队(见图 5 - 2)一起就住在船台旁搭建的简易工棚内,白天太阳直晒,工棚中就像一个烤箱,那时候没有计算机,人工手算,肘上的汗水像小溪一样往下淌,怕弄湿了图纸,就用毛巾垫着,经常一天要换好几条毛巾,当年设计团队就是在这样的艰苦环境和条件下画出了万吨船的施工图纸。

整个设计团队干劲十足,每天加班加点,经常工作到深夜 11 点,星期天也不休息。有关领导每晚 9 点左右亲自或派人给设计人员送来点心,为他们鼓励加油,

图 5-2　部分"东风"号万吨船的设计者

到晚上 11 点时又亲自到各设计科室"赶"大家回家休息,第二天早上 8 点大家又准时上班,每天只睡 6 小时左右。不少女同志将孩子从单位办的托儿所直接接到办公室,把孩子放在图板上睡觉,她们继续工作;还有的女同志生孩子不久,仍参加奋战;那时每天晚上办公楼灯火通明,大家团结一致,目标就是要把万吨船设计出来。

四、同心同德　全国协作

"东风"号万吨船是全国大协作的产物,完成这样大的工程靠的是党的领导,全国各个行业不同企业、厂所、院校和中央有关部门通力协作的结果,体现出社会主义制度的优越性。

"东风"号万吨船建造过程展现社会大协作精神,使人振奋。参加"东风"号万吨船设计的一位工程师回忆:当年"东风"号万吨船出海进行鉴定试验的前晚,应力测量的试验人员发现仪器上的一个电子元件坏了,第二天一早就要离港试航,他们受命上岸去采购元件。冬夜的 9 点,好不容易找到一家无线电器材店已经停止营业了,当表明所采购的元件系用于国家第一艘万吨级货船"东风"号时,值班店员打开店门,整整忙碌了近一个小时,终于找到了所需元件,保证了第二天试验工作的进行。

一位技术人员,因"东风"号万吨船设计需要,急需从大连回上海,却买不到船票。紧急之中,他找到码头船务,要求跟船走,哪怕坐在走道上也不要紧。当船务人员听说是为了"东风"号万吨船设计需要,船长不仅允许他乘坐该船,还安排他住在大副室,顺利返回上海。

那个年代,无论工作人员到哪里要求协作,只要一说是建造万吨船的需要,对方都二话不说,点头应允,这种无私协作风格尤为珍贵。

1959 年 4 月 15 日是造船人盛大的节日,当天下午,江南造船厂为国内自行设计和建造的第一艘万吨远洋货船举行下水盛典(见图 5 - 3)。上海市委、

图 5 - 3　下水前的万吨级远洋货船"东风"号

市政府、第一机械工业部和上海海运局的领导以及各兄弟单位的嘉宾等参加了下水典礼。上海海运局领导代表交通部宣布：新船命名为"东风"号。1965年12月"东风"号万吨船在青岛进行重载试航，国家鉴定委员会认为"东风"号万吨船的设计建造是成功的，主要性能及重量优良，交付使用。

第二节　27 000吨级远洋散货船"长城"号设计团队

1982年1月4日对中国造船人来说是一个意义非凡的日子，我国自行设计建造的27 000吨级远洋散货船"长城"号顺利交船（见图5-4）。这是我国船舶工业史上第一次按照国际规范和标准设计建造的万吨级大型船舶，它的建造成功，拉开了中国船舶走出国门，跻身国际的序幕。

图5-4　27 000吨级远洋散货船"长城"号

一、承接任务　敢于担当

1977 年邓小平在召见几位工业部部长和国防科学技术工业办公室负责人时,对船舶工业提出"要积极引进国外先进技术,中国船舶要出口,要打进国际市场"的要求。1978 年 11 月,党的十一届三中全会吹响了改革开放的号角,为中国现代化建设带来了勃勃生机,也为中国造船工业开启了走向世界的大门。

当时,世界船市 90％的份额被欧洲、美国、日本、韩国等占有,剩余的 10％被其他造船国家和地区抢占,市场竞争相当激烈。我国想打入国际造船市场难度可想而知。

遵照小平同志的指示,六机部领导一致认为让中国的船舶工业打进国际市场要以香港地区为突破口。时任中国船舶及海洋工程设计研究院总工程师的包玉刚,受六机部领导委派,出任国际联合船舶投资有限公司的常务董事兼总工程师。在任职期间,他不辞劳苦广泛联系华裔和外国船东,热情宣传国内造船工业的发展情况,当他得知香港联成轮船公司拟在日本建造 4 艘 27 000 载重吨散货船的消息时,经多方努力,船东同意将其中 2 艘交给国内设计建造,提出的条件是:所有指标要达到日本同类船的标准,甚至有些还要超过。

根据上述条件和苛刻的要求,许多船厂都不敢接此任务。在一次会议上,有人提出为了抢时间拟向日本造过同类船舶的船厂购买全套图纸。经询价后,得知全套图纸连同钢材和机电设备的采购,成本预计要 1 100 万美元,此方案显然不能接受。中国船舶及海洋工程设计研究院一位老工程师向领导表态,该院完全有能力、有信心、有决心做好这艘船的设计工作。这铿锵有力的声音,充分表达了船舶设计人敢为人先的志气和勇于拼搏的精神。最后六机部领导决定:该船由中国船舶及海洋工程设计研究院设计,由大连造船厂建造。

二、组建团队　迎难而上

中国船舶及海洋工程设计研究院接到任务后,即成立了设计团队,1979 年

12月26日设计工作正式开始。该船要求按照国际规范和公约建造,首先遭遇的困难是缺少设计资料和图纸,其次是通过各种渠道获得的资料均为英文,而当时院内仅有少数资深的工程师有一定的英文水平,消化这些资料的难度很大。再者设计周期如此短,在以往船舶设计中也是从未经历过,这对设计团队都是严峻的考验。

设计团队接受我国第一艘为香港船东设计船的任务,既感到光荣,又深感责任重大。任务既已接下来就没有退路,设计团队成员抱着使中国船舶工业早日走出国门的共同心愿、齐心协力、团结拼搏、开拓进取、攻克一个又一个难关。在那段紧张的日子里,几乎动员了一切可以利用的力量,发动所有相关人员查资料、找规范,甚至请在国外的亲戚和朋友通过各种途径找资料。设计团队收集完资料后,立即组织英文水平较高又懂技术的科技人员。科技人员在春节期间通宵达旦地翻译资料,并向设计人员讲解,为设计工作铺平道路,使设计工作能顺利进行。经过努力,4个月后设计团队终于拿出了整套设计图纸。在这么短的时间内开发设计一个新船型,别说没有图纸,就是资料图纸一应俱全,也不是一件容易的事。这不仅国内没有先例,在技术发达的造船强国也是非常罕见的。

三、群策群力　攻坚克难

设计团队迎来的第一关是编写技术规格书。以往类似的说明书是在船舶设计建造完成后作为交船完工文件向船东提交的,而此船的技术规格书是作为签订合同的文件之一,要体现出"物有所值",因此船的技术性能、所有设备、管路系统、材料、备件等都要在技术规格书中一一体现,作为下一步开展技术设计、设备订货、工厂工艺准备的依据。对于这样一个脑海中还未成型的新船要写就这样一份技术规格书其困难程度超乎想象。

开弓没有回头箭,参与编写的人员竭尽全力,遇到困难大家帮忙,不计工时报酬,白天搞设计,晚上加班编写技术规格书,直至次日凌晨。

该船总设计师是一位有近30年船舶科研设计经历的老科技工作者,在船舶总体性能理论与实践造诣颇深,当他得知自己将担任祖国第一艘按国际标准设计建造出口散货船的总设计师时,心中是何等的兴奋和自豪,他全身心地投入,除了在总的规划下组织发挥各专业技术人员作用,大力协同妥善解决各专业的技术问题外,还亲临设计一线与设计团队一起反复研究采取措施解决好全船性的技术问题,确保船舶的各项技术指标先进。

总体专业主任设计师为了全力以赴投入设计工作,把儿子送回浙江老家,完全抛开家务,不分昼夜地在办公室工作,甚至曾连续三昼夜不休息。

在技术规格书讨论中,船东要求压载系统排水时间要提供一份详细计算书,以往设计中都没有这样的要求,因没有现成的计算公式,轮机专业设计师就利用吸入管系串、并联管路连接,用图解法合成为管路流量阻力曲线,在判定满足离心泵吸入正压头下,通过逆向推演,以取得各压载水舱的排水时间,在夏日炎炎又不能打开电扇的情况下,独自一人在小房间里将20多张绘制的曲线图翻来覆去研究分析,终于计算出了使船东满意的结果。

27 000吨级散货船由外国公司总承包,各专业主任设计师和翻译等13人组成的设备技术谈判小组赴北京参加谈判,参加谈判的人员住在招待所,每天工作到深夜,由于许多设备均是第一次遇到,与国内设备采用的技术和标准大不相同,因此要对众多船用设备进行消化理解,以备之用,第二天一早又要去进行谈判,中午常常是已过招待所用餐时间,只能买几个馒头,喝几口水,下午再继续谈判。

为了确保设计周期,项目主管身兼数职,既负责对外技术谈判及与工厂的订货谈判,当设计工作全面铺开后,他又负责与船东代表协商解决设计中遇到的问题和修改技术规格书,同时协调与工厂的关系。在合同谈判中,他一直在北京修改技术规格书和设备订货明细表,并及时与船东代表沟通。在持续了约五个多月的谈判中,他在北京最多时连续驻守了两个多月。此时正值他女儿要考大学,家里几次催他回沪,考虑到工作需要他决定继续留在北京,家里的事只得委托同事代劳。

为赶设计进度,设计团队凭借丰富经验,齐头并进,以把困难留给自己,方便让给别人的精神,夜以继日地赶工,毫无怨言。当设计人员这边挑灯夜战还在设绘图纸,而远在千里之外的大连造船厂那边已经紧锣密鼓地行动起来了,早早派员前来熟悉图纸做好生产准备。

因建造周期短,船厂要求驻厂工作组"不断人",以便发现问题能及时处理,设计团队采用轮流驻厂的办法,急工厂所急,发现问题随时处理,一时定不了立即发电报与院里联系,快速答复解决。当时驻厂的生活条件比较艰苦,在招待所用餐,天天是粉皮大白菜,春节回沪,买不到卧铺车票,只能挤着硬座车回来。面对这些困难,设计人员毫无怨言,一心只想协助船厂按期交船。

1981 年 9 月 14 日,"长城"号在万众瞩目下缓缓下水。次年 1 月,"长城"号横渡太平洋、印度洋和大西洋,顺利通过了巴拿马运河、美国、加拿大五大湖区、苏伊士运河和地中海、红海,先后停泊于美国、日本、澳大利亚、埃及等国家和地区。在经日本驶往美国途中遭遇狂风巨浪,连续六天六夜在大风浪中航行,一切正常,安全抵达洛杉矶。经过近一年试航,"长城"号经受住了无数次的重大考验。船东包玉星高兴地说:"真没有想到重量这样好,完全达到了世界一流水平!"

"长城"号的建造标志着中国船舶工业跨入了一个新纪元,该船于 1982 年荣获国家"金质奖"和中国船舶工业总公司"船舶工业优质奖",1983 年荣获"国家经委优秀新产品奖",1987 年荣获国家科技进步奖一等奖,2006 年被评为"中国十大名船"之一。

第三节　超大型矿砂船研发设计团队

40 万吨级超大矿砂船是我国自主研发、设计和建造的目前世界上最大的创新性船型,技术领先于日本、韩国等造船强国。

一、瞄准市场　抢滩前沿

40万吨级超大型矿砂船及其优化型产品的产生背景如下：

大型化：船东为了追求利益最大化，对大型化船舶乃至超大型化船舶的需求明显增加，船舶越造越大。

节能环保：一系列政策如压载水管理、燃油舱双壳保护，以及船舶能效设计指数，都充分说明节能环保在新一代船舶设计中的重要性，是否节能减排、绿色环保必将成为衡量新一代船舶的一个硬性指标。

更高效：各个国家的港口装卸货设施不断升级和改造，装卸货效率在不断地提高，船东对于提高装卸货效率方面也是不遗余力。

更安全、更可靠：新的规范规则不断出台，如船舶安全检验通道，压载水舱涂层保护，新的破舱稳性要求等等。船东对于船舶使用寿命要求从20年提高到了30年。

各大船级社在《散货船共同结构规范》出台后，对超大型矿砂船的强度也十分关注，要求船体结构进行全船动载荷作用下的强度分析，如挪威船级社提出要满足 CSA-2 船级要求，美国船级社提出要满足 DLA 和 FLA 船级要求。而且挪威船级社针对巴西装矿速度达到 16 000 吨/时的工况，对船体结构强度造成的威胁非常担心，专门制定了超大型矿砂船必须满足的 EL-2 船级符号。对于影响船舶安全的致命振动，如可能发生的波激振动、颤振，上层建筑的振动，操纵性和在波浪中航行的耐波性等等问题，也提出了新要求。

这些情况，要求研发设计团队必须研发新型超大型矿砂船，以适应市场需求；船东这些要求，也对研发提出了严峻的挑战，研发设计团队必须锲而不舍，攻坚克难，研发和优化。研发取得的技术突破有：

（1）货舱及装卸货优化。船东对提高装卸货效率要求非常高。在货舱装载过程中，100％完成某个舱的装载后再进行其他舱的装载。对船体结构强度也提出了更高要求。也就是说，一方面要保证结构局部强度和船体总纵强度，不超过规范许用值，另一方面又要保证整个船舶浮态不超过吃水和空气吃水，还要保证压载水的及时排空,避免延迟装载。这些都给设计带来了很大的难度。研发设计团队运用统筹学原理设计,最终得到了最优的装货与排压载水之间的排列组合。一是增大货舱舱口,使40万吨矿砂船单个货舱盖的面积超过600平方米,是目前世界上最大的。二是减小货舱底部面积,设置大倾斜角纵舱壁,倾斜角达到了−77度,在每个货舱前后端设置大跨度底墩。

(2)压载水配置合理。在压载水处理办法生效日益临近的背景下,如果设置过多,势必增加船东成本支出。研发设计团队在对压载水舱的数量、舱室划分和布置位置上,经过上百种方案的计算比较,最终把40万吨级矿砂船第二货舱和第六货舱段的边舱设置成空舱,远远低于同类型船的压载水量。在此状态下船舶的浮态也是合理的。压载水量的减少,可以缩短排放和灌注压载水的时间,减少能耗,也可满足各港口装矿高速率的要求。

(3)优秀线型获验证。线型优化是实现节能减排最有效的方法之一。研发设计团队在船体线型优化设计技术的实用化方面取得重大进展。依托高技术船舶科研项目"计算流体力学的实用化研究"的研究,经过长期的设计经验积累和船型数据库建设,实现设计经验和CFD数值优化技术的有机结合,在船舶快速性能评估中形成快速响应能力,成为新船型研发和设计的重要手段。

目前已形成专业的线型设计、优化队伍,拥有持续更新的优秀船型数据库,SHIPFLOW、Star CCM+和CAESES等高效、专业的CFD数值计算和优化软件,线型也已成功应用散货船、油船、集装箱船、滚装船、多用途货船和海工特种船舶等船型的设计。

与其他运输船舶相比,大型(超大型)矿砂船对航速的要求并不是很高,但这并不意味着线型设计没有难度。由于航线、港口、载重量等因素的限制,使矿砂船的船型系数有别于一般散货船型。需要对船体线型相应优化,并设计出匹配的高效螺旋桨;在线型设计、舵系设计时,考虑此类短胖船型的操纵性能,避免设计返工;加强水动力性能的分析、计算,准确预报船舶耐波性能的各项指标值,确保不超过耐波性能标准值。

（4）确认结构及强度。由于矿砂船主尺度较大，仅仅满足船级社规范要求已远远不能对矿砂船结构进行详尽分析，所以对艉部、机舱、货舱以及艏部全部都进行了直接强度计算，以模拟实际受力情况，根据计算结果对结构进行了优化和加强，确保了矿砂船的结构强度。

由于超大矿砂船自身吨位过大和桥楼甲板两翼超长的特点，研发设计团队对结构设计进行了针对性加强。为验证最好效果，研发设计团队对三种方案都作了反复计算，最终确定添加横撑的方案，获主机厂商确认。

（5）舵系优化研究。在满足目标船操纵性标准要求的前提下，减少整个舵系统尺寸，从而起到减重增效的效果。舵系统各个零部件的尺寸减小，配套的舵机节省了可观的钢材重量，为船厂节约大量成本。将吊眼板与舵杆整体设计，达到了优化安全的效果，也满足了 IMO MSC.137(76)关于船舶操纵性决议的要求。取消了大面积的塞焊和大量塞焊垫板，仅在舵叶随缘一面的一列舵叶板采用最终塞焊，其他区域均由该处入内进行角接焊，保证了焊接重量，焊缝、舵叶重量均减轻。

（6）系泊设备优化。从缆绳配置开始，对系泊设备重新配置，满足相同破断力的情况下最大限度优化舾装件，减少系泊绞车尺寸和减轻重量。选用不同高性能较小缆绳直径，减轻缆绳重量，系泊绞车容绳空间也减少，设备本身尺寸至少可以减少 1 米以上，使甲板面更加宽敞，降低了采购设备的成本。

（7）检验通道优化。货舱区检验通道设置一直是设计难点，每艘船的结构千差万别，必须对结构了如指掌才能设计好。研发设计团队对原有船的检验通道进行了全新设计，减少通道层数，减少船体钢材重量，减轻攀爬劳累。

DNV GL"NAUT‐OC"等一人桥楼的船级符号，对驾驶门窗有许多额外要求，而同时满足这些要求，给设计带来极大困难。研发设计团队对驾驶室多次全新调整，使操纵位置与原前围在一条线上，减少前窗范围。驾驶室前窗之间的结构优化设计，减小了盲区。

（8）机电设计研究。压载系统配置方案成果包括计算矿砂船的动态排压载时间,准确制订压载泵与扫舱泵的数量与参数,优化了压载系统的布置空间、能耗指标,提高了目标船建造与营运的经济性。

二、政策保障　机制完善

上海船舶研究设计院历来重视型船型研发与技术创新,制订了《技术专家管理办法》《导师带教制度》《知识产权管理办法》等制度,助力技术人才的发展、促进业务知识交流、加大科技创新的投入。

院领导对研发设计团队的支持是团队持续发展的坚强保障。大型矿砂船研发设计团队由上海船舶研究设计院院长领衔,总工程师、院长助理都是研发设计团队的带头人。前期研发时,院长亲自对大型矿砂船的总体技术方向性进行把控;项目沟通中,和船东一起讨论、论证,确定方案;项目接单后,积极和船厂沟通,调配设计资源保证项目设计顺利进行。在院领导的支持下,研发设计团队取得了淡水河谷船东的信任,击败了来自巴西的竞争对手,将世界上最大矿砂船的设计和建造任务留在了中国。

在研发设计中,研发设计团队制订工作计划,并按阶段检查分析计划完成情况。对问题、改进措施有跟踪记录。工作项目或作业项目,严格按照作业指导书制定标准化作业文本。包含有关法规、标准、制度、规范、文件要求,明确工作环节中应填写的记录、报告等,实现对关键环节控制和追溯。

以"提供优良产品和完美服务,确保设计一次成功"为目标,结合自身工作特点以及各专业技术特长和经验,以重量交流会的形式,对重量问题进行探讨,并提出改进"金点子";将经验和不足与大家分享,总结交流并做专题介绍,特别是围绕要改进的部分各抒己见,避免同样错误重复出现。

成员分工明确,职责清晰,管理机制完善。每个设计项目均明确项目主管、项目主办,对项目全过程进行管理。业务学习、人才培养、技术基础建设、设计方法改进等方面都有严密细则。

2009年成立的超大型矿砂船研发设计团队,通过项目锻炼,培养了大批优秀人才。继成功研发出第一代 40 万吨级矿船后,通过 5 年优化,研发设计团队又推出了第二代 40 万吨级矿砂船。2021 年 3 月,国内四家船厂获第二代 40 万吨级矿砂船 30 艘,造价 25 亿多美元订单。在国家、中船集团多个重大项目中,研发设计团队屡有研发成果。"23 万吨级矿砂船开发设计和建造技术",获得了中船集团科学技术进步奖一等奖、上海市人民政府科学技术进步奖二等奖和中国造船工程协会科学技术进步奖二等奖;"40 万吨级矿砂船(Chinamax)开发设计与建造",获中船集团科学技术进步奖二等奖和上海市科学技术进步奖二等奖。

三、升级换代　持续发展

始终保持技术领先,是研发设计团队的使命,40 万吨级矿砂船是中巴航线或其他类似航线铁矿石运输的主力船型,市场需求大,打造经典品牌船型是抢占市场的唯一途径;船舶规范规则的不断变化、完善以及节能环保要求的不断提升,都要求必须升级换代研究。

2016 年中国矿运、招商能源和工银租赁下单的 30 条新一代矿砂船,充分体现了工业和信息化部、财政部对"40 万吨级超大型矿砂船换代开发"立项的实际成果。无论从政治还是经济意义上,开展 40 万吨级矿砂船的关键技术研究都是非常必要而迫切的。

新一代 40 万吨级矿砂船可以满足 $3 \times 8\,000$ 吨/小时货机的装载速率,巴西港口未来还要配置 $2 \times 16\,000$ 吨/小时的装载货机,压载系统的配置研究需根据不断增大的装货能力,进行升级以保证未来港口效率。

由于世界矿砂船的主要营运路线在氮氧化物排放控制区之外,新一代 40 万吨矿砂船的排放要求为 IMO Tier-Ⅱ,需对 Tier-Ⅲ 排放设备选型与布置方案研究,以适应未来不断严苛的环保要求。

目前,研发设计团队全面评估智能船舶系统在超大型矿砂船上应用的可行性,并结合新一代 40 万吨级实际建造项目,率先牵头在国内开展"智能型超大型矿砂船设计方案研究",对将来的矿砂船进行智能化研究,为实现市场推广打下研究基础。

通过 40 万吨级矿砂船的升级换代研究,全面掌握了新一代绿色超大型矿砂船研发的关键技术,保证了我国在该领域的研发领先地位,也提升了在该领域的建造水平。

第六章
散货船研发趋势

第一节　绿　色　节　能

随着 IMO 温室气体减排初步战略的进一步深入,航运市场对新船型的技术能效和营运能效都提出了更高和更紧迫的要求。在未来散货船研究发展中,进一步提升船型性能指标,满足高阶段 EEDI 要求,积极考虑替代燃料、新能源和创新节能技术在升级船型上的应用。此外,深入研究智能船舶的设计、制造和营运等,也是需要重点关注的方向。

一、环境保护要求

近年来由于气候变化导致全球温度不断上升,极端天气频繁出现,国际社会对于环境的保护也日益关注。航运业积极响应,采取措施,力求改善船舶废气排放较严重的问题。绿色环保和节能减排已成为促进散货船技术进步的主要动力。

国际海事组织持续制定了一系列法规来减少航运对空气和海洋环境的影响,通过限制船舶排放温室气体、硫氧化物、氮氧化物、颗粒物等来保护大气环境,通过压载水处理、污水排放限制等要求来保护海洋环境。

船舶工业一直以来都在积极响应 IMO 的规范规则变化,通过不断推进新技术新产品的应用来降低船舶的各种排放，减少对环境的污染。

近年来，船舶行业的主要环保应对措施如表 6-1 所示。

表 6-1　船舶行业的主要环保应对措施

序号	减排指标	主要措施
1	二氧化碳	船舶能效设计指数、船舶能效管理计划
2	硫氧化物	低硫燃油、脱硫装置、液化天然气等
3	氮氧化物	废气再循环、选择性催化还原
4	压载水	压载水交换、处理装置
5	溢油处理	燃油舱保护
6	污水、废水、垃圾	排放水域限制、排放标准限制
7	有害材料的使用和控制	拆船公约

二氧化碳的排放是航运业对环境温度升高起最大作用的温室气体，也是对船舶经济性考量最重要的指标。从 2008 年金融危机后，在高油价和温室气体控制两方面因素的作用下，船舶行业采用了许多措施来降低新造船舶的二氧化碳排放。通过各种技术的应用，船舶减排取得了非常明显的进步，船舶能效设计指数基本上都能够降低 20%，个别能够降低超过 30%。

目前，除二氧化碳外的几乎所有对环境有影响的废弃物都达到了较高标准，压载水得到了较好管理，燃油泄漏风险明显降低，污水废水排放、有害物质使用得到了严格控制。硫氧化物、氮氧化物、颗粒物的排放在不久的将来会形成成熟的解决方案，而二氧化碳排放控制与 IMO 相关要求以及碳中和目标还有较大差距，值得业内持续关注。

二、节能减排措施

船舶节能需船舶设计等诸多环节的努力才能得以实现，一方面需要通过基础技术的研究和应用，在设计和建造过程中提升船舶性能，控制船舶成本；另一方面要借助"碳达峰、碳中和"目标和温室气体减排战略推进,积极研究替代燃料和新能源在散货船型上的应用,开创新一代节能环保船型的开发、设计和建造,占领未来市场先机。

(1)降低船舶阻力。降低船舶阻力是造船界长久以来的目标。在设计之初,通过优选船舶主尺度、优化船体线型等方法降低船舶阻力。近年来,通过将计算CFD应用于船体型线优化。一方面,可在主尺度和型线确定后,通过大量CFD计算获得阻力最低的线型,节约设计时间,减少试验费用。另一方面,针对船舶局部线型优化,可进一步减小剩余阻力系数;船首优化减小兴波阻力;舵剖面流线设计改善艉部流场。利用CFD开展风载荷分析,优化上层建筑外形,降低上层建筑风阻等。此外,还可采用减阻油漆和气泡减阻等方法,降低船体阻力。

(2)减轻空船重量。通过结构设计优化,在保证合理结构强度和区域功能的前提下,减轻空船重量。

(3)提高推进效率。在新船型研发和原有船型升级过程中,提高快速性是重要任务之一。将型线-主机-机舱布置-螺旋桨-节能装置等系统形成最佳匹配设计,采用低转速大直径螺旋桨、高效螺旋桨等,都可提高推进效率。

(4)降低主机能耗。低速柴油机技术发展使电控主机得到普遍应用,大缸径、长冲程、低转速的柴油机,与大直径螺旋桨相匹配可显著降低主机油耗。而且主机还可切换多种油耗优化模式,通过降功率使用,实现主机油耗降低。

(5)节能装置。船舶艉部水动力节能装置的发展和应用成为船舶节能降耗的重要措施之一,如桨前导管可改善艉部流场,消除流体分离,减少推力减额;桨后消涡鳍、舵球和高效舵能提高敞水效率、减小螺旋桨艉流旋转能量损失;此外还有变频设备、风力涡轮等节能装置的应用,均可为船舶节能降耗。

(6)多目标线型优化。针对船东不同营运需求,对不同吃水和不同航速条件下船舶航线状态进行型线设计评估,使得船舶线型可在常用航行范围内节能最优化。

第二节 船 舶 智 能 化

一、船舶智能化的近期目标

现阶段对于智能应用要求更多的是提供辅助决策,船东通过该辅助决策可以在船舶驾驶及营运管理中获得新的思路与建议,提升船舶营运的安全性、经济性、高效性、环保性,而辅助决策的精确性将是未来各智能应用需要重点提升的方向。

近年来,船舶设备智能化、新型船用智能系统、智能新能源、船舶人工智能技术为支撑,船舶、船用通信和信息网络安全保障、智能船舶的功能验证与等级划分是智能船舶未来发展的重要趋势(见图 6-1)。

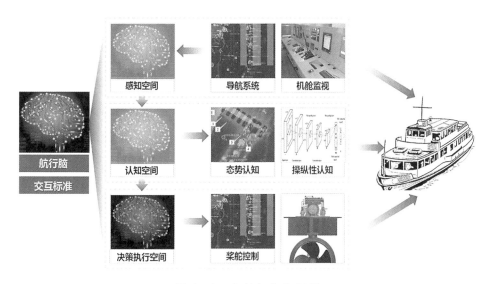

图 6-1 船舶智能化框图

（一）船舶设备智能化

船舶自动化是智能化发展的前提。目前,沿海与远洋船舶在自动化方面已具备一定基础。同时,现有船载设备、岸基支持设备、船岸通信设备的网络化与集成化程度还有待提高。船岸信息同步共享、船用设备智能优化、综合营运高效管理,将是船舶设备智能化技术发展的关键(见图 6-2)。

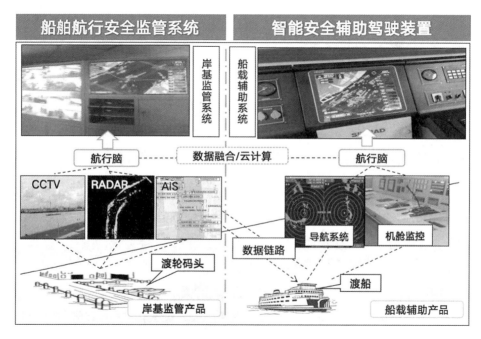

图 6-2　船舶航行安全监督系统和智能安全负责驾驶装置

（二）新型船用智能系统

针对智能船舶对操控决策、环境感知、态势辨识等方面的需求,研发以"航行脑"系统为代表,具备"感知""认知""决策""控制"与"执行"全功能的船载自主航行系统、船岸协同远程驾控系统、船载机器人、岸基智能支持系统等新型船用智能系统。

（三）智能新能源船舶

在生态环境保护、能源结构转型的政策推动下,船舶动力正向着绿色化、低碳化、电动化的方向转型升级。以混合动力、氢能源和蓄电池动力为代表的新能源船舶，具有低排放、环境友好等优点，与电力推进技术相结合，能够满足智能船舶所需的功率冗余、可靠性高、操控性好等需求。未来，新能源与智能技术的融合发展将是智能船舶技术发展的重要特征。

二、船舶智能化最终目标——水面自主航行船舶

随着船舶数字化技术的日益成熟，未来智能船舶的发展将最终步入自主化阶段。船舶自主化意味着机器开始参与控制，船舶本身开始逐步具备自主靠离泊、自主航行、自主货物管理等能力，船员人数将会逐步减少，直至实现完全无人化。

目前，IMO已着手开始制定海上水面自主航行船舶（maritime autonomous surface ships，MASS）发展标准。MASS的发展需要来自岸上的远程遥控和监测等功能支持。以全船信息为对象，以大数据分析和处理为手段，实现船舶自主评估与决策能力从状态监测、辅助决策、远程遥控、有限水域自主航行直至完全自主航行过程中的不断升级，因此自主评估与决策能力直接反映了智能船舶的智能化程度。水面自主船舶的主要特征体现在以下几方面：

（1）总体布置。随着船员人数的逐步减少，人为原因导致的事故和操作错误率会大大降低，船员的生活空间以及为船员配备的救生设备和通风等系统等将逐步减少，直至完全取消。最终实现全新的船型设计。

（2）决策控制。常规船舶的决策控制是"船长决策＋船员执行"模式。在自主船舶中，将逐渐变为"船上机器控制"＋"岸基远程支持"的模式。

（3）系统架构。船舶的各系统将从离散式转变为"总集成＋分布式"，便于操作和管理。

（4）航运模式。船舶作为航运的重要载体，其智能化发展将带动整个航运模式的改变，通过单船的独立运作转变为整个物流链和协同管控，提升货运效率。

MASS 的本质特征是高度自动化、部分自主决策甚至完全自主决策和执行,因此将对现行公约、船舶营运及监管、海上环境保护、船员群体、通信安全、船舶管辖等方面将产生深刻影响,是未来研究的重要课题。在智能船舶未来的研究中,应该关注以下重点问题:

(1) 高效、可靠、稳定、快速且经济的船-岸-空天通信网络是保障智能船舶功能实现的基础。加快推进航运基础设施信息化和航行保障体系建设,实现传输网络的全天候全覆盖,增强测控数传的柔性能力,通过海事卫星、5G 无线通信技术构成高通量、低延时的通信模块,并共同构建天地一体化组网系统,确保通信的实时性与可靠性。

(2) 人工智能、先进通信和传感等新技术的应用。现在业界谈论的智能船舶基本以"大数据"为基础,运用先进的信息化技术,如实时数据传输和汇集、大计算容量、数字建模能力、远程遥控、人工智能等。如何运用这些先进技术实现智能船舶的感知、分析、决策、控制及成长,以更好地保证船舶的航行安全和效率,是现阶段实现技术跨界融合的研究关键。

(3) 法规、规范和标准。MASS 的发展将是一个长期的过程,国际海事相关法规和规则还处于梳理讨论阶段,相关公约的制定、修订、完善预计需数十年时间,是智能船舶未来广泛应用的最大障碍。

(4) 船员能力。随着智能船舶的发展,船舶配员将发生变化,船员岗位将逐渐从船上转移到控制中心,对船员的知识结构、能力提出新的要求。

(5) 新的商业和营运模式。基于智能船舶发展带来的新业态发展将给行业带来诸多方面的挑战,如船旗国、港口国、船东、管理公司、保险、物流、船级社等,需要通过业态的重构或者流程再造来解决。

目前,尽管世界范围内多个国家已建立了智能船舶海上测试场,但智能船舶测试验证所需的场景定义、测试技术、测试标准、验证手段、作业规程等仍处于探索阶段。与此同时智能船舶的定义、分级分类尚未统一,评价标准也有待进一步细化,且测试与验证体系亟待建立。基于船舶特征、自然环境、通航环境的数字孪生技术,构建典型船舶模型库、航行环境场景库、驾驶行为特征谱,开展常规场景的随机测试和紧迫场景的强化测试,优化虚拟测试、模型测试、实船测试和融合测试布局,最终建立智能船舶功能测试方法、规程和标准体系。

在当前阶段,尽管部分基于集成平台的智能应用已实现信息交互,但整体来看,交互的信息目前还不涉及决策与控制应用。对于将来涉及自主控制的智能船舶,信息交互将变得更加复杂。要满足船舶在不同场景下的自主控制要求,需要实现智能应用之间深度信息集成,这是未来需要重点研究的关键技术。另外,智能船舶作为信息连接的载体,网络与信息安全也是体系性的重点研究内容。智能船舶实现多任务自主决策与控制是未来发展方向,船舶智能化总体设计的重要性将更加突出。

总之,目前的智能船舶技术仍处于探索和发展的初级阶段。船舶设备智能化、新型船用智能系统、智能新能源船舶、船用通信和信息网络安全保障、智能船舶的功能验证与等级划分是智能船舶未来发展的重要趋势。

参考文献

［1］张德洪，顾家俊.运输船舶船型技术经济论证方法［M］.北京：人民交通出版社，1980.

［2］《当代中国》丛书编辑委员会.当代中国的船舶工业［M］.北京：当代中国出版社，1992.

［3］朱汝敬.船型发展规律和廿一世纪新船型［J］.船舶工程，1986(3)：11－19.

［4］熊松明.远洋干货船船型的发展趋向［J］.交通标准化，1979(3)：13.

［5］崔燕.新中国第一艘万吨轮诞生记［J］.中国船检，2009(5)：78－81.

［6］蒋祖林.大型散装货船主尺度分析与估算［J］.舰船科学技术，1979(2)：9－16.

［7］沪东造船厂造船研究所.25 000吨远洋散货船［J］.船舶工程，1980(3)：1－4.

［8］奚根勇."绍兴"号万吨级远洋货船［J］.造船技术，1979(1)：49.

［9］白绍隽，郑宗淇.5 000吨级散装货船［J］.船舶工程，1981(5)：1－3,43.

［10］肖任德，俞连德.5 000吨干货船［J］.船舶工程，1984(4)：6－9.

［11］曹永青，张如虎.浅吃水大吨位散货船《浙海 117》号［J］.船舶工程，1984(6)：4－9.

［12］周执平.3800吨级双桨节能型——沿海散装货船的设计与建造［J］.1989(11)：10－15.

[13] 金华建,杨守藩.35 000 吨级浅吃水肥大型散货船动力装置设计特点和提高经济性措施[J].船舶工程,1993(4)：26,32 - 37.

[14] 白绍隽.35 000 吨级浅吃水肥大型散货船优化改型设计分析[J].船舶设计通讯,1996(2)：1 - 12.

[15] 汪乃强.64 000 吨级散货船"祥瑞"号概况[J].造船技术,1989(2)：1 - 16.

[16] 周震华,孙光二,胡可一.巴拿马型散货船系列的开发和特点[J].造船技术,1996(3)：36 - 39.

[17] 杨培漪.12 000/15 000 江海直达货船的设计研究[J].船舶设计通讯,1995(1)：1 - 13.

[18] 邵天骏,姜节浩,牛俊.20 000 吨新型运煤船[J].造船技术,1996(7)：42 - 44.

[19] 宋美纹.34 000T 大湖型船[J].船舶工业技术信息,1997(10)：13 - 14.

[20] 张家龙,叶希圣,王世廉,等.优秀节能型散货船船型——二万吨级超浅吃水肥大型运煤船"海象"轮[J].船舶节能,1998(2)：1 - 7.

[21] 24 000 DWT 运木/散货船设计组.24 000 DWT 运木/散货船[J].船舶,1999(4)：7 - 14.

[22] 船舶设计通讯编辑部.新船型开发的丰硕成果(上)——新世纪(2000 年—2006 年)获奖船型回眸[J].船舶设计通讯,2006(2)：1 - 13.

[23] 船舶设计通讯编辑部.新船型开发的丰硕成果(下)——新世纪(2000 年—2006 年)获奖船型回眸[J].船舶设计通讯,2007(1)：1 - 15.

[24] 白玉刚.新一代 18 万吨好望角型散货船设计亮点[J].中国船检,2012(2)：54 - 56.

[25] 白绍隽.近年来灵便型散货船的船型发展及我院对该船型的研究工作[J].船舶设计通讯,1999(3/4)：33 - 36.

[26] 刘江洁.散货船制造大国之路[J].中国船检,2010(2)：29 - 31.

[27] 胡劲涛,王刚毅,郭亨翔.30 000 吨多用途船系列开发[J].船舶设计通讯,2003(3/4)：8 - 14.

[28] 张波,杜拥军,邵梅峰,等.28 000 DWT 多用途重吊船舾装设计特点.船舶设计通讯,2016(增刊1):37.

[29] 王运龙,纪卓尚,林焰.散货船现状及其发展趋势[J].船舶工程,2006(1):58-61.

[30] 杨培举.散货船打造中国品牌[J].中国船检,2003(11):16-19.

[31] 焦宇清.52 300 吨双壳散货船的开发设计[J].船舶研究设计,2002(3/4):15-20.

[32] 徐光晓,寻正来,李彤宇,等.国内首艘符合共同结构规范的散货船设计探讨[J].上海造船,2008(2):14-15.

[33] 李昆仑,张卓,郭林丽,等.57 000 DWT 大灵便型散货船详细设计概述[J].船舶设计通讯,2008(2):6-10.

[34] 中国船舶及海洋工程设计研究院民船部.MARIC 第二代 20.8 万吨纽卡斯尔最大型散货船[J].船舶,2019(6):105-107.

[35] 陈刚.230 000 DWT 矿砂船总体设计浅谈[J].船舶设计通讯,2008(1):10-13.

[36] 何光伟.大型矿砂船综合介绍[J].广东造船,2007(4):46-48.

[37] 陶颖.17.5 万 DWT 绿色环保型散货船设计特点[J].上海造船,2003(2):4-6.

[38] 余健,谭杰.自主研发建造 VLOC[J].船舶,2012(3):22-26.

[39] 白绍隽,陈刚.400 000 DWT 矿砂船总体设计浅谈[J].船舶设计通讯,2009(3):41-44.

[40] 陆军,夏登柱.40 万吨级 VLOC 现状及创新点[J].船舶与海洋工程,2016(6):27-32.

[41] 苏鑫云,刘学.新一代 CAPESIZE 散货船全景透视[J].中国船检,2018(5):90-93.

[42] 李路.CHINAMAX -散货航运的新航母[J].船舶设计通讯,2008(2):

　　　3－5.

[43] 王新宇.38 800_DWT 散货船结构设计[J].船舶设计通讯,2015(1)：
　　　49－52.

[44] 樊红元,陈刚.250 000 DWT 超大型矿砂船总体设计[J].船舶设计通讯,
　　　2016(2)：23－27.

[45] 付鹏,鞠立强,钱峰,等.VLOC 船型特点及发展动向[J].中国船检,2019
　　　(6)：28－30.

[46] 张剑峰,刘健.散装水泥船运装卸系统及其选型[J].造船技术,1999(5)：
　　　20－23.

[47] 蔡耀增.自卸式货船及其设计探讨[J].船舶工程,1986(1)：29－35.

[48] 马强,匡岩,刘梦园.35 500 DWT 大湖型自卸散货船[J].船舶设计通讯,
　　　2015(2)：5－12.

[49] 焦宇清.12 000 t 多用途散货船开发设计[J].船舶设计通讯,2005(1)：
　　　15－20.

[50] 威立.DNV 发布《2020 年航运报告》：预测全球船舶装备将会发生变化
　　　[J].中国远洋航运,2013(4)：30－31.

[51] 贺辞.CCS《智能船舶规范》六大功能模块要求[J].中国船检,2016(3)：
　　　84－85.

[52] 陈立,朱兵,黄洁瑜.超大型矿砂船智能化总体设计方案[J].船舶设计通
　　　讯,2019(2)：83－87.

[53] 曹阳,张淇鑫,朱蕾.智能船舶 1.0 研发专项申报及管理[J].船舶设计通
　　　讯,2019(2)：11－15.

[54] 严新平,刘佳仑,范爱龙,等.智能船舶技术发展与趋势简述[J].船舶工程,
　　　2020(3)：15－20.

索　引

以数字开头的词条

后　记

　　1950 年我国年造船量才 1 万多吨。当时江海航行的万吨船，没有一艘是中国自己设计和建造的。70 年来，广大科技人员和造船工人在党的领导下，至 2018 年，中国年造船量已达 6 000 多万吨，我们不仅能设计和建造一般船舶，而且能设计和建造被誉为"造船工业皇冠上明珠"的高科技、高附加值船舶，成为世界第一造船大国。

　　2021 年是中国共产党成立 100 周年，为展现新中国船舶的发展历程和取得的辉煌成就，中国船舶及海洋工程设计研究院、上海市船舶与海洋工程学会、江南造船(集团)有限公司、沪东中华造船(集团)有限公司、上海外高桥造船有限公司、上海船舶研究设计院、上海交通大学出版社，携手编撰出版"中国船舶研发史"丛书，向建党 100 周年献礼。本套丛书共 10 本：《中国油船研发史》《中国集装箱船研发史》《中国科考船研发史》《中国挖泥船研发史》《中国液化气船研发史》《中国工程船研发史》《中国散货船研发史》《中国客船研发史》《中国气垫船研发史》《中国海洋油气开发装备研发史》。

　　本套丛书的编写得到中国工程院院士曾恒一及新、老船舶研发设计专家、科技人员的热情支持和积极参与，为本套丛书顺利编写出版奠定了基础。

　　本套丛书取材翔实，资料数据真实可信，极具原创性，这是本套丛书一大特点。70 多位从事船舶及海洋工程研究、设计、建造的专家和科技工作者参与本套丛书的编写，他们是新中国船舶事业发展和取得辉煌成绩的见证奉献者，他们将自己研发的产品写出来，从领受编撰任务起，就酝酿推敲，不辞辛劳，不舍昼夜，把对船舶科学的追求，对祖国的爱汇聚成书香墨宝。每一分册从提纲到初稿、定稿，均经众人讨论、反复修改，精益求精地出版。

此外，本套丛书所写的典型产品，既是时代成果，也是我国船舶研发珍贵的历史资料和经验总结，对从事船舶研发设计的青年人具有启发和借鉴作用。

本套丛书编写过程中得到许多单位及领导的关心和支持，在此表示感谢。特别要感谢各位编者辛勤的付出和认真卓越的工作。此外还要感谢默默无闻的船舶设计师们在百忙之中参加审稿并提出宝贵意见。本套丛书编写中参考了一些书籍和报刊，引用了一些观点和图片，在此表示谢意。由于本套丛书历史跨度大和资料收集的难度，有些船型未能收录。书中涉及船名、人名、地名等，尽量用中文名，有的因为行业内默认英文名则选用英文名。本套丛书存在不当之处，恳请专家、读者予以批评指正。

张　毅